5인의 베스트셀러 작가 노하우를 모두 담은

한 권으로 끝내는
책쓰기 글쓰기 독서법

와일드북
와일드북은 한국평생교육원의 출판 브랜드입니다.

한 권으로 끝내는 책쓰기 글쓰기 독서법

초판 1쇄 인쇄 · 2023년 8월 10일
초판 1쇄 발행 · 2023년 8월 15일

지은이 · 김강윤·이은영·이소정·임려원·전준우
발행인 · 유광선
발행처 · 한국평생교육원
편　집 · 장운갑
디자인 · 박형빈
마케팅 · 강선화, 경영숙, 곽숙희, 김경숙, 김미정, 김민정, 김부자, 김세경, 김수자, 김수지, 김용구, 김지혜, 김진영, 김진희, 김창진, 김태연, 나은정, 노희석, 류경문, 문유리, 박미라, 박정화, 박준선, 배새나, 백채안, 서미애, 서형덕, 성연정, 손미향, 송기나, 신정아, 오순덕, 오영희, 우애경, 우희자, 유영미, 유지선, 유지성, 이금순, 이미경, 이봉선, 이선영, 이여정, 이영아, 이헌영, 이현옥, 임선영, 임정미, 임정혜, 임주리, 장선식, 장정화, 전경실, 전혜린, 정운란, 정지혜, 조환철, 차영호, 최경선, 최창욱, 한　란, 한성심, 홍현복, 황진숙

주　소 · (대전) 대전광역시 유성구 도안대로589번길 13 2층
　　　　　(서울) 서울시 서초구 반포대로 14길 30(센츄리 1차오피스텔 1107호)
전　화 · (대전) 042-533-9333 / (서울) 02-597-2228
팩　스 · (대전) 0505-403-3331 / (서울) 02-597-2229

등록번호 · 제2018-000010호
이메일 · klec2228@gmail.com
instagram @wildseffect

ISBN 979-11-92412-55-9 (13190)
책값은 책표지 뒤에 있습니다.

잘못되거나 파본된 책은 구입하신 서점에서 교환해 드립니다.

이 책은 한국평생교육원이 저작권자의 계약에 따라 발행한 것이므로 저작권법에 따라 무단 전재와 복제를 금합니다. 이 책 내용의 전부 또는 일부를 이용하려면 빈드시 저작권자와 한국평생교육원의 서면동의를 얻어야 합니다.

5인의 베스트셀러 작가 노하우를 모두 담은

한 권으로 끝내는
책쓰기 글쓰기 독서법

김강윤·이은영·이소정·임려원·전준우 지음

차례

1부 　　　　　　　　　　　　　　　　　　　　　　　독서법

김강윤
1. 읽기 위한 환경 ·· 9
2. 내가 좋아하는 글 ·· 20
3. 다독과 정독 사이 ·· 31
4. 함께 읽자 ··· 43
5. 매일 조금씩 ··· 57

이은영
1. 세상에 나쁜 책은 없다 ·· 67
2. 책을 읽는 법 ··· 74
3. 호평보다 혹평을 가하면서 읽자 ·· 81
4. 그래, 이 맛이야 ·· 86

이소정
1. 목적이 분명한 독서가 주는 선물 ······································· 93
2. 지혜롭게 활용하는 읽기의 기술(1) 속독 편 ················· 100
3. 지혜롭게 활용하는 읽기의 기술(2) 심독(心讀) 편 ······ 105
4. 지혜롭게 활용하는 읽기의 기술(3) 발췌독 편 ············· 112
5. 읽기의 완성 : 재생산을 위한 밑작업, 초사(抄寫) ········ 120

임려원
1. 삶은 한 문장이다 ········· 130
2. 한 사람을 초대합니다 ········· 142
3. 읽기가 습관이 되려면 ········· 150
4. 맛있게 책 읽기 ········· 158

전준우
1. 독서를 위한 3가지 질문 ········· 170
2. 독서의 5가지 단계 ········· 180
3. 서재에서의 사색 ········· 192
4. 생각의 속도 ········· 201

2부   책 쓰기와 글쓰기

김강윤
1. 왜 쓰려고 하는가 ········· 211
2. 오늘이 쓰는 날이다 ········· 222
3. 글쓰기 연습장 SNS ········· 233
4. 그럼에도 써야 하는 이유 ········· 242

이은영
1. 앵무새 흉내는 이제 그만! ········· 252
2. 내가 만족하면 그뿐 ········· 258
3. 써라, 무조건 써라. 그러나 쉽게 써라 ········· 264
4. 기심(機心)을 버리고 쓰자 ········· 270

이소정
1. 출간을 위한 글쓰기 ······································· 276
2. 글쓰기의 중요 재료, 조각 시간 만들기 ················ 282
3. 일상에서 글쓰기 보물창고 만들기 ······················ 291
4. 평소 모아둔 자료와 메모로 맥락 있는 글 구성하기 ··· 300
5. 더 쉽게 전문적인 글을 쓰는 방법 ······················ 310

임려원
1. 나는 왜 글쓰기가 힘들까 ································· 320
2. 삶이 변하는 글쓰기-왜 하필 글쓰기인가 ············· 328
3. '말빨'보다 '글빨'이 먹히는 디지털 글쓰기 ············ 339
4. 마음 속삭임 글쓰기 ·· 350

전준우
1. 글쓰기의 가치와 품격 ······································ 360
2. 집필의 외로움, 인내의 시간 ······························ 368
3. 다독, 다작, 다상량 ··· 377
4. 흙의 편지 ·· 388

1부 독서법

김강윤

소방관, 해군특수전전단(UDT/SEAL)부사관 복무, 전) 부산소방재난본부 특수구조단 팀장, 현) 부산소방학교 구조분야 현장교수, 숭실대학교 중소기업경영대학원 재학 중(독서경영전공), 한국해양수산연수원 해양안전 강사
현) 교육청 인가 한국평생교육원 책쓰기 강사
　　　　　　　 한국인재개발원 책쓰기 강사
　　　　　　　 한국상담협회 책쓰기 강사

저서: 레스큐(리더북스), 불길을 걷는 소방관(크루)

1
읽기 위한 환경

　책 읽기에 가장 좋은 곳으로 세 가지 장소가 있다. 침상, 말안장 그리고 화장실이다. 책을 읽고자 하는 뜻이 진실하다면 그 장소야 무슨 문제이겠는가?

― 구양수

돈이 나와요, 쌀이 나와요

　왜 책을 읽느냐고 묻는 직장 후배의 말이다. 다른 뜻은 없고 그냥 책을 가까이하는 나에게 농치듯 한 말이다. 별다른 대꾸를 하지 않았지만, 저 말을 듣는 순간 하고 싶은 말이 머릿속에 많이 떠올랐다. 수년이 지난 지금 굳이 그때의 기억으로 왜 책을 읽느냐에 대한 이유를 나열해보려 하니 괜히 막막하기도 하다. 하지만 내가 아니더라도 독서가 인간의 삶에 어떠한 영향을 주는가에 대해서는 많은 사람이 언급했다. 다만 좋긴 좋은데 어디에 좋은지를 잘 말하지 못하니 그것이 애매할 뿐이다.

돈이 나오냐고? 맞다. 돈이 나온다. 쌀은? 돈으로 사면 될 일이다. 이유인즉, 책을 읽는다는 행위 자체가 어쩌면 인간의 능력을 개발하는 모든 일(process)의 시작이자 끝이기 때문이다. 우리는 이미 책을 통해 밥벌이할 만한 무수한 지식과 기술을 습득했다. 아니라고 말 못 한다. 학교에서 봐 온 교과서도 책이었고, 그 속의 알아먹기 힘든 모든 글을 달달 외우고자 했던 일이 다 먹고 살자고 한 짓(?)이 아니었는가 말이다. 그렇게 보자면 책을 읽는다는 것은, 곧 '돈'을 벌기 위한 일이었다고 왜 말을 못 하겠는가?

하지만 성인이 되고 나서부터 책과 멀어지기 시작한다. 책을 보지 않더라도 돈이 나오고 쌀이 나와서 그런 것일까? 아니면 돈 주고 쌀 주는 직업을 가지게 되어 그런 것일까? 후자의 경우가 조금 더 현실적인 이유일 수 있겠지만 희한하게도 사람들은 더 많은 돈을, 더 많은 쌀을 원한다. 그렇다면 책을 읽고 글을 보는 것을 멈추지 않아야 할 텐데 아침에 배달되는 신문 한 줄도 읽기 버거운 사람이 태반이다. 이쯤 되어 생각해보면 그렇다. 어쩌면 책을 읽는다는 것은 단순히 먹고 살자고만 하는 일이 아닐지도 모른다는 것.

인간의 삶은 끊임없이 찾아오는 욕망을 채우는 행위의 반복일 수밖에 없다. 더 많이 가지고 싶고, 더 잘살고 싶고, 더 안전하고 행복해지고 싶은 것이다. 하지만 물리적으로 채워지지 않는 것 또한 욕망의 본질이다. 그런 욕망의 빈 그릇을 우리는 책 속의 글을 통해 채워나가야 한다.

욕망을 다르게 말하자면 경험이라고도 하겠다. 내가 겪지 못하고 보지 못한 많은 것들을 우리는 글을 통해 대신 체득할 수 있다. 그렇게 체화된 간접 경험은 살아가는 데 있어 중요한 순간마다 빛을 발한다. 더 나아가 단순한 체험이 아니라 타인의 글을 통해 얻은 지식과 지혜를 나만의 것으로 승화시키는 과정까지 거치게 되면 그땐 더 향상된 삶을 살 수 있을 것이다. 이것은 고답적인 언어가 아니다. 지금, 이 순간에도 이른 새벽부터 늦은 밤까지 독서를 통해 삶을 변화시키고 있는 수많은 사람을 통해 알 수 있는 매우 현실적 이야기다.

도서담당

나도 그랬다. 남다를 것 없는 평범한 가정에서 자라며 공부는 하는 둥 마는 둥 했다. 또 그저 그런 10대를 보냈다. 고등학교를 졸업하고 가지고 있던 책을 모두 집어 던져 버렸다. 여기서 말하는 책은 소위 학교에서 배운 교과서다. 대학도 떨어지고, 당장 먹고 살 재주도 없는 내가 책을 모두 없애버린 것이다. 그러다가 서른 즈음에 소방관이 되고자 다시 책을 폈다. 공무원 수험서라는 책, 문제 하나라도 더 맞히려고 두꺼운 수험서를 들고 몇 날 며칠을 보고 또 봤다.

그때의 감정은 그랬다. 아! 책을 봐야 먹고 살겠구나. 물론 세상 모든 직업이 책에서 그 길을 찾지는 않는다. 하지만 책을 보는 것이 살아갈 길을 찾는 방법 중, 중요한 부분임을 부인할 수 없었다. 특이하게도 난 이때 공무원 수험서가 아니라 역사와 관련된 책에도 푹 빠져 있었다. 공무원 시험에 국사 과목이 있어 자연스레 접했던 것도 있었겠지만 사람이 살아온 지난날에 대한 궁금증이 수험서로만은 해결되지 않았다. 그 후 난 운 좋게도 소방관이 되었다. 그때 봤던 책이 수험서든 역사책이든 소방관이 되기 위해 읽고 또 읽은 많은 책이 지금의 나를 만들었다. 어찌 됐든 책을 읽는 것이 돈이 되고 쌀이 된다는 것을 스스로 증명한 셈이다. 먹고 살기 위해 소방공무원이 되고자 했고 그러기 위해서는 책을 읽어야 했으니 분명 책을 읽으면 돈이 나온다는 것을 그렇게 깨달았다.

소방관 3년 차 즈음 나는 부산소방학교에서 현장 교관 일을 하고 있었다. 처음 소방관이 되어 들어오는 신임 소방관들을 교육하는 일이 주된 업무다. 불을 끄고, 사람을 구하고, 응급처치하는 소방관으로서 기본 임무를 수행할 수 있도록 많은 기술과 체력을 가르쳐야 했다. 그랬기에 교육의 모든 시간은 현장에서 이루어졌다. 그래서 몸을 많이 썼다. 군대라고 해도 좋을 만큼 힘든 훈련이 매일 이어졌다. 나는 가르치는 처지이긴 했지만 피곤한 거야 교육생이나 나나 매 한 가지였다. 매일 아침 9시부터 늦은 오후까지 이어지는 현장 교육은 상당한 체력이 소모되는 고된 일이었다. 소방 수험생 시절에 그나마 뒤적이던 책 보는 시간이 여간해서 생기지 않았다. 진짜 먹고 사는 일에 휩싸여 책은 조금씩 멀어졌다.

"김 교관이 앞으로 도서담당을 좀 해. 먼저 하던 이 교관이 신축 청사 설계 일을 좀 도와야 하니까. 알겠지?"

부서장인 교육팀장이 어느 날 조회 시간에 불쑥 말을 꺼낸다. 도서담당이라…. 구급 교육을 담당하는 옆자리 이 교관이 다른 일을 하게 되어 그가 담당하던 학교 내 도서 관리 업무를 내가 하게 됐다. 나도 모르게 머리가 번뜩였다.

'오호라? 그렇다면 책을 읽을 시간이 많이 생기겠군'

내심 쾌재를 불렀다. 전임자가 건네주는 도서 목록을 봤다. 천 권쯤 됐을까? 장서라고 할 수 없는 양이었다. 당시 부산소방학교는 도서관을 별도로 운영하지 않았다. 넓은 사무실 한쪽 벽면 전체에 책들이 정리되어 있었는데 그게 전부였다. 도서 목록과 대여 장부를 번갈아 보며 앞으로 내가 해야 할 일을 앞당겨 생각해봤다. 수 만권의 책을 관리하는 진짜 도서관 사서 일에 비하면 어디 일이겠는가? 소방학교 교직원이나 교육생들이 책을 대여하는 불출(拂出)

상황 정도만 정확히 하면 될 일이었다. 그리고 한 해에 두어 번쯤 새로 구매할 도서 목록을 만들어 구매부서에 넘기는 일도 있었다. 딱히 힘들어 보일 일은 아니었다. 주 업무인 현장 교육을 아예 안 할 수는 없겠지만 도서담당이라는 핑계로 많은 시간을 사무실에서 보낼 수 있었기에 난 흔쾌히 도서담당 일에 뛰어들었다.

새내기 소방 교육생들의 우렁찬 현장 교육 소리가 마구 울리던 어느 여름날 나는 도서 대여 장부와 씨름하고 있었다. 암만 봐도 빌려 간 책들과 반납된 책의 수가 맞지 않았다. 대여 목록에 없는데 책장에도 없는 책들이 무수했다. 환장할 노릇이었다. 다가올 행정감사에 지적이라도 당하면 경징계는 면하지 못할 것 같았다. 공공기관의 책은 정해진 예산으로 구매되고 당연히 그러한 물품은 사적 용도로 쓰이면 안 되기에 책의 대여 관리는 감사에 있어 중요한 지적사항이었다. 등허리에 식은땀이 배어 나오는 것을 느낀 난 얼른 소방학교 내 전 직원을 대상으로 내부 메신저를 보냈다.

'도서를 대여해 간 직원께서는 일주일 내로 반드시 반납해주시기 바랍니다. 제가 자리에 없으면 그냥 사무실 책상 위에 올려놓아만 주세요.'

이런 글을 전 직원에게 보내고 기다려보는 수밖에 없었다. 현장 교육을 하면서도 대여된 책들 생각이 자꾸 들었다. 전임자인 이 교관이 도서담당 일을 하면서 자꾸 한숨을 쉬는 모습이 떠올랐다. 그때 알아챘어야 했다. 이 일이 은근히 스트레스가 쌓인다는 것을. 도서담당이라고 해서 책을 마음껏 본다는 것만 생각했던 내가 어리석었다. 오후 5시가 넘어서야 현장 교육을 마치고 사무실에 들어왔다. 온몸은 땀에 젖어 있었고 흙먼지가 신발에 가득했다. 가쁜 숨을 겨우 진정하고 책상 앞을 보니 이게 웬일인가? 대여섯 권의 책이 가지런히 쌓여 있었다. 내가 보낸 메시지가 효과를 보는 듯했다. 얼른 대충 씻고 자리에 앉아 도서 대여 장부를 폈다. 이렇게 넘기고 저렇게 찾아보며 대여된 책을 하나씩 정리했다. 아직 스무 권 정도 더 찾아야 했지만 어쨌든 시작은 좋았다.

그렇게 하다 보니 퇴근 시간을 훌쩍 넘긴 저녁 7시 30분이 지나고 있었다. 몰려오는 피로감에 기지개를 겨우 켜고 긴 한숨을 내쉬었다. 도서담당이 되고 책을 마음껏 보리라는 낭만적(?) 기대가 피로감에 젖어 느껴지지도 않았다. 피곤한데 책은 무슨…. 눈앞에 산해진미도 입맛이 돌아야 입에 넣을 것 아닐 텐가? 그때였다. 그냥 맨 위에 놓인 책 하나 집어 들었다. 무심코 책장을 넘겼다. 두꺼운 양장 표지를 넘기자 빽빽하게 쓰인 글이 펼쳐졌다. 또 그렇게 무심코 읽어나갔다. 무슨 내용인지 알 수도 없었는데 그냥 읽어나갔다. 지금 생각해보니 책이 그냥 눈앞에 있으니 읽었노라고밖에 말할 수 없을 것 같다. 책 속의 글에서 눈을 뗄 수가 없었다. 원하는 것을 생생하게 상상하고 바란다면 이루어진다는 글의 주제는 그렇게 한참을 읽고 나서야 알게 되었다. 당시의 베스트셀러 '꿈꾸는 다락방'이었다.

"김 교관. 퇴근 안 하나? 나 먼저 간다. 사무실 문 잘 잠그고 가거라."

연구대회 발표를 위해 늘 늦게까지 남아서 공부하시던 권 교수님이 말했다. 권 교수님은 늘 정해진 시간에 퇴근한다. 벌써 시간이 이렇게 됐나 하고 시계를 보니 밤 9시였다. 눈을 시계에서 다시 책으로 돌렸다. 한 100페이지쯤 읽었을까? 괜히 뿌듯했다. 읽는 만큼의 책 두께를 엄지와 검지를 이용해 가만히 쥐어 보았다. 언뜻 1시간 반 만에 읽은 양치고는 꽤 많았다. 잠시 고민했다. 더 읽을까?

학교 정문을 빠져나와 지하철역까지 가는 걸음이 평소보다 빨랐다. 다른 이유가 없었다. 지하철 좌석에 앉아 아니 앉지 않고 서서라도 읽던 책을 계속 읽고 싶었기 때문이었다. 희한한 생각이 들었다. 이게 무엇이기에 자꾸 보고 싶은 걸까? 내가 책을 이렇게라도 읽고 싶었던 적이 있었을까? 사실 책을 좋아하는 아내가 사 놓은 책을 꺼내 보기라도 했느냐는 생각에 들자 바쁘게 걸어가는 내 모습이 낯설었다. 그렇게 도착한 지하철역에서 나는 금방 도착하는 지하철에 몸을 실었다. 대충 빈자리 한 곳에 앉아 급하게 책을 다시 열었다. 또 그렇게 다시 책을 읽었다.

멈추지 않는 독서

글을 읽는다는 즐거움을 우연히 다시 알게 되었다. 소방관 수험생 시절에 알았던 읽는다는 즐거움을 겨우 붙들고 있다가 희미해져 가는 찰나, 소방학교 도서담당이 되어 다시 되살아 난 것이다. 의도하지 않았던 독서를 할 수밖에 없는 환경이 만들어진 것이다. 지금 와서 보니 마치 운명 같기도 하다. 그 후에도 나의 독서는 멈추지 않았다. 주로 수필이나 자기계발서 같은 글을 읽었다. 그도 그럴 것이 마치 나의 삶과 비슷한 내용이 많았기 때문이었다. 글을 읽으며 느낀 희열, 읽고 나서의 감동 그리고 다음 글에 대한 기대까지, 하루를 읽으면서 시작했고 읽으면서 마쳤다.

그때의 독서 습관은 지금까지 유지되고 있다. 글 읽는 속도가 더뎌서 그렇지 손에서 놓지 않다 보니 매년 50권 정도는 읽은 것 같다. 그런 습관을 10년 넘게 지속하고 있다. 다시 나에게 책을 읽고 돈을 더 벌었냐, 쌀을 더 많이 가지고 왔냐고 묻는다면 나는 당연히 그렇다고 말하겠다. 수치로 계산할 순 없지만 내 머릿속의 사고 영역은 더욱 넓고 깊어졌으며 행동과 말투까지 바뀌었다. 당연히 직장에서의 업무 능력도 오르고 성과도 남달랐으니 그에 따른

보상도 받았다. 공무원 신분에 당장 큰 금전적 보상은 없다. 하지만 2년 전 1계급 특진을 하게 되었는데 이것은 내 인생에 매우 영광스러운 일이었으며 그렇게 될 수 있었던 이유는 단연코 독서의 힘이라 굳게 믿고 있다.

책 한 권 읽을 때마다 독서의 효과가 짠하고 바로 나타나진 않는다. 3백 페이지 남짓 글을 모두 기억할 수도 없거니와 모든 책이 다 삶에 좋은 영향을 주진 않기 때문이다. 다만 글 속의 지혜는 가슴속에 차곡차곡 쌓인다. 그러다가 어느 순간 임계점에 도달하면 크든 작든 성과를 내어 보인다. 나는 분명 그런 경험을 했고 지금도 하고 있다. 내가 그렇게 될 수 있었던, 그러니까 책을 가까이할 수 있었던 이유를 굳이 하나 꼽자면 책이 내 옆에 있었기 때문이다. 내가 의도하지 않았다 하더라도 책을 읽을 수밖에 없는 환경에 놓였다. 소방관이 되기 위해, 먹고 살기 위해 다시는 보지 않을 것 같았던 책을 펴게 되었고 활자를 읽는 즐거움을 그렇게 깨우쳤으며, 책을 놓칠 법도 한 시점에 도서담당이라는 운명적인 일을 맡게 되었다. 책을 읽을 수 있는 환경. 책이 늘 주변에 있는 상황이 책으로 나의 눈을 이끌었던 것이라 하겠다. 물론 환경만 이루어진다고 해서 무조건 독서를 잘하게 될 것이라고는 말하지 못한다. 본인의 의지가 있어야 한다. 하지만 의지도 책이 눈앞에 펼쳐져 있을 때 더 잘 타오르지 않을까 한다.

이 글의 시작에 있는 구양수의 말처럼 읽고자 한다면 환경은 둘째 문제다. 하지만 한번 바꿔 볼 필요도 있다. 읽고자 한다면 환경을 만들어봄직도 하다. 주말에 거실 소파에 누워 TV를 볼 시간에 가까운 동네서점에 들러 종이 냄새 가득한 새 책을 넘겨보는 것, 거실 한쪽에 작은 책장이라도 들러 거기에 읽을 만한 책을 몇 권이라도 꽂아놓아 보는 것, 이런 행동부터가 독서를 위한 환경조성이 아닐까 한다. 운동장이 있어야 축구를 할 수 있고 물가에 가야 수영을 할 수 있듯이 말이다. 지금 당장 손닿는 곳에 책을 몇 권 놓아 보자. 그리고 읽자. 시작이 반이다.

2 내가 좋아하는 글

자신이 읽고 싶은 책을 읽어야 한다. 일거리처럼 읽은 책은 대부분 몸에 새겨지지 않기 때문이다.

— 새뮤얼 존슨

조선왕조 5백 년

"저년의 아가리를 숟가락으로 벌리고 사약을 들이부어라!"

나는 두 눈을 크게 뜨고 TV 속 드라마의 한 장면을 보고 있었다. 연기자의 실감 나는 대사와 동작은 초등학생이었던 내 눈에 연기로만 보이지 않았다. 늦은 가을밤, 이불을 뒤집어쓰고 숨을 죽이며 지켜본 드라마의 제목은 '조선왕조 5백 년'이었다. 조선 시대 왕실을 배경으로 태조 이성계가 나라를 세우고 순종이 일제에 나라를 뺏길 때까지 있었던 굵직한 사건들을 사실적인 고증과 함께 보여주는 정통 사극이었다. 이날 '인현왕후' 편을 보고 있었는데 숙종이 장희빈에게 사약을 내리는 장면이었다. 왕을 유혹하고 정실부인인 인현왕후를 쫓아낸 나쁜 여자로 그려진 드라마 속 장희빈은 결국 사약을 억지로 먹이는 상궁들의 힘을 이겨내지 못하고 피를 토하며 숨을 거둔다. 난 어린 나이었지만 어른들이나 즐길법한 조선왕조 5백 년의 열렬한 시청자였다. 드라마는 마치 타임머신을 타고 조선 시대로 간 듯 착각을 불러일으켰다. 인현왕후의 에피소드뿐 아니라 사도세자의 비극을 다룬 '한중록'과 병자호란을 다룬 '남한산성'도 너무 재미있게 보았다.

중요한 것은 이 TV 드라마가 나에게 책을 읽는다는 행위의 즐거움을 준 중요한 매개체가 되었다는 것이다. 아닌 게 아니라 나보다 더 이 드라마의 팬이었던 엄마는 아예 조선왕조 5백 년 소설 전집을 사들이기에 이르렀다. 방송작가이자 소설가인 신봉승 선생이 집필한 전 48권의 대작, 대하소설 조선왕조 5백 년을 가격은 모르겠지만 당시로써는 거금을 써가며 안방 한자리에 들여놓은 것이다. 책을 구매한 엄마에게 괜한 곳에 돈을 썼다며 타박하던 아버지의 모습도 눈에 선하다. 이 책이 나에게 준 영향력은 컸다. 책들은 하나의 소설이 아니라 역사적 지식을 깨우치게 해준 백과사전이었고, 읽기의 맛을 알게 해준 독서 스승이었다.

지금 생각해보니 내가 역사를 좋아해서 책을 읽었는지 책을 좋아해서 역사를 알았는지 모호하지만, 뭐가 되었든 읽기의 흥미를 그렇게 느끼기 시작했다. 아마도 고등학교를 마칠 때까지 조선왕조 5백 년을 수십 번 반복해서 읽었던 것 같다. '태종태세문단세'로 이어지는 조선 시대 왕의 계보를 외우지 않아도 이미 왕가(王家)의 가계도까지 알 만큼 그 시대를 깊게 익혔다. 국사 교과서에 나오는 기록으로서 역사는 재미가 없었다. 교과서에 나오지 않는 또 다른 배경에 깊이 빠져 있었기 때문이었다. 지금으로 말하자면 역사 덕후가 되었고 독서량이 남들보다 많지 않았지만, 책을 집어 드는 손이 어색하지는 않을 만큼의 독서 습관은 이때 들였다. 물론 관심 있는 책의 분야가 거의 역사와 관련된 책들이었지만 말이다.

총과 책

대한민국 남자 누구나가 그렇듯 약관의 나이가 갓 지난 때 나 역시 군대에 갔다. 나는 97년 군번인데 IMF라는 국난이 온 나라를 시끄럽게 한 때였다. 특이한 것은 대부분이 가는 육군이 아니라 해군에 지원한 것이다. 당시의 상황에 영향을 받은 것인데 엄혹한 경제적 어려움에 내 나이 또래 남자들은 너도나도 군대에 가려고 했다. 대학생이라면 비싼 등록금을 감당하기 힘들었을 테고 그렇지 않더라도 배운 것 없고 가진 것 없는 스무 살의 어린 청년이 당장 현실을 피하기엔 군대라는 곳이 적당했기 때문이다. 그러다 보니 육군에 지원하는 청년들이 월등히 많았다. 몰려드는 지원자들을 한 번에 다 입대시킬 수 없는 노릇이었다. 자연히 육군 입대일은 지연됐고 상대적으로 지원자가 적은 해군에 가게 된 것이다.

운명이라는 게 참 알 수가 없다. 그렇게 도망치듯 갔던 군대가 난 싫지 않았다. 훈련소(해군에서는 기초군사학교라고 한다)에서의 첫 식사 때부터 그랬다. 군 전역자라면 누구나 알고 있는 희멀건 한 된장국과 김치 그리고 무말랭이 몇 조각, 후식으로 '맛 스타'라고 불리는 복숭아 맛 캔 음료가 전부인 점심을 너무나도 맛있게 먹었다. 두어 숟가락 들다가 인상을 찌푸리며 자리를 뜬 대부분의 입대 동기들과는 전혀 다른 모습이었다. 그뿐만 아니었다. 고된 훈련으로 피로에 지친 몸으로 잠자리에 들면 꿈 한 번 꾸지 않고 깊이, 그것도 편안히 잠들었으며 기상나팔이 울리는 시간보다 늘 5분 먼저 눈이 자동으로 떠지며 개운하게 하루를 시작했던 기이한 현상도 겪었다. 오해는 마시라. 군대가 편했다고 말하는 것이 아니다. 매우 힘들고 괴로운 시간이었지만 그렇다고 죽을 만큼 힘든 것도 아니었기에 하는 말이다.

그 후 사연은 있었지만 나는 어쩌다 직업군인으로 신분을 전환하게 되었다. 그것도 듣도 보도 못한 해군 특수부대인 UDT라는 곳에 말이다. UDT에서 나는 가히 말로 표현하기 힘든 훈련을 받았다. 단순히 힘든 곳이었다고 말하기에는 심신의 고통이 너무 심했다. 하지만 엄한 군 생활에서도 책을 놓지 않았다. 책 없이는 하루도 살 수 없는 정도의 독서광은 아니었지만, 조선왕조 5백 년을 탐독했던 습관, 그러니까 눈앞에 보이는 책에 자꾸 손이 가는 아름다운(?) 습관만은 고쳐지지 않았다. 어느 날이었다. 잠수 훈련을 마치고 돌아온 토요일 오후. 나른하게 밀려오는 졸음을 이기지 못하고 내무실 침상에 기대어 바짝 군기 든 모습으로 앉아 있었을 때(누울 수 없었다. 난 막내 하사였다) 눈앞에 가지런히 꽂혀 있는 책들이 보였다. 바로 그 이름도 유명한 '진중 문고'다.

진중 문고란 장병들의 정서 함양과 교양 증진 그리고 건전한 국가관 확립을 위해 매년 10~20여 종의 양질의 우량도서를 선정하여, 각 군에 배부하여 내무반이나 휴게실에서 자유롭게 열람할 수 있도록 하는 일종의 군부대 내 자체 소형 도서관이다.(출처 및 인용: 네이버 지식백과) 네이버 지식 백과 인용 난 그중에 한 권을 빼 들었는데 내가 집어 든 책이 하필이면 역사책이었다. 제목은 '평(苹)'이었으며 임진왜란을 배경으로 한 역사소설이었다. 언뜻 봐도 500쪽이 넘는 두꺼운 책에 글자 크기도 작았다. 하지만 어쩌랴. 역사책이었던 것을. 내가 좋아하는 글, 내가 읽고 싶은 내용이 가득한 바로 그 역사

책이란 말이다.

　침까지 뚝뚝 흘리며 고개를 아래로 깊게 숙이고 앉은 채 졸고 있는 옆자리의 동기 놈은 안중에도 없었다. 눈을 감은 것만으로도 선임하사들의 불호령이 뻔한데 난 동기 놈을 깨울 생각조차 못 했다. 소설 '평'을 읽어야 했기 때문이었다. 재미있고 특이한 소설이었다. 그 시대 전장의 장수들이 죽어 염라대왕 앞에서 재판을 받는다는 판타지적 요소가 신기했다. 재판을 통해 임진왜란과 정유재란 때의 많은 전투, 그리고 우리가 모르는 야사(野史)를 사실적으로 소개했다. 단순히 조선과 왜의 싸움이 아니라 다양한 시각으로 전쟁을 설명한다. 구국의 영웅 이순신에 관한 이야기는 많지 않다. 소소하게 살다가 비참히 죽은 평민들의 삶이 더 많이 보인다. 기록과 사실만의 역사가 아닌 해석과 통찰의 역사가 보인다. 겨울 햇볕이 따갑게 내무실 창으로 비춰 들어왔고 뜨거운 김이 모락모락 올라오는 군용 스팀기가 주변 공기를 데우던 2000년 12월의 어느 날이었다.

　난 소설 '평'을 진중 문고 책꽂이에 다시 갖다 놓지 않았다. 대신 내 사물함 깊은 곳에 그 책을 넣었다. 혼자 보려고 몰래 감춘다는 죄책감도 조금 있었다. 진중 문고는 부대 장병이 함께 봐야 할 책이었다. 하지만 내심 괜찮다고 여겼다. 적어도 진중 문고를 들춰보는 사람은 나를 포함해도 두어 명도 안 될 만큼 적었기 때문이다. 그만큼 독서는 그 시절 군대라는 곳과는 어울리지 않는 행위였나

보다. 난 '펑'을 최대한 빨리 보고 다시 갖다 놓으리라 마음먹었다. 그리고 틈나면 읽었다. 특히 화장실 갈 땐 필수품이었다. 부끄럽지만 난 그전에 치질 수술을 한번 한 적이 있었다. 나에게 뒷간 독서는 해서는 안 될 행동이었다. 치질 수술을 성공리에 마치고 병원을 나오던 날 수염이 덥수룩한 의사 선생의 첫 마디는 화장실에 신문 쪼가리 따위를 가지고 가지 말라는 것이었다. 화장실에서 활자를 읽으며 일을 본다는 것이 치질을 겪어 본 사람들에게는 얼마나 좋지 못한 행동인지는 굳이 말하지 않겠다. 그래도 어쩔 수 없었다. 읽어야 했다. 내가 좋아하는 글이었기 때문이다. 조금 더 엄격히 따져 말해보자면 책이 좋은 것이 아니라 역사가 좋았다. 역사를 알기 위해 책을 읽어야 했을 뿐이다. 닭이 먼저냐, 달걀이 먼저냐고 물을 수도 있겠지만 그것이 중요하진 않다. 그저 내가 좋아하는 역사의 지혜를 취하기 위해서 책이라는 도구를 활용해야 한다는 걸 깨달았을 뿐이다. 누가 가르쳐 준 게 아니다. 굳이 따지자면 TV가 시작이긴 하다. 조선왕조 5백 년 드라마를 봤고 재미를 느끼던 차에 드라마의 토대가 된 글을 읽었으며, 흘러간 시간에 대한 호기심이 더욱 커가며 목마름을 해결하기 위해 책이라는 매개체를 적극 활용하게 된 것이다.

좋아하는 것을 해야 하는 이유

나는 책을 좋아하지 않았다. 앞서 말한 역사책을 읽으면서도 그랬다. 독서를 좋아했다고 말하지 못하는 이유가 그래서 그렇다. 역사를 다룬 책 말고는 거들떠보지도 않았다. 당연히 독서량은 많지 않았다. 그저 오며 가며 눈에 띄면 읽을 정도였는데 그나마도 다 역사책이었다. 그래도 그렇게 체득한 것이 있다면 책을 내 손으로 직접 펴서 읽는다는 습관을 들인 것이다. 책에 대한 거부감을 충분히 상쇄할 수 있었던 것은 이러한 시절을 겪었기에 가능했다. 그것은 좋아하는 것을 가지기 위해 책을 펼칠 수밖에 없었던 독서 습관 때문이었다.

그렇다면 지금의 독서는 어떨까? 서른 즈음, 난 군대를 전역하고 늦깎이 소방공무원 수험생이 됐다. 아니나 다를까 공무원 수험서에 나오는 국사 문제를 하나 더 풀기 위해 보는 수험서보다, 그놈의 역사가 좋아 여전히 놓지 못한 몇 권의 역사책이 더 좋았다. 1년 반 정도 소방관 시험을 준비하는 내내 그랬다. 특히 역사학자 이덕일 작가의 책에 푹 빠져 있었다. 그가 서술한 역사는 깊이가 남달랐다. 현시대에 빗대어 과거를 조망하는 글솜씨가 탁월했다. '조선선비 살해사건', '송시열과 그들의 나라', '윤휴와 침묵의 제국' 같은 조선 시대 당쟁에 관한 책을 즐겨 읽었다.

그렇게 나만의 독서는 여전히 역사책에만 머물렀다. 하지만 책을 읽는 습관 자체는 여전했다. 훗날 소방관이 되고 소방학교 근무 시절, 도서 담당자로 일하며 눈앞에 보이는 수많은 책을 봤을 때 느낀 알 듯 모를 듯 희열감은 어쩌면 어린 시절부터 역사책을 끼고 읽으며 나도 모르게 자연스럽게 형성된 읽고 싶다는 내면의 욕망 때문이 아니었을까 한다. 심하게 편식하는 독서 습관에 읽어봤자 한 달에 한 권 정도였던 내가, 책 속에서 쌀이 나오냐, 돈이 나오냐를 따지지 않을 수 있었던 것. 즉 책을 읽는 행위 자체 즐거움 정도는 알고 있었기에 독서의 폭이 서서히 확장되지 않았을까 추측해 본다. 다양한 책을 작정하고 읽어보자고 느낀 어떠한 각성의 계기도 있었기에 그래도 지금은 일주일에 두 권 정도는 읽을 만큼의 독서력을 갖추게 됐다.

결국, 그렇다. 좋아서 해야 한다. 세상 만물이 인간의 기억 속에 머물 수가 없다. 고대의 현자들은 활자를 이용하여 지혜를 뼛조각과 돌무더기에 그리고 종이에 새긴 이유가 그렇다. 고고히 축적된 인류의 지식과 지혜는 책이라는 곳에 장엄히 담겨 있다. 굳이 고답적인 해석을 하지 않아도 된다. 나와 같은 고민을 한 다른 누군가가 사물의 이치를 깨닫기 위해 무언가를 더 들여다보고 연구해본 결과가 책이라는 정수로 만들어지기에 우리는 그런 책에서 지혜를 취할 수 있는 것이다. 무엇이 되었든 내가 알고자 하는 것에 대한 호기심을 해결하기 위해서는 책만 한 것이 있을까 하는 물음에 누구든 아니라고 답하진 못할 것이다. 물론 현대인들이 정보를 얻는 곳이 책뿐만 아니란 것도 잘 안다. 오히려 인터넷 같은 가상의 세계에서 클릭 한 번이면 수많은 정보가 순식간에 쏟아지는 것을 볼 수 있다. 하지만 그 속의 정보와 지식조차도 결국 책에서 시작된 것이 아니겠는가? 결론적으로 내가 좋아하는 또는 내가 얻어야 하는 것들은 책 속에 있고 책을 그렇게 활용해야 한다는 것이다. 역사가 좋아 역사를 더 알기 위해 책을 봤던 나처럼 말이다.

좋든 싫든 사람이라면 책을 보게 된다. 현대 문명과 소통하기 위해서는 글을 알아야 한다. 초, 중등 교육을 의무적으로 하는 이유가 그것이리라. 어쩌면 우리는 읽는 행위 자체에 대한 거부감은 없을 수도 있다. 길가를 걷다 눈에 띄는 간판의 글자를 자연스럽게 속으로 읊조리는 것이 그러한 이유다. 그렇게 본다면 무엇을 읽을까에 초점을 맞춰봐야 한다. 그래서 좋아하는 것을 읽자는 것이다. 축구선수 손흥민의 경기를 보고 그에 대해 궁금하다면 손흥민의 자서전을 보자. 경제적 부를 이루기 위해 주식 투자에 관심이 많다면 워런 버핏의 책이 좋겠다. 만화책인들 어떤가? 아니 더 좋겠다. 먹는 것을 좋아하는가? 허영만의 '식객'을 보고 전국을 여행하며 그가 다녀간 맛집에 가본다면 이거야말로 책을 읽고 여행도 하며 입이 즐거운 일석삼조가 된다.

사람은 읽는 것을 싫어할 이유가 없다. 그 속에 내가 좋아하는 것이 다 있으니 말이다. 두꺼운 책이 부담스럽고, 깨알 같은 글씨가 읽기 힘들다고 느끼기 전에 내가 무엇을 좋아하고 그것에 가까이 가기 위해 책장을 넘겨봐야 한다는 고민부터 해 본다면 책이 주는 즐거움을 지극히 알게 될 것이다. 더 나아가 그런 생각으로 말미암아 행동이 바뀌며 행동은 자신의 삶까지 바뀌게 하는 놀라운 결과를 겪을 수도 있다. 처칠은 그토록 좋아했던 '로마제국 쇠망사'를 달달 외울 만큼 읽었는데, 거기에서 얻은 지혜로 훗날 위대한 대영제국의 수상이 되었다. 책을 손에 쥐기가 여전히 힘들고 글을 읽기가 두렵다면 내가 무엇을 좋아하는지부터 생각해보자. 그리고 그것이 담겨 있는 책을 찾아보자. 그렇게 나무줄기처럼 곳곳으로 뻗어가며 연결되는 책과 책들의 이야기를 매일 쫓아가 보자.

3
다독과 정독 사이

> 좋은 책에 있어서 핵심은 당신이 얼마나 많은 책을 보느냐가 아니라, 얼마나 많은 책이 당신을 울리느냐다.
>
> — 모티머 아들러

1년에 100권 읽기

'오거지서(五車之書)'라는 말이 있다. 중국 고전 '장자'의 '천하' 편에서 유래하는 말인데 지은 책 또는 가지고 있는 책이 수레 다섯 량에 가득 찰 만큼 많다는 뜻이다. 그만큼 방대한 책을 읽었다는 뜻이기도 하겠다. 하지만 장자가 이르고자 한 '오거지서'의 뜻은 꼭 책의 많고 적음이 아니었다고 한다. 장자는 자신의 글에서 많은 인물 비평을 하는데 '혜시'라는 당대의 철학가에 관한 언급을 하며 오거지서를 인용했다. 장자의 말은 다음과 같다.

"혜시는 학문이 다방면에 걸쳐 있고 그의 책은 다섯 수레에 달한다. 그의 도는 뒤섞여 복잡하고 그의 이론 또한 도리에 맞지 않을 때가 많다. 애석하다! 혜시는 그런 재능을 가지고도 방탕하게 정도를 행하지 못하고 만물을 쫓으면서 자신을 돌아보지 못하고 있다. 소리를 내면서 소리가 나오는 곳을 찾는 그것과 같고 형체를 띄고서 그림자와 경주하는 것이나 마찬가지이니, 슬픈 일이다.

惠施多方, 其書五車, 其道舛駁, 其言也不中.
"惜乎! 惠施之才, 蕩而不得, 逐萬物而不反, 是窮響以聲, 形與影競走也, 悲夫!"

출처 : 네이버 지식백과, 오거지서[五車之書]

혜시가 다섯 수레의 책을 읽은 다독가임에도 그의 지혜가 복잡하고 도리에 맞지 않을 때가 많음을 평한다. 내가 이 글을 먼저 언급하는 이유는 책을 읽고자 하는 많은 독서가에게 늘 고민이 되는 다독과 정독의 차이에 대해 견해를 밝히고자 함이다. 다독이냐, 정독이냐를 가지고 나 같은 필부가 무엇이 좋고, 안 좋고를 논하는 거 자체가 어불성설이다. 책을 읽는 행위에 대한 평을 할 만한 능력도 못 되거니와 그럴 생각도 없으니 미리 말하자면 그저 나의 경험과 생각을 전하는 정도로만 들어주길 바란다. 결론부터 말하자면 두 가지 독서 방법 모두 그만의 장단점이 있으니 개인의 취향, 독서의 목표, 읽는 환경 등에 따라 맞춰 취하는 것이 좋다. 또 다독과 정독에 대한 이치를 스스로 깨닫는다면 책 읽는 재미와 효용성에 대해서 더 큰 이득을 가질 수 있기에 나의 지난 독서 경험을 바탕으로 말해보겠다.

사실 나는 그랬다. 그렇게 좋아하는 역사서를 읽으면서도 마음이 불안했다. 왜냐면 책을 읽는 와중에 새로운 사실이나 재미있는 문구를 발견하면 잠시 글을 읽는다는 희열에 사로잡혔다가도 이내 글이 머릿속에서 사라질까 전전긍긍했기 때문이다. 아닌 게 아니라 책 한 권 신나게 읽고 나면 뭐라도 조금 더 알았다는 자신감과 뿌듯한 기분이 온몸을 감싸는데 이내 돌아서서 한나절쯤 지나면 책의 내용이 어느새 머릿속에서 사라져버리니, 마치 손안에 들고 있던 중요한 뭔가를 놓쳐버린 듯 공허함에 휩싸였다. 애써 읽은 글이 기억이 나지 않아 억울한 마음에 다시 읽어보려고 해보지만, 역시 쉽지 않다. 그래서 다음에 또 읽어보겠노라 다짐하지만, 역시 공염불에 지나지 않는다. 소방관이 되기 위해 10회 독을 기본으로 했던 공무원 수험서를 떠올리면 그깟 다시 읽기가 뭣이 그리 어려울까 했다. 하지만 한 번 읽은 책은 책장에 반듯하게 꽂혀 다시는 나오지 못하고 그때부터 집안의 장식물이 된다.

이런 나의 책 읽기 습관은 꽤 오랫동안 지속했는데 기계적인 독서 습관처럼 느껴져 때론 죄책감이 들었다. 책이 나에게 말하는 것이 무엇인지 도통 모른 채 흰 건 종이요, 검은 건 글씨라는 그냥 판독하는 행위만 반복되는 것 같았다. 물론 읽는 동안 글쓴이의 속뜻이 보일 때면 그것만으로도 충분하다며 스스로 위안했다. 그럴 만도 한 것이, 어쨌든 독서량 자체가 적지는 않았기 때문이다. 누구라도 책의 내용을 모조리 기억하는 사람이 어디 있겠냐는 생각에 미치자 그냥 눈에 보이는 대로 다 읽어나 버리자는 생각이 강하게 들었다. 그러던 차에 나는 다독을 권장하는 책을 몇 권 읽었다. 제목을 일일이 열거하긴 뭐 하지만 내용은 대동소이했다. '1년에 100권 읽기', '천 권을 읽고 인생을 바꾸자' 등과 같은 다독의 효용성을 강조하는 문구로 가득했다. 그런 책들을 읽으며 그동안 나의 독서 습관이 옳은 방향으로 가고 있음을 깨달았다. 그리고 다독의 효과는 분명히 있다.

반복되는 글

　역사서만을 좋아하던 내가 소방학교에서 도서담당을 하며 다른 분야의 책에도 관심을 가진 이유는 사실 돈 때문이었다. 그 시절 나는 친구에게 연대보증을 잘못 서주고 졸지에 빚쟁이가 되어 있었다. 천만 원이 훌쩍 넘는 돈이었는데 나에게는 큰돈이었다. 아이가 태어나 돌이 지난 시점이었고 혼자 벌어서 가족을 건사해야 하는 외벌이 월급쟁이 가장의 처지에서 천만 원의 빚은 인생의 엄청난 시련으로 다가왔다. 연 30%에 육박하는 고리의 이자를 고스란히 떠안은 나는 난생처음 돈의 무서움을 느꼈다. 시도 때도 없이 걸려오는 빚 독촉 전화에 정말이지 매일 지옥 같았다. 내가 빌려 쓴 돈도 아닌데 나보고 갚으라니 미치고 환장할 노릇이었다. 보증을 부탁했던 친구에 대한 배신감도 이만저만이 아니었다. 둘도 없는 친구라 생각하고 믿고 해준 일이 엄청난 결과를 가져온 것이다.

　입맛도 없고 일도 손에 잡히지 않았던 그 시절, 책이 어느 순간 내 손에 들려 있으니 어쩌면 친구에게 보증을 서준 일이 책을 읽기 위한 운명이었는지도 모르겠다. 어쨌든 그런 상황에서 힘을 주는 책을 읽어야 했다. 바로 자기계발서다. 먼 나라, 오랜 시절 지난 누군가의 이야기가 아닌 가까운 곳에 나와 비슷한 처지에 있었던, 아니면 더 힘들었던 사람들의 이야기가 눈에 쏙쏙 들어왔다. 역경을 딛고 성공의 길로 들어선 저자들의 삶에 나는 빙의되었다. 위로는 물론이고 나에게 온 시련이 아무것도 아닐 수도 있겠다는 생각도 들었다. 결국, 자기계발서를 읽지 않으면 불안할 지경에 이르렀다. 더 많이, 더 빨리 읽고 싶었다. 그래서 다독이라는 독서법에 관심을 두었다. 읽고 또 읽었으며 늘 새로운 자기계발서를 갈망했다. 당연히 독서량이 눈에 띄게 늘었고 책 읽는 속도가 빨라졌다. 난 이런 현상에 매우 흥분했다. 누군가의 말처럼 1년에 100권을 읽고, 몇 년 후 1,000권을 읽어 기적처럼 인생이 뒤바뀌는 경험을 하고 싶었다.

버스와 지하철을 세 번 갈아타며 한 시간 넘게 가야 하는 출퇴근 길이 즐거웠다. 책을 읽을 수 있는 좋은 환경이었기 때문이다. 모두가 스마트폰을 들여다보며 고개를 숙이고 있을 때 나는 책을 읽었다. 하루에 적어도 2권, 어떨 땐 3권을 가지고 다니며 번갈아 읽었다. 하루에 한 권을 너끈히 읽어내는 날도 많았다. 활자가 주는 즐거움에 미쳐 있었고, 책을 읽을 때만큼은 현실의 서글픈 시련에서 벗어날 수 있었다. 그래서였을까? 책을 현실 도피의 수단으로 여겼던 것은 아닐까 하는 생각이 든다. 하지만 어쩌랴? 할 수 있는 일은 그것밖에 없다고 생각했다. 나보다 더 힘든 시절을 겪었던 글을 읽어야만 내 현실이 아무것도 아니라고 여겼기 때문이다.

사실이지 자기계발서의 내용은 거의 비슷했다. 알면서도 계속해서 그런 부류의 책을 읽은 이유는 다독이 주는 즐거움 때문이었기도 했고 책 속의 내용이 다독하기에 무리가 없었기 때문이다. 또한, 자기계발서는 자신감과 생각의 변화를 가져다주었다. 움츠려 있고, 절망에 빠져 허우적거리던 나를 다시 일으켜 세운 것은 수없이 탐독한 다양한 자기계발서였다. 다독의 효용성을 몸으로 체득한 것이다. 결국, 내 인생에 있어 딱 한 번 1년에 100권이라는 책을 읽은 적이 있었는데, 당연히 거의 다 자기계발서임은 말할 나위가 없다. 더 고맙고 놀라운 것은 그 후 적극적으로 빚을 갚고 상황을 긍정적으로 바꿔 가는 노력을 했다. 보증 빚을 떠안으며 분노하고 좌절하며 어찌할 바를 몰라 안절부절못하던 모습은 더 없었다. 또 하루에 단 한 줄이라도 책을 읽는다는 독서 습관이 완전히 자리 잡은 것도 큰 수확이었다. 독서 편식이 심했던 내가(물론 자기계발서도 심각한 편식이었지만) 그나마 다른 부류의 책에도 푹 빠져 보았던 것도, 독서가로서의 좋은 경험이었다.

습관의 변화

하지만 이런 독서 습관은 이후에 어떤 저항에 부딪힌다. 자기계발서가 아닌 다른 부류의 책을 읽을 때는 도무지 읽히지 않았다. 어느 날 부산 해운대에 있는 대형서점에 들러 여느 때와 다르게 자기계발서가 아닌 경제, 경영서를 들추고 있었다. 책 내용도 좋았고 실용적인 글이라 생각되어 바로 구매해서 집으로 와 읽었다. 처음에는 술술 읽히듯 하던 글이 50페이지를 가지 못하고 버거워지기 시작했다. 괜히 한숨이 나고 옆에 놓인 휴대전화로 손이 계속 가기도 했으며, 방을 나가 물을 마시는 일도 잦아졌다. 글에 대한 감흥이 전혀 없었다. 눈은 읽고 있지만, 마음은 받아들이지 못하는 현상을 겪었다. 그러다 어느 순간 책을 덮었다. 알 수 없는 두려움이 밀려왔다. 같은 책이었지만 늘 감동을 주었던 자기계발서의 내용이 아니었다. 다시 마음을 가다듬고 책을 펼쳐도 마찬가지였다. 서너 페이지도 못 가 읽기를 그만두었다.

책장에 꽂힌 자기계발서를 꺼내 들었다. 아무 페이지나 그냥 넘겼다. 이미 읽은 책이었고 그렇게 놀란 가슴(?)을 진정시키고 싶었다. 그런데 이건 또 무슨 조화인가? 책이 낯설었다. 분명 얼마 전 신나게 읽은 책이었다. 글쓴이의 삶에 눈물 콧물 짜내며 읽은 글이었다. 그런데 마치 처음 본 글처럼 어색했다. 책의 제목만 기억에 남았고 내용은 휘발되었다. 기가 막혔다. 다른 자기계발서를 꺼내 들었다. 마찬가지였다. 이상했다. 하지만 분명 그 책들을 읽고 긍정적인 변화를 경험했다. 그제야 어렴풋이 깨달았다. 책의 내용을 기억 못 하지만 몸이 체득했음을 말이다. 엇비슷한 내용의 자기계발서를 다독하며 내린 결론이었다. 빠르게 읽으며 여러 권을 탐독했으되 깊게 들어가지는 못했다. 하지만 그렇다 하더라도 책이 주는 메시지까지 놓치지는 않았다. 다독의 장단점을 스스로 깨닫는 순간이었다. 그렇게 혼자 느낀 후 다시 경영서를 폈다. 처음부터 천천히 읽었다. 모르는 단어, 모호한 문장이 나오면 몇 번을 곱씹어 읽었다. 인터넷에 검색까지 해가며 글쓴이가 전달하려는 것을 찾기 위해 애썼다. 읽는다기보다 공부한다고 해도 과언이 아닐 듯했다. 드디어 나도 정독을 시작한 것이다.

어려웠다. 시원스럽게 넘어가던 책장이 오랫동안 멈춰있었다. 내용을 이해하지 못하면 책에 손을 대지 않았다. 한 문장만 수십 분 동안 뚫어지라 바라본 적도 있었다. 늘 이해하고 넘어가리라고 굳게 다짐하며 책을 읽었다. 그때 만난 책이 박웅현 작가의 '책은 도끼다'다. 내용이 매우 흥미로웠다. 글쓴이가 사람들과 나눈 강독회에 관한 내용이었는데 책 한 권을 가지고 한두 달씩 서로 읽고 토의하는 과정을 고스란히 보여줬다. 그리고 그 안에 나오는 주옥같은 문장을 아름답게 해석해준다. 처음에는 이해하지 못했다. 문학적 소양이 부족한 것은 당연하다 치더라도 정독이 주는 효용성에는 여전히 의문이 있었기 때문이다. 술술 읽으며 뚝딱 마치는 글읽기가 전부인 줄 알았는데 수백 페이지 중에 한 문장에 꽂혀 몇 날 며칠을 곱씹고 있는 것을 보자니 당최 이해가 되지 않았다. 그래도 이왕지사 정독의 길로 들어서자고 마음먹었으니 멈출 수 없었다. 옆에서 말하듯 읽히는 그의 책이 점점 재미있어졌다. 따뜻한 봄 햇살이 가득한 거실 소파에 혼자 앉아 책을 음미하며 읽었다.

키우는 고양이가 옆에서 졸고 있었고 타 놓은 커피는 식어가고 있었다. 한 문장 읽고 거실 밖 풍경을 바라보았고, 한 문장 읽고 식은 커피를 입안에 머금고 눈을 감았다. 그러자 글이 보였다. 아니, 글 속에 글쓴이가 보였다. 깊고 오래 읽는 맛을 조금은 알 것 같았다. 다독의 즐거움을 알 때도 기뻤지만 정독의 신비로움도 그에 못지않았다.

산에 꽃이 피네
꽃이 피네
갈 봄여름 없이
꽃이 피네

'산유화' 김소월

책 속의 시를 한참 읽었다. 작가는 이 시를 또 해석하고 알려준다. 나는 또 작가의 해석을 고스란히 받는다. 깊이에 깊이를 더한 읽기의 마력이 온몸을 감싼다. 그냥 저 시를 어딘가에서 봤다면 '산에 꽃이 피면 그냥 피는 것이지 무슨 말이 많은가?'라고 생각했을 것이다. 하지만 '이 노래는 말을 걸 수 없는 자연을 향해 기어이 말을 걸어야 하는 인간의 슬픔과 그리움의 노래로 나는 들린다'는 작가의 글을 진득하게 바라보니 그제야 체증이 풀리듯 시구가 아름답게 보인다. 깊게 읽기에 가능한 일이고 한참을 바라보기에 알 수 있는 뜻이었다. 정독이 다 그렇다는 것은 아니다. 읽는 이마다 해석이 다를 수 있다. 깊게 읽는다고 다 같은 뜻이 나오지도 않는다. 하지만 정독의 매력은 거기에 있다. 있는 그대로가 아니니 속뜻의 해석이 다를 수도 있음이 말이다. 자연스럽게 읽는 이의 사유의 깊이를 깊게 만든다. 생각하는 힘이 길러진다. 훑고 지나가는 것이 아니라 묵직하게 바라본다. 그렇게 농축된 사유는 심상의 변화를 일으키며 그런 변화는 행동으로 나타난다. 그리고 삶은 더 나은 방향으로 가게 된다. 한 문장을 가지고도 종일 사유할 수 있다. 더 읽지 않아도 된다. 책이 주는 단 몇 줄로 깊고 깊은 사유의 세계로 가는 경험을 했다. 정독을 심독(深讀)이라고도 하는 이유를 그제야 깨달았다.

어쩌면 다독이든 정독이든 읽는 이 하기 나름일 수 있다. 뭐가 더 나은 독서법이라고 말할 수 없다. 나는 지금도 이 두 가지 독서법을 병행한다. 어느 분야를 두루 살피고 내 것으로 만들고 싶을 땐 비슷한 부류의 책을 다독하며 자연스럽게 내가 책의 내용을 체득하게 한다. 반대로 심상의 변화를 겪고 싶거나 글쓴이의 의도에 동화되고 싶은 책이 있다면 한 권을 깊고 깊게 읽는다. 재독, 삼독(三讀)도 물론이다. 분류하자면 다독이 적용되는 책들은 자기계발서나 에세이 등이 될 것이고, 정독이 필요한 책은 소설이나 시 또는 인문학 관련 글이 맞을 것이다. 다시 말하지만, 어느 독서법이 더

낫냐고 묻지 말기 바란다. 스스로 목적에 맞게 취하고 적용하면 그만이다. 굳이 한 가지 당부하자면 읽기를 위한 읽기는 지양하기 바란다. 권수만 채우기 위한 읽기라면 그것은 책의 내용을 체득하는 것이 아니라 눈과 손의 노동에 가깝다고 할 수 있다. 물론 아무것도 읽지 않는 것보다야 낫겠지만 읽기의 효과는 사유하는 과정을 거쳐야만 진정으로 내 것이 된다는 것을 알아야 한다.

책 한 권 만들어지기까지 참 어려운 과정을 거친다. 나도 겨우 두어 권 꾸역꾸역 만들어본 경험이 있는데 글을 쓰고 다듬고 하는 수개월의 과정 동안 4kg의 몸무게가 빠지고 일이 손에 잡히지 않을 만큼 많은 스트레스를 받은 기억이 있다. 그만큼 책 속에는 글쓴이의 경험, 기억, 생각, 노력 등 보이지 않는 많은 것들이 녹아 있다. 그런 글을 받아들일 때는 적어도 글쓴이가 무엇을 말하고자 하는지 활자 너머에 있는 뜻을 찾아보고자 하는 노력 즉 '사유'를 해야 한다. 그래야 책을 읽는 기쁨이 오롯이 나에게 다가온다는 것을 알았으면 좋겠다. 무엇을 읽든 글이 주는 기쁨은 글 자체보다 글이 만들어지는 과정을 알았을 때 배가 된다. 때론 빠르게, 때론 깊게 읽으며 진심으로 글에 동화되는 것이 독서의 기쁨이 아닐까? 다독이든 정독이든 글을 진심으로 받아들이길 바란다. 빨리 읽고 많이 읽으며 속뜻을 지나친다면 다독도 헛일일 테고, 보고 또 보며 깊이 읽더라도 사유하지 않는다면 그것 또한 괜한 용만 쓴 것일 테다.

4
함께 읽자

인생이란 '나'에게서 시작되어 '우리'로 가는 긴 여정이다.

―존 펜버티

소방관과 책

나는 소방관이다. 불 속에서, 물속에서 그리고 수많은 사고 현장 속에서 위험에 빠진 생명을 구한다. 때론 나 자신이 더 위험해지기도 하고 같이 목숨을 나누며 일하는 동료를 잃기도 한다. 이 글을 쓰는 지금도 화재 현장에서 중상을 당한 동료들의 소식을 들었다. 지하 주차장에서 사람을 구하다가 높은 곳에서 추락한 나의 동료는 빗장뼈와 발목이 두 동강 나서 수술을 받고 있다. 다른 동료 몇 명도 같은 사고로 허리와 무릎을 심하게 다쳤다. 자신의 몸을 돌보기보다 타인의 안전이 우선인 소방관의 운명은 때론 무척이나 가혹하다. 하지만 안전이라는 물러설 수 없는 귀한 가치를 지키기 위해 일을 한다는 자부심이 더 크기에 우리가 뒤집어쓰는 위험은 충분히 감내할 만하다.

이런 위험한 일을 하는 소방관들에게 책을 읽는다는 행위는 과연 어떤 의미일까 생각해봤다. 소방관이고 독서를 좋아하는 한 사람으로서 말이다. 소방관과 책. 얼핏 보자면 양극단에 서 있는 듯하고 전혀 어울릴 것 같지 않은 일이다. 뜨거운 화염과 싸우고, 피 튀는 현장의 모습과 가만히 앉아서 책장을 넘기는 모습을 번갈아 생각해보니 그렇다. 하지만 소방관이기에 책을 더 읽어야 하고 소방관이기 때문에 글이 주는 뜻을 더 새길 필요가 있다고 나는 강조하고 싶다.

사람이 인생을 살면서 한 번 볼까 말까 한 타인의 죽음의 현장. 그것도 사지가 찢기고 육신이 썩어들어가 있는 그런 모습들을 보는 소방관들은 책이 주는 치유의 힘을 충분히 받아들일 필요가 있다. 아닌 듯해도 자기도 모르게 마음속에 스며들어 있는 죽음에 대한 공포와 죽은 자를 살리지 못했다는 죄책감 그리고 처참한 사고 현장이 주는 힘든 트라우마. 이런 것을 이기기 위한 수단으로 책은 아주 좋은 도구가 된다. 물론 굳이 책이 아니더라도 소방관은 직업적 스트레스를 해소하기 위한 자기만의 방법을 찾는다. 격한 운동을 즐기기도 하고 한가한 강가에서 낚시하기도 한다. 금빛 색소폰을 불며 음악에 빠지기도 하고 눈 덮인 겨울 산을 오르며 극기(克己)를 한다. 무엇이 되었든 좋다. 자기만 좋다면 말이다. 그렇다 하더라도 나는 독서를 다른 취미보다 우선 해보라고 감히 말한다. 이유는 다음과 같다.

첫째, 환경적인 문제다. 운동, 음악 등과 같이 사람들이 많이 즐기는 취미는 장소의 제한을 받는 것이 사실이다. 나 같은 경우 수영을 즐기는데 당연하게도 수영장이 아니라면 수영을 할 수가 없다. (바다 수영은 예외로 하자) 아닌 게 아니라 코로나 시국에는 수영장이 문을 닫거나 제한적으로 운영되어 수영을 1년 넘게 하지 못하기도 했다. 등산하든, 헬스를 하든 우리는 그것을 하기 위해 몸을 특정 장소로 이동해야 하는 일이 생긴다. 하지만 독서는 다르다. 책 한 권만 있다면 어디든 가능하다. 책 읽기야 조용한 도서관이나 집 안의 서재가 좋을 수는 있겠다. 하지만 책을 읽는 사람들은 굳이 장소를 가리지 않는다. 나폴레옹은 전장으로 이동하는 마차 안에서 대포 소리를 들으면서도 독서를 했다. 그러기에 길가의 한적한 벤치도 좋고, 따뜻한 커피가 있는 조용한 카페도 좋다. 덜컹거리는 전철 안이나 복작거리는 버스 안도 나쁘지 않다. 읽을 책 한 권만 있다면 어디든 가능하다.

둘째, 시간과 비용이다. 사실 난 독서를 취미의 영역에 넣는 것을 달갑게 생각하지 않는다. 당연한 삶의 일부로 봐야 하지 않을까? 선택의 문제가 아니라는 것이다. 굳이 많은 시간과 비용을 들일 필요가 없는 일이다. 일상 속에서 늘 가능하다. 일단 책을 읽는데 속독이니 정독이니 하는 말을 접어두자. 한 권을 읽더라도 나만 좋다면 읽는 속도는 문제가 안 된다. 그런 면에서 보자면 다른 취미와 다르게 굳이 배우는 시간을 따로 들일 필요도 없다. 문맹률이 거의 제로에 가까운 우리나라 사람 누구라면 글을 읽을 수가 있다. 책을 사서 펼치면 그만이다. 전문가나 강사의 가르침을 받을 이유도 없다. 앞서 첫 번째 이유를 보더라도 어디 별다른 장소로 가서 할 일도 아니니 내가 있는 지금 이곳에서 읽으면 그만이다. 이 얼마나 효율적인 자기계발인가? 자연스럽게 비용은 최소한으로 든다. 책값이 많이 올랐다 하더라도 만 오천 원 남짓이면 내 인생을 바꿀 양질의 글을 구할 수 있다. 읽는 양이 많은 사람이라면 가까운 도서관을 가자. 내가 사는 부산만 하더라도 약 50여 개의 공공도서관이 있다. 버스 한두 정거장 거리에 수천에서 수만 권의 책을 보유한 도서관이 들어서 있다. 간단한 절차만 거치면 보름 정도 책을 무상으로 빌려서 마음껏 볼 수가 있다. 등산하기 위해 꼬박 하루 차를 타고 산을 타야 하며, 골프를 치기 위해 시간제한이 있는 골프장을 예약해야 하는 번거로움에 비하자면 독서야말로 가성비 끝판의 취미가 아닐까 한다.

셋째, 치유의 힘이다. 소방관인 내가 감히 말한다. 소방관이라면 더욱 독서를 했으면 하는 바람 중에 가장 큰 이유를. 특히 심신을 치유하는 데 있어 독서의 힘은 가히 놀라울 만하다. 앞서 말한 대로 소방관으로서 겪는 일은 육체와 마음을 힘들게 한다. 나는 심각한 알코올 의존이나 우울증을 호소하는 동료를 더러 봤다. 이들 모두 평소 매우 건강한 심신을 유지했던 동료들이었다. 하지만 어떠한 계기인지 모를 외상후 스트레스 증후군(PTSD)이 그들의 영혼을 조금씩 피폐하게 했다. 나 역시 그랬다. 한때 하루도 술이 없으면 안 될 정도로 살았다. 진단만 없었을 뿐 알코올 의존증 또는 중독이었다. 그런 나를 책이 구했다. 나는 술 대신 책을 읽음으로써 서서히 치유됨을 느꼈다. 책 속에 있는 글이 몸과 마음을 변화시켰다. 책이 무슨 요술을 부린 것이 아니다. 책 속의 글에는 쓴 사람들의 농축된 경험과 노력 그리고 인생을 걸고 엮어낸 자기만의 이야기가 녹아들어 있다. 그런 글을 읽다 보면 내 현실과 대비해보기도 하는데 많은 이야기가 분명 나보다 힘하고 어려운 상황을 이겨낸 사람들의 삶을 보여줬다. 다시 말해 내가 직접 만나서 이야기를 들은 것은 아니지만 내 삶이 매우 값지고 아름답다는 감흥을 책에서 느낀 것이다.

지금 내가 겪는 고통은 충분히 이겨낼 수 있는 상황이며 오히려 내 인생이 얼마나 고귀한지 깨닫게 해주었다. 세상 모든 고통을 다 짊어진 듯 여겨 술과 유흥에 빠져 있던 내가, 가혹하리만치 힘든 삶을 이겨낸 수많은 이들의 글을 읽고 정신이 번쩍 든 것은 분명 책이 주는 힘 때문이었다. 운동이나 음악 같은 다른 취미 역시 몸과 마음을 충분히 치유해준다. 독서가 이런 취미와 다른 점은 책 속의 글을 읽고 생각이 바뀌고 행동이 바뀌면서 몸을 헤프게 여겼던 사람이 운동하게 되고, 정신이 혼미했던 사람이 음악과 미술을 알게 된다는 것이다. 즉 중요한 '계기'를 만들어준다. 그렇다. 책은 인간이 움직일 수 있는 '생각'을 하게 해주는 것이라고 말하고 싶다. 그런 생각은 자신의 삶을 치유하고 더 발전하게 한다. 책이 왜 자기계발의 시작과 끝인지 이 부분에서 알게 되었다.

함께 나누는 독서

한동안 책 읽기에 푹 빠져 있었다. 한동안이라고 전제하는 이유는 앞서 말한 다독과 연관 지어 말할 수 있는데 독서량이 폭발적으로 늘고 잠시라도 책을 놓을 수 없을 만큼 책을 읽던 때가 있었기 때문이다. 당시를 회상해보자면 독서의 놀라운 효능을 깨닫고 난 후 흥분을 감추지 못한 시기이기도 하다. 효능이란 삶의 변화가 눈에 띄게 달라졌다거나 나의 경제적 생활이 일순간에 윤택하게 된 것을 말하는 것이 아니다. 독서의 효능은 사고력의 향상 또는 사유의 힘이 강해진다는 것이다. 단순하게 표현하자면 생각이 많아진

거라고 할 수도 있는데 사물을 바라보는 눈이나 어떤 현상에 대해 깊이 생각하는 힘이 이때 길러졌다. 이런 경험을 하게 되며 겪는 또 하나의 변화는 바로 말이 많아지는 것이다. 나만이 겪은 특이한 현상이기도 한 것 같은데 읽은 책에 대해 자꾸 남에게 말하고 싶은 생각이 강하게 들었다. 이것은 책을 읽었노라고 자랑한다거나 뻐기고 싶은 마음과는 다르다. 책 속에 있는 강렬한 문구나 책을 읽고 난 후 소감을 굳이 남들에게 전하고 싶은 선한 마음의 발현이었다. 이때 약간의 좌절을 하게 되는데 아무래도 내 주변에는 독서에 대한 나의 행동이나 관점을 이해해주는 사람이 없었기 때문이다.

무슨 책을 읽고 너무 좋으니 너도 한번 읽어보라는 나의 말을 곧이듣는 사람은 거의 없었다. 평소 책에 관심이 없는 사람들이 내 주변에 가득했다. 불과 얼마 전까지 나 역시 그랬기에 그들을 탓하지 않았다. 다만 그들이 책을 읽기를 마음속으로 간절히 바라기만 했다. 그러다 보니 어느덧 괜한 외로움과 공허함도 밀려왔다. 소방학교 교관 시절 점심 후 다들 족구 같은 운동을 즐기러 나갈 때 사무실 책상에서 책을 읽었다. 공놀이라면 자다가도 벌떡 일어나 나가서 어울리던 내가 책에 얼굴을 파묻고 있으니 동료들이 이상하게 볼만도 했다. 그러거나 말거나 난 책을 읽었다. 시원한 에어컨이 나오는 사무실에서 혼자 신선놀음한다는 핀잔도 들었다. 지하철을 타고 버스를 타면서 출퇴근할 때도 책을 봤는데 다닥다닥 붙어 있는 좁은 지하철 안에서 굳이 책을 꺼내어 반쯤 접어 읽고 또 읽었다. 그런 내가 걸리적거려 눈살을 찌푸리는 사람도 있었다. 역시 그러거나 말거나 책을 읽었다. 그럴 때마다 내심 누군가 같이 읽어줬으면 하는 바람이 생겼다. 같은 취미를 공유하고 즐긴다는 것에 대한 갈망이 움트기 시작한 것이다. 독서를 함께 하고 읽은 책에 관해 이야기를 나눈다면 얼마나 좋을까 하는 생각에 미치자 혼자 읽는 내 모습이 왠지 청승맞아 보이기도 했다. 훗날 안 것이지만 독서 모임 같은 것이 있다는 것을 그 당시 일찍 알았다면 어땠을까 하는 생각도 들었다.

등잔 밑이 어두운 것일까? 어느 날 내 옆자리 구급 교관님의 책 읽는 모습을 봤다. 나보다 10년 정도 먼저 임용된 선배이자 세 아이의 엄마고 전직 간호사 출신의 여자 교관님이었다. 교육시간이나 업무가 달라 거의 마주칠 시간이 없었거니와 나보다 나이가 많긴 하지만 여성이라 별다른 공통점이 없어 평소 대화를 많이 하지 않았다. 그런데 책을 읽는 모습을 보고 얼마나 반가웠는지 모른다. 난 무슨 책을 읽느냐고 물었고 선배 역시 아무렇지 않은 듯 어떤 책을 읽고 있노라고 대답했다. 대화는 거기서 끊어졌지만 나 말고 가까운 곳에 동료가 책을 읽고 있구나라는 생각에 기쁨을 감출 수가 없었다. 그런 후에도 딱히 책에 관한 대화는 없었는데 어떠한 계기로 독서에 관한 이야기를 깊게 할 수 있게 되었다. 당시 나는 대형차 운전면허를 따기 위해 고군분투하고 있었다. 소방관은 소방차를 운전할 수 있는 능력이 필요했기에 소방관으로 채용되기 위해서는 1종 보통 운전은 필수다. 하지만 대형 소방차를 운행할 수 있는 능력을 별도로 갖추려면 대형차 운전면허를 소방관이 된 후에도 취득해야 했다. 승진 가점에도 적용이 되기 때문에 나름 중요한 시험이었다. 학원비가 아까워 독학으로 연습하며 시험 날을 기다리는데 선배가 나에게 물었다.

"김 교관님. 대형면허시험 같이 보러 안 갈래요?"

선배는 자신도 대형면허에 도전하고 싶다며 준비 중이라고 한다. 잠시 망설이다가 그렇게 하자고 했다. 얼마 후 둘은 부산 남구에 있는 대형차 운전면허 시험장에서 다시 만나게 되었다. 그리고 보기 좋게 둘 다 떨어졌다. 돌아오는 길에 지하철을 함께 탔다. 난 지하철을 타기 전 잠시 고민했다. 지하철을 타면 늘 그랬듯 책을 읽어야 하는데 선배가 옆에 있으니 어떤 대화를 나누자면 책을 못 읽을 것 같았기 때문이었다. 하지만 내 생각은 기우였다. 선배는 지하철을 타자마자 빈자리에 앉아 가방에서 책을 꺼냈다. 자연스러운 행동이었고 나를 전혀 의식하지 않았다. 빈자리는 많았기에 선배보다 한 좌석 정도 떨어진 곳에 자리 잡고 역시나 책을 폈다. 소방학교까지는 먼 거리였다. 40분 정도 가야 했는데 책을 읽을 시간이 많았다. 그런데 두어 페이지를 읽고 나서 도저히 안 되겠다는 듯 선배에게 물었다.

"읽고 있는 책이 뭡니까?"

　선배는 나에게 자신의 책을 들어 보였다. 그런데 솔직히 지금은 그때 읽은 선배의 책이 생각이 나지 않는다. 기억이 나지 않는 이유는 책이 무엇인가가 중요하지 않았기 때문이다. 책을 읽고 있는 나의 동료가 중요했다. 함께 읽고 있는 다른 삶이 내 앞에 앉아 있다는 자체가 신기했다. 그때부터였다. 봇물 터지듯 쏟아져 나오는, 그러니까 그동안의 홀로 해왔던 독서에 관한 생각을 선배에게 한참을 떠들어댔다. 선배는 나의 이야기를 웃으면서 한참을 들어줬다. 말의 대부분은 내 옆에 함께 책을 읽는 사람이 있어 너무 좋다는 이야기였다. 지금 생각해보면 민망한 순간이지만 그만큼 독서 친구가 그리웠기에 반가운 마음에 미주알고주알 말을 많이 한 것 같다. 그렇게 선배와 책에 관한 이야기를 한참을 나눴다. 공감하는 부분도 있었고 그렇지 않은 것도 있었지만 문제 되지 않았다. 둘은 결국 하나의 결론에 도달하는데 그것은 소방관들이 책을 많이 읽었으면 좋겠다는 것이었다. 그 후 내가 다른 곳으로 발령이 나고 서로 연락은 뜸해졌다. 그래도 처음으로 나와 같은 소중한 책 읽기를 공유하고 있었던 그 선배를 항상 기억했다.

　훗날 책을 쓰면서 선배에게 오랜만에 연락했다. 구급대원으로서 누구보다 현장경험이 풍부한 선배의 이야기를 책에 싣고 싶어서였다. 선배는 흔쾌히 응했고 소중한 당신의 경험을 글로 써 보내줬다. 그 글을 최소한으로 다듬어 책의 한 꼭지로 소개했다. 다른 많은 구급 대원 중에 선배에게 글을 부탁한 이유는 하나다. 책을 읽는 사람이었기 때문이다. 더 극렬하고 더 감동적인 현장경험을 가진 구급대원도 있었을 것이다. 하지만 자신의 경험과 기억을 글로 써낼 사람은 선배뿐이라고 생각했다. 그런 선배의 글을 보고 나는 눈물을 흘렸다. 출동 중 만났던 임산부를 온 힘을 다해 처치했음에도 결국, 목숨을 잃게 되는 안타까운 이야기를 담담하게 글로 써 주었다. 선배가 나에게 준 소중한 초고를 결코 잊지 못한다. 세상 어느 영화나 소설보다 극적이고 아름다웠던 글을 써낸 선배가 자랑스러웠다. 여자로서 또 세 아이의 엄마로서 그녀는 여전히 소방관의 삶을 살고 있다. 그리고 여전히 책을 읽고 있다.

독서 모임

독서라는 습관이 확고히 내 삶에 자리를 잡고 난 후에 더욱 적극적으로 함께 읽을 사람을 찾아 나섰다. 여기저기 수소문 끝에 부산에서 크게 활성화된 독서 모임에 나가기로 했다. 코로나가 기승을 부리기 한 해 전인 2019년 겨울에 난 처음으로 독서 모임에 참석하게 된다. 토요일 아침 7시라는 꽤 이른 시간인데도 서른 명이 넘는 사람들로 학원 강의실은 북적거렸다. 처음 모임에 참석한 나는 시선을 어디에 둘지 몰라 두리번거리며 서 있었다. 그런데 어느

새 누가 나를 보더니 내 이름이 적힌 자리로 안내했다. 친절하고 상냥했으며 표정은 밝았고 옷차림이 단정한 중년의 여성이었다. 모임이 시작되고 순서에 따라 읽은 책에 대한 각자의 소감을 나누었다. 그리고 책을 읽고 행동할 점 등을 발표했다. 조를 짜서 이루어진 독서 토론은 소위 본깨적 토론이었다. (책을 읽은 후 보고, 깨닫고, 적용할 것을 상호 발표하는 조별 토론) 나는 신선한 충격을 받았다. 그동안 책을 읽은 후 생각은 오로지 나를 위해서였고 그런 생각은 나만의 것이었다. 혼자서 서평 같은 글로 정리할 뿐이었다. 사람들 앞에서 읽은 책에 대한 내 마음을 내보이는 일은 처음이었다.

긴장되고 당황했다. 마치 시험문제를 풀듯 딱 떨어지는 정답을 말해야만 할 것 같았다. 발표 시간이 되자 모두 나를 쳐다보았는데 준비해 온 말을 느릿느릿하게 시작했다. 그러자 내가 하는 말, 책을 읽고 느낀 감정의 소산들에 대한 칭찬이 쏟아졌다. 그리고 공감해주었다. 낯설었다. 읽은 책에 대해 비슷한 감정을 느꼈노라고 말해줄 때 묘한 희열감이 들었다. 다른 사람의 발표를 들을 때 같은 감정을 느꼈다. 그들도 나와 같은 독서를 즐기는 사람이라는 당연한 기분이 들 때 함께 읽고 함께 이야기한다는 것이 독서를 즐기는 좋은 방법임을 깨달았다. 조별 발표가 끝나고 각 조의 조장 중 한두 명이 나가서 자기 조의 토론 결과를 그날 온 모든 사람 앞에서 발표했다. 이 시간이 독서 모임의 백미다. 서른 명 남짓 되는 사람들이 하나의 책으로 느낀 각자의 감정이 자연스럽게 융합된다. 물론 글을 받아들이는 사람마다 해석이 다르니 완벽하게 같은 기분일 수는 없다. 다만 책에 대한 해석, 느낌, 배우고 익힐 점 등 다양한 의견이 교차 되면서 결국 개인의 사유가 전체의 생각과 적절히 조화된다. 당연히 사유의 폭은 더욱 넓어진다. 나와 같은 생각 또는 나와 다른 생각을 함께 엮으며 읽는 행위에 대한 통찰은 더욱 깊어진다.

특히 함께 읽음으로써 배울 점은 독서 시야의 확대다. 매달 선정되는 책이 딱 내 입맛에 맞지 않을 경우가 있다. 하지만 선정되는 책을 읽을 수밖에 없다. 모임에 참석하여 토론하자면 말이다. 어쩌면 곤욕일 수도 있다. 하지만 함께 읽기에 가능한 일이다. 나와 같이 독서 편식이 있는 사람을 모임에서 더러 보았는데 그들도 역시 이러한 현상을 힘들어했다. 결국 시간이 지날수록 다른 분야의 책에도 흥미를 느낀다. 왜냐하면 함께 읽고 함께 나누기 때문이다. 내가 좋아하지 않는 분야이더라도 그 분야를 나와 다르게 즐기는 사람의 해석을 듣고 이해하다 보면 나는 재독(再讀)을 통해 다시 책에 가까이 다가갈 수 있게 된다. 그렇게 항상 독서 모임에 참여했고 그곳에서 상당한 독서 능력의 발전을 느낄 수 있었다. 그뿐만 아니라 글을 쓰며 책을 출간하고자 하는 목표도 그곳에서 다짐하게 되었는데 당연히 목표를 이루었다.

책은 혼자 읽는 행위다. 초등학교 시절 선생님의 지시로 같은 반 친구들 다 함께 큰 목소리로 읽는 일은 성인이 돼서는 거의 없다. 독서(讀書)가 독서(獨書)인 것이다. 그러기에 혼자 책 읽는 시간은 귀하다. 나는 그 시간을 사랑한다. 하지만 독서의 힘은 함께 읽고 나눌 때 더욱 강해진다. 독서는 생각하는 힘을 길러주는 강한 도구임이 분명하다. 그렇다면 그렇게 길러진 생각을 함께 읽는 사람들과 나눠야 한다. 그리고 다시 그곳에서 독서를 해야 하는 강한 동기를 부여받아야 한다. 누군가에게 읽은 책의 귀한 경험을 말해주고 싶다면 주변에 함께 읽을 사람을 찾아보기 바란다. 내가 그런 목마름을 앓고 있을 때 나타나 준 구급대원 선배처럼 말이다. 독서를 통한 토론과 생각을 발표하고 싶다면 독서 모임에 참여하길 권한다. 읽고 평하고 논하는 독서가들이 즐비한 그곳에서 마음껏 자기 생각을 펼쳐보면 좋겠다. 정답은 없다. 나누고 듣는 일만 있을 뿐이다. 책을 읽는 사람들끼리의 존중과 공존이 당신을 더욱 성장하게 할 것이다. 세상사 다 그렇다. 혼자보다 둘, 둘보다 여럿이 함께한다면 가히 이루지 못할 것이 없다. 함께 읽는 것 역시 그렇다.

5
매일 조금씩

한 문장이라도 매일 조금씩 읽기를 결심하라. 하루 15분씩 읽는다면 연말에 큰 변화를 느낄 것이다.

―호러스 맨

신문을 만나다

나의 기상 시간은 새벽 5시 30분에서 6시 30분 사이다. 시간이 일정하지 않은 이유는 소방관이라는 직업 때문이다. 소방관으로 일하다 보면 밤새 야간 근무를 하는 날도 있기에 아침에 정확히 일어나기가 쉽지 않다. 한숨도 못 자고 꼬박 밤 근무하고 아침에 퇴근하는 날에는 종일 낮잠을 자기도 한다. 그런 날이면 밤에 자는 시간이 늦어진다. 또 그렇게 아침 기상 시간도 늦어지기 마련이다. '미라클 모닝'이라는 책을 읽고 한번 따라 해보려다가 오히려 피로만 가중되어 힘들기만 했다. 수면 시간이 일정하지 못해 시간 관리가 쉽지 않은 소방관들은 그래서 신체 리듬이 좋지 못하다. 당연하게도 책을 꾸준히 읽는다는 것이 어렵다. 마음먹고 책을 펴서 읽으려고 하면 5분도 안 되어 졸음이 쏟아진다. 책은 앞에 있는데 펼치기가 두렵다. 읽어야 하는 것이 고통으로 느껴지는 날도 많다. 그래서 어느 순간부터 읽는 시간이 아니라 읽고자 하는 분량을 정해놓고 독서를 한다. 보통 하루에 50페이지 정도다. 생각보다 적은 양인데 대신 깊게 정독을 하려고 노력한다. 그런데 이 또한 잘 안 될 때가 많다. 어쨌든 한 페이지를 읽고 덮어버리든 한 번에 50페이지를 다 읽든 그날의 분량을 채우려 한다.

그렇다 보니 어느 순간부터 무엇을 어떻게 읽을 것인가가 중요해졌다. 불특정한 시간대에 아무 때나 펼쳐도 읽을 수 있는 글이 자연스럽게 눈에 들어왔다. 정해놓고 읽는 것은 아니었지만 비교적 쉽게 읽히는 글이 좋았다. 책을 읽다 보면 읽는다는 행위 자체에 대한 욕심이 저절로 생기게 되는데 처음부터 지레 겁먹고 읽기가 두려운 책도 있긴 했다. 하지만 그렇다고 해서 읽기를 거부해본 적은 없다. 그러한 습관을 들이기 위해 나름 훈련(?)한 것이 있다. 바로 신문 읽기다. 일간지를 6년째 구독하고 있는데 아침에 일어나거나 야간 근무를 하고 퇴근한 날이면 제일 먼저 하는 일이 신문을 읽는 일이다. 좀 더 세밀하게 따져보자면 신문 중에서도 사설이나 칼럼 같은 글을 집중해서 읽는다. 신문 1면이나 2, 3면에 나오는 중요한 기사는 제목이나 소제목만 읽는다. 내용도 그냥 훑어볼 뿐이다. 신문기사는 깊은 사유를 요구하는 글이 아니라고 생각해서다. 그리고 TV 뉴스나 인터넷으로 기사의 내용을 이미 알고 있는 경우가 대부분이다. 하지만 신문 뒤쪽에 있는 사설이나 칼럼 그리고 오피니언이 쓴 글은 다르다. 그런 글은 스스로 생각하는 힘을 충분히 기를 수 있도록 해준다.

신문 글의 내용은 일방적일 수 있다. 특히 사설은 그렇다. 신문사의 성향에 따라 주장하는 방향이 일정하다. 편향되어 있다. 그런 기조를 찾아내고 내 생각과 맞대어 보는 것이 신문을 읽는 또 다른 즐거움이다. 굳이 옳고 그름을 판단할 필요가 없다. 사설을 읽고 마음속으로 나만의 조각을 맞춰보는 것이 사설 읽기의 핵심이다. 짧은 글이지만 기승전결과 예시 그리고 확실한 주장이 있다 보니 글쓰기 연습하기도 좋다. 책을 내기 위해 글을 쓰면서 이러한 사설 읽기의 효용성을 톡톡히 경험했다.

사설의 일방적 주장이 불편하다면 오피니언 글이나 정치색이 없는 칼럼을 읽어보자. 이런 글의 특징은 주제의 다양성이다. 매일 등장하는 글이 다르다. 글쓴이는 사회 각 분야에 전문가적 위치에 있거나 일반인들이 쉽게 접하지 못하는 경험과 기술을 가지고 있는 사람들이다. 글이 유익하면서도 재미있다. 전문적인 글도 있지만 가볍고 쉬운 글도 자주 나온다. 시와 문학에 나오는 한 문장을 소개하는 글도 있고, 그림의 해석을 글로 설명하며 자신만의 생각을 드러내는 글도 있다. 나는 이런 신문 글을 읽으며 정말 많은 영감을 얻는다. 어쩌면 수백 페이지 분량의 책 한 권보다 짧게 쓴 칼럼 속에 농축된 글쓴이의 말이 훨씬 무겁게 다가올 때가 많다. 읽는 즐거움 또한 그렇다. 비록 짧은 글이지만 내가 느끼는 생각의 깊이는 오래간다. 다음 글을 한번 보자.

"중요한 선택을 앞두고 길이 보이지 않거든 시간을 내어 납득할 수 있는 결론에 도달할 때까지 생각에 생각을 거듭하며 홀로 걸어 보시라. 그러면 다음 몇 년을 살아갈 에너지를 얻을 수 있을 테니."
─최인아/동아일보/2020년 6월 16일 자 칼럼

광고회사 임원으로 근무하고 있는 글쓴이가 산티아고 순례길을 다녀온 후 걷기를 통해 알게 된 깨달음을 전달하는 글 속의 문장이다. 이 글을 읽을 때쯤 난 어떠한 고민에 빠져 혼란 속에 있었는데 이 칼럼을 읽고 한번 그와 같이 행동해 보았다. 그렇게 매일 걷고 또 걸으며 새로운 동력을 찾음과 동시에 그동안 고민해 오던 문제점에 대한 해결책도 어렴풋이 찾을 수 있었다. 그 후로도 매일 한 시간씩 걷는 습관을 들여 걷기의 즐거움을 깊이 느끼고 있다. 아침 일찍 5분도 안 되는 시간에 읽은 짧은 신문 속의 글이 삶의 습관을 바꿔 놓았다. 정보와 세상 돌아가는 이야기만 있을 것 같은 신문이지만 이처럼 생각과 행동을 바꾸게 하는 좋은 글도 있다. 새 책을 사서 펼칠 때의 두근거림과 신선함도 좋지만, 신문 한쪽에 자리 잡은 주옥같은 글도 좋다. 억지로 읽으려고 하지 않아도 스르륵 넘겨지는 신문을 따라가다 보면 네모난 칸 속에 책 한 권의 힘에 비견할만한 문장이 있다. 비록 작은 글이지만 글이 주는 영감이 남다르기에 긍정적인 연쇄반응도 일으킨다. 다음 그림을 또 보자.

17세기 이탈리아 화가 카라바조가 그린 그림이다. 예수의 제자 베드로가 순교하는 장면을 사실적으로 그린 이 그림은 불과 1,000자 내외의 짧은 글과 함께 소개되었다. 단순히 그림을 평하는 글이 아니다. 미술평론가로 활동하는 글쓴이의 칼럼이었는데 글쓴이는 순교하는 베드로의 모습만 말하지 않는다. 무표정하게 형을 집행하는 인부들을 같은 시선에 놓고 이야기한다. 글쓴이의 말을 따라가다 보면 선과 악에 대한 평가는 의미를 잃는다. 그저 자기 일을 묵묵히 하는 인부와 고통받는 순교자의 모습뿐이다. 누가, 어떤 시대에 어떤 화풍으로 그렸느니 하는 교과서적 해설도 없다. 그림을 보고 느낀 감정을 말하는 글의 힘이 더욱 놀랍다. 이 글을 읽고 미술사에 관한 책을 여러 권 구해서 봤다. 그림을 보는 안목을 기르고 싶어서였다. 앞서 말한 글 읽기의 긍정적 연쇄반응이다. 이런 글이 매일 집 앞으로 배달된다. 짜장면을 시켜 먹을 때 깔아야 하는 신문지 한구석에 귀한 글이 있다. 펼쳐지지도 않고 버려지는 회색빛 신문 종이에 주옥같은 글이 있다. 그래서 신문 글을 즐겨 읽는다. 아름다운 문장과 비범한 글을 매일 찾아내는 즐거움이 좋다. 글쓴이의 면면도 보통이 아니니 만나기 힘든 전문가와 커피 한잔하며 짧은 대화를 나눈 기분이다. 글을 읽고 나름 사족을 달아 개인 SNS에 정리하곤 했는데 훗날 다시 읽으며 뜻을 되새겨보기도 하거니와 내 글을 쓸 때 소중한 글감으로 활용하기도 한다.

신문 읽기, 더 정확히 말하자면 신문 속의 좋은 글 읽기는 시간과 장소의 제한을 크게 받지 않는다. 출근해야 하는 아침 시간에 한두 개의 칼럼을 읽는 시간은 10분이면 충분하다. 그리고 출근하면서 읽은 글을 마음속으로 되새긴다. 가성비가 좋은 글 읽기라 하겠다. 단점도 있다. 긴 글을 읽어야 하는 인내심을 자칫 잃을 수도 있다. 짧은 글을 너무 읽다 보면 그럴 수 있다. 그래서 반드시 어느 정도 분량이 있는 종이책도 함께 읽기를 권한다. 무엇을 어떻게 읽을 것인가가 고민되는 사람에게 추천하는 나만의 방법이다.

요즘은 종이 신문을 읽는 사람이 많지 않다. 인터넷으로 보면 같은 내용이 간편하게 화면에 뜨니까 말이다. 하지만 둘은 분명 다르다. 컴퓨터나 휴대전화 화면에 뜨는 신문 글에서 종이 신문이 주는 효과를 누리기 어렵다. 글을 읽는 인간의 감각이 그렇지 않기 때문이다. 신문을 넘길 때 느껴지는 손의 감각, 신문에서 올라오는 옅은 종이 기름 냄새, 또 신문을 읽기 위해 집중하는 눈의 시야각은 분명 컴퓨터나 휴대전화 화면으로 보이는 글과 다르다. 종이 글은 내가 읽고자 하는 힘을 내야 읽을 수 있다. 화면 속의 글은 혼잡하다. 사방팔방에 무슨 광고가 함께 나온다. 손이 아닌 마우스로 글을 내리다 보면 집중력도 흐트러진다. 읽고 나서 금세 다른 화면으로 전환하니 한 번 더 생각할 수 있는 시간도 사라진다. 종이는 그렇지 않다. 한참을 바라보며 집중할 수 있다. 손이 종이를 잡고 넘기는 일을 쉽게 하지 않는다. 시야각에 들어온 글이 마음을 꽉 채운다. 이것이 종이 신문을 권하는 이유다.

매일 조금씩

매일 조금씩이라는 말을 반드시 알아야 한다. 나는 책을 하루에 50페이지 읽기로 하고 거의 빠짐없이 실천하고 있다. 물론 지켜지지 않는 날도 있다. 지난해, 낙동강에 빠져 실종된 사람을 찾기 위해 28일 동안 수색을 할 땐 하루에 한 페이지 읽기도 힘들었었다. 하지만 그때 실천한 것이 신문의 글은 매일 읽는 것이었다. 읽는다는 행위를 지속한다는 것에 더해 글을 읽고 얻는 것도 컸다. 매일 무엇이든 읽어냈다는 자부심도 충분히 생겼다. 무엇을 어떻게 읽을 것인가를 고민하기 전에 매일 뭐라도 읽을 생각부터 해본다면 신문 글은 좋은 대안이 될 수 있다. 그렇다고 신문을 절대적으로 신뢰할 필요는 없다. 매일 조금씩 읽자는 습관을 지니기 위한 좋은 수단으로써만 바라봤으면 한다. 다른 어떤 읽기도 마찬가지다. 효용성을 적당히 취하되 너무 하나의 형식에만 얽매일 필요는 없다.

수백, 수천 권을 읽고 인생을 바꾸고, 삶을 풍요롭게 한다는 독서법을 설파하는 독서가들도 있다. 공감할 수도 있겠지만 너무 빠지지 않아야 한다. 무조건적인 독서가 인생 전부를 뒤덮을 수는 없는 일이다. 먹고 살자고 하는 일이니 먹고 살아야 할 생업이 우선이 되어야 하는 현실을 무시할 수가 없다. 억지로 몸과 마음에 과부하가 걸리는 독서는 힘겹다. 그러기에 조금씩 매일 읽기를 권하는 것이며 그러한 방법을 행하기 위한 것 중 신문 글 읽기가 좋다는 것이다. 뭐가 되었든 읽기를 위한 읽기가 아니길 바랄 뿐이다. 기계적으로 읽는 것보다 한 꼭지의 신문 글이라도 스스로 사유하며 깊게 읽어봤으면 하는 마음이다. 책 한 권을 독파하겠노라는 굳은 결심도 좋지만, 항상 글이 내 삶 속에 있게 만드는 것이 더 중요하다. 그러다 보면 자연스럽게 글은 삶의 일부가 되고 많은 시간이 글과 함께 할 것이다. 커다란 강물이 산속 작은 옹달샘에서 시작했음을 알자.

이은영

성균관대학교 일반대학원(박사)
현) 성균관대학교 초빙교수, 성균관대학교 인문학연구원 선임연구원, 등단 수필가
    교육청 인가 한국평생교육원 책쓰기 강사
              한국인재개발원 책쓰기 강사
              한국상담협회 책쓰기 강사

경력 : 성균관대학교 강의 경력(11년째)
       수필 "14억과 아리랑", "뽑기의 추억", "군밤 네 알" 등 100여 편(발표작 80여 편)
       KBS 8.15 광복절 특집 다큐멘터리 자료 검증 및 메인 출연
         1. 2016년 "발굴추적 서간도의 망명자들"
         2. 2017년 "독립운동의 비밀병기 암호"

강의내용 : 교양 한문, 한시(漢詩), 송상도의 "기려수필"을 통한 일제강점기 역사와 독립운동가들에 대한 이해력 향상, 한국 독립운동가들이 사용한 암호 등

저서 : 1. 『요동의 학이 되어 —일제강점기 서간도 망명 우국지사 이건승, 안효제, 노상익, 노상직, 예대희, 조정규, 안창제를 중심으로—』(단독저서)
      2. 『한국 독립운동과 암호』(단독저서)
      3. 『장인환 평전 -미주에서 쏘아 올린 자유전쟁의 주역-』(단독저서)
      4. 『대한망국사열전』(공동저서)
      5. 『철로 위에 선 근대지식인』(공동저서)
      6. 『영남의 3·1운동과 만주의 꿈』(공동저서)

수상 : 1. 『요동의 학이 되어 —일제강점기 서간도 망명 우국지사 이건승, 안효제, 노상익, 노상직, 예대희, 조정규, 안창제를 중심으로—』(2017년도 대한민국학술원 우수학술도서 선정)
      2. '백발공도(白髮公道), 그 노년의 시간'(2016년도 교수신문 학술에세이 공모전 당선)
      3. '말조심〈2016.01.13.게재〉'
        '마음 씻기〈2016.05.10.게재〉'
        '사치함에 대한 경계〈2016.09.13.게재〉'
        '아첨자와 간쟁자〈2016.11.08.게재〉'(2016년도 한국고전번역원 공모전 당선작 총4편)

1
세상에 나쁜 책은 없다

　한동안 텔레비전에서 방영되던 '세상에 나쁜 개는 없다'라는 프로그램에 푹 빠져 산 적이 있다. 인기리에 방영되고 있던 그 프로그램을 보면 세상에 나쁜 개는 정말 없다는 것을 알게 된다. 주인이 반려견을 사랑하는 마음은 차고 넘치는데 반려견 자체에 대한 이해력 부재로 인해 반려견은 올바르게 성장할 기회를 갖지 못하게 되었고, 그 결과 반려견은 잘못된 습관에 길들어진 것이 문제였다. 지나친 사랑도 지나친 방관도 문제였던 것이다. 한마디로 반려견의 잘못된 행동은 반려견 주인에게 책임이 있다는 말이다. 잘못된 습관에 길들어진 반려견의 잘못된 행동은 개 훈련사들이 평소 익혀둔 개에 대한 이론과 풍부한 실전 경험으로 습득한 개에 대한 이해력을 바탕으로 짧은 시간에 교정된다. 그 프로그램을 보면서 나는 개 훈련사라는 직업에 경이로움마저 느끼곤 했다.

지금 내가 '세상에 나쁜 개는 없다'라는 말을 장황하게 꺼낸 데는 이유가 있다. 세상에 나쁜 개는 없는 것처럼 '세상에 나쁜 책은 없다'라는 말을 하고 싶어서이다. 그렇다면 세상에 나쁜 책은 정말 없는 것일까? 일반적으로 언급하는 나쁜 책이란 어떤 책일까? 나쁜 책의 기준은 무엇일까? 그 기준은 과연 객관적이고 믿을만한 것인가?

읽고 난 후 시간이 아깝다는 생각이 드는 책이거나 읽고 난 후 책의 본전이 생각나는 책이라면 적어도 내게 있어 그 책은 나쁜 책이다. 그렇지만 내게 있어 나쁜 책이라고 다른 사람에게도 나쁜 책일까? 그것은 아닐 것이다.

통상적으로 나쁜 책하면 머릿속에 떠오르는 것은 다름 아닌 어려서 읽던 불량 만화를 들 수 있다. 나름 어린 내게는 재미있던 책인데 어른들은 그 책을 읽으면 내가 불량하게 자랄 것이라고 생각하고 지레 노심초사하였다. 물론 내가 읽던 불량 만화는 음란함과 폭력성을 조장해서 범죄까지 양산해내는 심각한 불량한 만화와는 차이가 있다. 오늘날 기성세대 대부분은 만화 가게에서 내가 읽은 정도의 불량 만화를 읽으면서 자란 세대라고 해도 과언이 아니다. 그렇다면 불량 만화를 보고 자란 사람들은 모두 불량한 사람이 되었는가? 그렇지 않다는 것이다. 불량 만화를 보면서 만화를 더 멋지게 그려보고 싶다는 꿈을 키워 만화가가 된 사람도 있을 것이고,

불량 만화를 보면서 스토리를 좀 더 건강하게 꾸미고 싶다는 꿈을 키워 만화 작가가 된 사람도 있을 것이다. 그렇다면 불량 만화란 세상의 잣대로 선을 그어놓은 것일 뿐, 불량한 것이 아니다. 불량 만화를 읽으면서 누군가 스트레스를 풀었다면 그 만화책은 결코 불량한 것이 아닌 것이다.

우리는 감명 깊게 읽은 책과 재미있게 읽은 책이 항상 일치하는 것은 아니라는 것을 알고 있다. 텔레비전에서 방송되는 코미디를 보면서 재미는 느끼지만 그걸 보면서 감명을 받지는 않는 것처럼 말이다. 세상에는 반드시 읽어봐야 하는 좋은 책으로 일컬어지는 명저들이 있다. 그렇다면 그 좋은 책의 기준은 누가 세운 것일까? 그 책을 좋은 책으로 선정한 사람들은 세상의 모든 책을 읽어본 결과 좋은 책이요, 명저라고 한 것일까? 그것 또한 아니라는 것이다. 우연히 유명인의 손에 잡힌 책이 유명인에게 읽혔고, 그 유명인이 그 책에 대해 좋게 이야기한 것을 듣고 우리는 맹목적으로 그 유명인의 말을 참으로 믿고, 그 책을 좋은 책이라고 무의식중에 인식하고 있었는지도 모를 일이다.

오늘날 노벨 문학상을 탄 책들은 번역이 서툴러서일 수도 있겠지만 대부분 재미없게 읽히는 것도 사실이다. 어떻게 세상에 도덕군자들만 살겠는가. 그런 사람들만 사는 세상은 얼마나 지루하겠는가. 그러니 어떻게 세상의 모든 책이 노벨 문학상을 탄 작품 같은 책들이어야만 하는가. 이 또한 얼마나 지루한 일인가.

조선 후기 때 여염집 아낙들은 당시 금기시되던 뒷골목 소설들을 몰래 구입해서 읽곤 했다. 소설을 쓰는 사람 가운데에는 양반가 출신도 제법 있었지만 본인의 신분을 철저히 숨긴 탓에 오늘날 그 사람이 누구인지 명확히 지명할 수 없을 뿐이다. 사서삼경의 공자 왈, 맹자 왈을 읊던 양반가 사람들이 뒷골목 이야기를 담은 소설을 썼을 것이라 누가 생각이나 했겠는가.

오래전에 본 공상 과학 소설이 영화화되고, 그 공상 과학 영화가 현실이 되어가고 있는 세상이다. 그러므로 공상 과학 소설을 쓴 작가를 터무니없는 공상가로 몰아갈 수는 없다. 그러니 세상에 나쁜 책이란 있을 수 없다. 책을 읽고 작가의 저술 의도를 제대로 읽어내지 못한 독자로서의 한계가 있다 하겠다.

그래 좋다. 세상의 잣대로 나쁜 책의 가이드 라인을 설정해 놓았다 치자. 중요한 것은 세상의 잣대로 그어놓은 나쁜 책을 읽는다고 해도 독자가 그 책의 내용을 타산지석으로 삼으면 된다. 내용이 불량스러우면 그 책을 읽고 책 속의 내용처럼은 안 살겠다는 마음을 먹으면 된다. 중국 명나라 때의 소설 '금병매'의 경우 육체적 쾌락을 추구하는 내용으로 인식되어 한동안 금서로 지정된 적이 있다. 그러나 사실 그 책은 육체적 쾌락은 일장춘몽에 불과하다는 교훈을 담은 책이다.

　이처럼 세상에 나쁜 책은 없는데도 불구하고 여러 가지 이유 때문에 지레 독서를 포기한다면 그는 겁쟁이요, 나태한 사람일 뿐이다.

　옛날 사람 가운데 진(晉)나라의 차윤(車胤)은 여름에 반딧불이를 모아 그 불빛 아래서 책을 읽었고, 진나라의 손강(孫康)은 겨울에 달빛에 반사되는 눈빛으로 책을 읽었다. 전한(前漢)의 광형(匡衡)은 집이 가난해서 호롱불조차 켤 수 없자 이웃집 벽에 구멍을 뚫어 그 구멍으로 새어 나오는 불빛으로 책을 읽었다. 한(漢)나라의 예관(兒寬)은 밭일을 하는 날품팔이로 생계를 유지하면서도 언제나 책을 가지고 다니다 잠시 쉴 틈이 생기면 책을 읽었다. 그러니 시간이 없어서 책을 못 읽는다는 것은 핑계일 뿐이다. 대중교통을 타고 오가면서도 독서는 할 수 있다. 감옥에서 영어를 습득하고 나온 대통령도 있고, 감옥에서 책을 쓴 사람도 있다. 병환 중에도 손에서 책을 놓지 않은 사람들을 심심치 않게 본다. 그러므로 읽을 책이 너무 많아서, 할 일이 너무 많아서, 아파서 등등의 이유들과 친하게 지내는 사람은 애초에 책을 읽을 의지가 없는 것이지, 책을 읽을 수 없는 것이 아니다. 독서는 오직 의지만 있으면 된다. 독서를 하겠다는 의지를 갖추는 데는 한 푼의 비용도 들지 않는다. 특별한 예식이 필요한 것도 아니다. 그냥 나 혼자, 마음만 먹으면 된다.

그렇다면 내게 어떤 책을 읽을 기회를 주어야 할까? 세상의 잣대로 설정한 나쁜 책, 유명인이 추천해준 좋은 책? 나쁜 책은 없으니, 모든 책을 읽으면 되는 것인가?

텔레비전에서 오래전에 방영된 어린이 만화영화가 있다. 바로 '스폰지밥'이다. 어느 날 무심코 텔레비전 채널을 돌리다 보게 된 '스폰지밥'에서는 주인공인 스폰지밥과 그의 친구 뚱이와의 사이에 벌어진 이야기가 전개되고 있었다. 뚱이가 갖고 있는 카드가 마음에 무척 든 스폰지밥은 진심으로 그 카드를 갖고 싶어 했다. 그런데 문제는 뚱이 또한 그 카드를 몹시 아낀다는 데 있었다. 스폰지밥이 자신의 카드를 매우 갖고 싶어 하는 것을 알고 고민하던 뚱이가 잠시 머뭇거리다 스폰지밥에게 그 카드를 건넸다. 그러자 스폰지밥이 놀라 두 눈을 동그랗게 뜨고 뚱이를 쳐다보며 말했다.
"이렇게 소중한 것을 나한테 줘도 되는 거야?"
그때 뚱이 입에서 나온 한 마디는 나의 뒤통수를 세게 쳤다. 어린이들이 보는 만화에서 우정과 관련해 너무나 큰 울림을 주는 대사가 나왔기 때문이다.
"친구한테 하찮은 걸 줄 수는 없잖아?"

그렇다. 친구에게도 하찮은 것을 줄 수는 없다. 바꿔 말하면 친구에게도 하찮은 책을 읽도록 권할 수는 없다. 그렇다면 소중한 나 자신에게 아무 책이나 읽게 할 수는 없는 일 아닌가? 세상에 나쁜 책이 없듯이 좋은 책은 얼마든지 많다. 그러므로 그 좋은 책을 가려 읽을 안목을 길러야 한다. 그렇다면 세상에 있는 수많은 책 가운데 무엇을 기준으로 좋은 책을 골라 읽어야 할까? 그 안목은 어디서 오는 것일까? 그것 역시 많은 독서를 통해 저절로 형성된다. 그러니 책을 많이 읽자. 세상에 나쁜 책은 없으니 무슨 책이든 일단 읽고 보자.

2
책을 읽는 법

다산 정약용이 말했다.

"천지 간에 무슨 소리가 제일 맑으려냐? 눈 덮인 산 깊은 곳에서 나는 글 읽는 소리라네."

독서란 책을 읽는다는 뜻이다. 옛날 사람들은 성독을 했다. 성독이란 소리를 내서 읽는 것이다. 서당에서 훈장님이 "하늘 천, 땅 지, 검을 현, 누루 황", "자왈, 학이시습지, 불역열호" 등을 읊으면 제자들이 따라 읽는 그것이 성독이다. 또랑또랑한 목소리로 읽는다고 해서 낭독이라고도 한다. 그런데 성독의 경우 조금만 읽고 나면 에너지를 너무 소비하게 된다. 그래서 우리는 묵독을 한다. 바로 소리를 내지 않고 속으로 읽는 것이다. 이것을 눈으로만 읽는다고 해서 목독이라고도 한다.

이렇게 거듭 언급되는 '독(讀)'이라는 글자의 본뜻은 '읽다'라는 뜻뿐만 아니라 '이해하다'라는 뜻도 가지고 있다. '讀'은 본래 말씀을 뜻하는 '언(言)'과 물건을 파는 것을 뜻하는 '매(賣)'자가 결합된 글자이다. 따라서 본래 '讀'자에는 물건을 판 후 돈을 '헤아리다' 또는 남은 물건을 '헤아리다'라는 뜻도 있다. 장사하는 사람은 물건을 팔고 나면 이익이 얼마인지를 헤아리는데, 이때 속으로 헤아리기보다는 한 냥, 두 냥, 세 냥 하며 소리를 내서 헤아리기 때문에 갖게 된 뜻이다. 그래서 오늘날까지도 '讀'자에는 여전히 '헤아리다', '셈하다'의 뜻이 남아 있다. 즉, 입으로 중얼거리며 헤아리던 것에서 뜻이 확대되어 '읽다'의 의미까지 가지게 된 것이다.

이를 바탕으로 생각해본다면 책을 읽는 것은 이익이 남는 일이라는 것을 알 수 있다. 그것이 성독이든, 낭독이든, 묵독이든, 목독이든 하여튼 이익이 남는다. 각자의 경험을 되살려 보자. 어려서 책을 읽고 있을 때 부모님이 자신에게 심부름을 시키는 경우를 별로 경험하지 못했을 것이다. 세상에 자식이 책 읽는 모습을 보면서 흐뭇해하지 않는 부모는 없기 때문이다. 그래서 그 심부름은 책을 읽지 않고 있던 다른 형제들이 했다. 그러니 심부름이라는 수고로움을 하지 않아도 되는 이익이 있었다. 또 누구나 알다시피 책을 읽으면 지식이 쌓이는 이익도 있다. 사람과의 사이에서는 가끔 상처를 받지만, 책을 읽으면서 책에게 상처를 받는 사람은 없다. 오히려 책을 통해 상처를 치유 받는 경우도 있으니, 이 또한 이익이다. 또 가는 세월이 아쉬운 사람이라면 모르겠지만 신선놀음에 도낏자루 썩는 줄 모르며 책을 읽고 있으면 시간이 잘 가도 너무 잘 간다는 이익이 있다. 잠이 안 올 때 책을 읽다 보면 잠이 솔솔 오는 이익도 있다. 한 마디로 책을 읽는 사람은 여러모로 이익을 챙겨 갖게 되어 있다. 그래서 나는 책을 즐겨 읽는 사람들이야말로 세상에서 가장 이기적인 사람이라고 생각한다.

탈무드에 있는 랍비와 관련된 일화 한 가지를 소개하고자 한다.
호화 유람선이 바다를 가로지르다 해적선을 만났다. 단순 유람선이 아니고, 호화 유람선이었던 만큼 그 배에 탄 사람들의 재력은 대단했다. 해적선을 만나기 전 호화 유람선에서는 금은보화로 치장한 재력가들이 자신들의 부를 자랑하느라 여념이 없었다. 그 중 한 재력가가 아무런 치장도 하지 않은 랍비를 보고 "선생은 가진 것이 없군요."라며 비웃었다. 그때 랍비는 그 재력가의 말에 대답 대신 미소만 지어 보였다. 바로 그때 해적선을 만난 것이다. 해적들은 호화 유람선을 바다 한가운데에 멈춰 세웠다. 그 후 호화 유람선으로 건너온 해적들은 부를 자랑하던 재력가들에게 가진 것을 전부 내놓으라며 협박을 했다. 그러자 재력가들은 해적들에게 목숨을 구걸하며 자신들이 치장하고 있던 금은보화는 물론 가지고 있던 돈까지 모두 내주었다. 그러나 랍비는 원래 가진 것이 없었기 때문에 해적에게 빼앗긴 것이 없었다. 랍비가 가진 재산은 책을 읽으면서 머릿속에 저장해둔 지식이 전부였기 때문이다. 해적이 재력가들의 재물을 털어서 떠나간 후 호화 유람선은 침울한 분위기로 항구에 들어섰다. 그 후 랍비는 자신이 가진 지식을 제자들에게 나눠주느라 바쁜 나날을 보냈고, 그에 맞춰 그의 명성은 점점 더 높아져 갔다.

나는 가끔 이런 생각도 한다. 세상의 모든 사람은 세일즈맨이다. 그렇다면 무엇을 파느냐가 관건이 되겠다. 무거운 항아리를 들고 다니면서 파는 사람이 있는가 하면, 좀 더 가벼운 플라스틱 통을 판매하는 사람도 있다. 그보다 더 가벼운 풍선을 판매하는 사람도 있을 것이다. 나는 강단에 서서 강의를 하는 교수들 또한 머릿속에 담긴 지식을 판매하는 세일즈맨으로 보고 있다. 다만 머릿속에 든 지식을 판매하는 사람은 무거운 항아리나 부피가 큰 플라스틱 통을 들고 다니면서 판매를 하지 않아도 된다. 적어도 동일한 세일즈맨이지만 육체적 고통은 없다는 말이다. 물론 교수들은 도서관 사서가 형님 하고 부를 만큼 자신이 읽을 책들을 많이 들고 다니는 것도 사실이다. 그러나 언제 어디서든 머릿속에 든 지식만으로 강의도 할 수 있고, 토론도 할 수 있으니 얼마나 이점이 많은가. 이 말은 몸이 불편한 사람도 책을 많이 읽으면 얼마든지 머릿속에 든 지식을 판매할 수 있다는 이야기가 되겠다.

책을 읽어야 하는 이유는 많아도 너무 많다. 그런데 옛사람들은 책을 많이 읽는 것만으로 만족하지 않았다. 그들은 책을 읽을 때 옷을 단정하게 하고 몸가짐을 바르게 한 상태에서 읽도록 했다. 그래야 책을 대하는 데 있어 경건하고 진지한 마음이 든다고 생각했기 때문이다. 그리고 책을 읽을 때는 천천히 뜻을 깊이 음미하면서 읽도록 했다. 또 날마다 배운 것을 복습하고 정리하도록 하고, 열흘에 한 번씩 처음부터 끝까지 읽어 책 내용을 잊지 않도록 했다. 특히 책을 읽을 때 물건을 만지작거리거나 해서는 안 된다고 했다.

그러나 세상은 달라졌다. 소의 등에 올라타서 피리를 부는 소년의 그림에서 보듯 느림의 미학을 추구하던 옛날 선비들과 달리 오늘날 젊은이들은 빠름의 실용을 추구하는 멀티 세대이다. 하루를 숨 가쁘게 보내는 그들에게 옷을 단정하게 입고 몸가짐을 바르게 한 상태에서 책을 읽도록 요구하고, 읽을 게 태산인 세상에서 천천히 읽을 것을 강요하고, 시대적으로 엄청난 자격증을 요구하는 세상에서 사는 그들에게 날마다 배운 것을 복습하고 정리하라고 가르칠 수는 없다. 열흘에 한 번씩 읽은 것을 처음부터 끝까지 읽어 책 내용을 잊지 않도록 하라고 강권할 수도 없다. 물건을 만지면서 책을 읽으면 안 된다고 강요해서도 독서를 시킬 수 없다. 미디어가 장악한 세상에서 그들에게만 옛 선비들의 모습을 흉내 내라고 할 수는 없는 일이다.

독서를 하다 보면 옆에서 내 흉을 봐도 모르는 경우가 있다. 자신도 모르게 집중을 하고 있기 때문이다. 그런 것처럼 기성세대들은 젊은이들이 음악을 들으면서 책을 읽는 것에 지나치게 거부감을 가지거나 걱정을 하지 않았으면 좋겠다. 처음에는 음악을 들으면서 즐거운 마음으로 독서를 하지만 얼마 지나서 독서에 집중하다 보면 음악 소리는 귀에 전혀 들리지 않을 것이기 때문이다. 그러니 음악을 들으면서라도 독서를 시작하면 되는 것이다.

다만 주의할 것은 무조건 책을 많이 읽으려고 욕심을 내지 않았으면 한다. 책을 통해 얻어낸 지식을 남에게 자랑하기 위해서, 또는 몇 권의 책을 읽었다고 자랑하는 것이 목적이 아니기 때문이다.

언제가 읽은 글을 하나 소개하고자 한다.

예를 들어 우리가 프랑스로 여행을 갔다고 생각해보자. 루브르 박물관을 들렀는데 그곳을 언제 다시 방문할지 모른다. 그렇다면 당신은 그곳에 가서 레오나르도 다 빈치의 모나리자의 미소를 한 시간 동안 감상하고 오겠는가? 아니면 한 시간 동안 루브르 박물관에 있는 다수의 작품을 보고 오겠는가에 대한 논란이었다. 적어도 모나리자의 미소를 한 시간 동안 감상을 하고 왔다면 그림의 색감이나 분위기를 비롯해 화가가 의도하는 바를 나름대로 추측하고 추론해낼 수 있을 것이다. 그러니 돌아와서 다른 사람들에게 모나리자의 미소에 대해 조금은 자신 있게 설명할 수 있을 것이다. 그러나 루브르 박물관에서 많은 작품을 보았다면 작품 이름들은 나열할 수 있겠지만 그중 한 작품이라도 자신 있게 설명할 수 있는 작품은 없을 것이란 이야기이다.

　책을 읽는 것도 마찬가지다. 감명 깊게 본 영화를 수차례 보듯이 감명 깊게 읽은 책을 수차례 읽는다고 문제 될 것은 전혀 없다. 그러니 많은 책을 읽으려고 하지 말고 정말 좋은 책을 만났다면 한 책을 여러 번 읽는 것도 깊이 생각해볼 일이다.
　그리고 다른 사람이 쓴 '책을 읽는 법'에 관한 글 또한 얽매이면 독이 될 수 있다. 그러니 설령 책이 수면제 작용을 해서 읽다가 잠이 들더라도 일단 펼치고 읽어라. 그것도 어려우면 책을 베고 자라. 누가 아는가? 책 속의 주인공이 꿈속에 나타나 한바탕 이야기보따리를 풀어놓고 갈지?

3
호평보다 혹평을 가하면서 읽자

　우리가 독서하는 이유는 남는 시간을 때우기 위해서인가? 그럴 수도 있다. 그러나 모두 알다시피 내가 경험하지 못한 일을 다른 사람이 쓴 글을 통해 간접경험을 하기 위해서 책을 읽는다. 범죄소설을 읽는 것은 범죄자들의 심리 상태 변화 과정이나 범죄자가 범죄를 저지른 후 받는 처벌 과정 등에 대해 간접경험을 하기 위해서이다. 물론 훗날 직업을 경찰이나 법조계를 선택한다면 직업에 활용하기에 더없이 좋은 소설이었다고 생각할 것이다. 요리를 좋아하는 사람이라고 세상의 모든 요리를 다 해볼 수는 없다. 그래서 간접적으로 요리를 해보기 위해 요리 관련 책을 읽는다. 이때 읽은 책의 내용은 요리사가 새로운 요리를 개발할 때 유용하게 이용될 것임이 틀림없다.

그런데 그 독서는 나 혼자 읽는 것만으로는 오롯이 내 것이 될 수 없다. 아는 만큼만 보이기 때문이다. 혼자만의 생각에 빠져 책의 내용을 전부 다 이해했다고 독선적으로 생각할 수도 있다. 그래서 독서 후에는 반드시 토론이 필요하다. 그 토론에 앞서 필요한 것이 메모이다.

메모는 책을 다 읽은 후, 책을 덮을 때의 생각을 적는 것으로부터 시작하면 된다. 그 책의 내용 가운데 감명 깊은 구절도 메모해두면 좋다. 저자에게 건넬 질문을 작성해보아도 좋고, 책의 주인공에게 건넬 질문을 작성해보는 것도 좋다. 누군가에게 자신이 읽은 책을 추천할 때 어떤 이유로 그 책을 추천할 것인지에 대해 써보는 것도 괜찮다. 책의 장단점을 기록해보는 것은 어떠한가? 장점을 기록해두는 것이 호평이요, 단점을 기록해두는 것이 혹평이다.

독서 노트를 작성하라는 이야기가 아니다. 독서 노트를 작성해둔다면 더없이 좋겠지만 틀에 박힌 형식에 얽매이라고 강권하고 싶지는 않다. 책장을 마지막으로 덮는 바로 그 순간, 책 뒤에 흔히 있는 한두 페이지 남겨둔 여백에다 메모하는 습관을 들이기를 권한다. 이렇게 서너 번만 해봐도 다음에 책을 읽을 때 책에 좀 더 몰입할 수 있게 된다.

내가 작가라면 누군가 내가 쓴 글을 읽고 혹평을 가할지언정 대충 읽고 만다면 매우 슬플 것 같다. 그런 점에서 글을 쓰고자 하는 사람이라면 더더욱 남의 글을 대충 읽어서는 안 된다. 같은 글을 쓰는 사람으로서 동병상련의 입장에서 읽어야 하기 때문이다. 그래서 나는 다양한 방법으로 호평과 혹평을 꼼꼼히 기록해둘 것과 호평보다는 혹평에 더 심혈을 기울일 것을 권한다. 이 기록은 훗날 내가 글쓰기를 할 때 많은 도움이 되기 때문이다.

그리고 같은 책을 읽은 사람들과 각자 정리한 질문들을 가지고 토론을 하는 것이다. 그렇게 되면 내가 생각하고 있는 것이 다른 사람들의 의견과 어떤 점이 같고, 어떤 점이 다른가를 알게 된다. 또 내가 생각하지 못했던 부분을 생각하게 되기도 하고, 내 생각으로 인해 다른 사람 또한 그가 생각하지 못했던 부분을 생각하게 만들기도 한다. 내가 호평한 부분을 다른 사람은 혹평할 수도 있고, 내가 혹평한 부분을 다른 사람은 호평할 수도 있기 때문이다.

자전거를 탈 때 가까운 곳을 보면서 페달을 밟으면 넘어지기 쉽다. 앞을 멀리 내다보며 페달을 밟아야 장애물이 있는지, 뭐가 있는지 미리 대비할 수가 있다. 그 멀리 보라는 것은 시야를 넓히라는 뜻이다. 독서하는 것도 그렇다. 독서할 때도 시야를 넓혀야 한다. 그러기 위해서 독서를 한 후에는 사색할 시간을 가지는 게 좋다.

공자는 "책을 읽고 사색을 하지 않으면 어두워지고, 사색만 하고 책을 읽지 않으면 위태로워진다."라고 했다. 퇴계 이황은 "낮에 읽은 것은 밤에 반드시 생각하고 따져보아야 한다."라고 했다.

그만큼 독서와 사색은 수레바퀴와 같아서 하나가 빠지면 하나만으로는 제대로 된 독서를 완수할 수 없게 된다. 사색은 책을 덮은 후, 메모를 마친 후, 토론을 한 후에도 모두 필요한 과정이다. 그렇다면 언제 사색을 해야 할까? 책을 읽은 후, 준비 땅! 하면서 사색을 할 수는 없는 일이다. 사색은 산책하러 나가서 길가에 핀 꽃을 보면서도 할 수 있다. 조용한 찻집 창가에서의 사색도 좋다. 잠들기 직전에도 좋다.

"독서를 어떻게 해야 하는가를 논하는데 사색의 시간을 가지라고 하니, 무슨 소리야?"라고 할 것이다. 그런데 책을 읽은 뒤에 부수적으로 기분 좋게 챙겨 가질 수 있는 것이 바로 글을 잘 쓸 수 있는 바탕이 다져진다는 것이다. 한 마디로 책을 읽는 것은 글 밭을 갈고 있는 것이라고 보면 된다. 그렇다면 그 글 밭에서 수확하는 것은 바로 글을 잘 쓰게 되는 것이다. 그러기 위해서 독서 후에는 되도록 사색의 시간을 갖도록 하자.

사색의 시간을 가지기 위해서는 그만큼 생각을 정리하면서 책을 읽어야 한다. 내가 읽었던 책의 장점, 스토리는 탄탄한가? 어떤 표현이 좋았나? 생각나는 글귀는? 등등이다. 장점을 찾았으니 이제는 단점을 찾아보자. 최악의 단점부터 찾아보는 것이다. 지루하지는 않았는가? 세상에 다 알려진 이야기를 써서 누군가의 귀한 시간과 비용을 낭비하게 만들지는 않았는가? 등등이다.

심성이 너무 착해서 누군가의 글을 읽고, 그 글에 호평하기는 쉬워도 혹평하기는 어려운 사람이 있을 수도 있다. 그러나 보통의 사람들은 누군가의 글에 칭찬보다는 흠을 잡아서 비판하는 일에 더 익숙하다. 그래서 호평보다는 혹평을 쉽게 여긴다. 그런데 내가 지금 호평과 혹평을 가하라는 것은 남의 글을 칭찬하고, 남의 글을 비판하는 일에 앞장서라는 이야기가 아니다. 바로 남의 글에 호평을 하면서 장점을 익히라는 것이다. 또 남의 글에 혹평을 가하면서 그 단점을 바로잡아 자신의 것으로 승화시키라는 것이다. 그래야 내가 글을 쓸 때도 누군가 내 글에 혹평을 가한다면 왜, 무엇 때문에 가할 것인가를 생각하며 글을 쓰게 되기 때문이다.

겁을 먹으라는 이야기가 아니다. 내가 남의 글에 혹평을 가한 것처럼 독자들 또한 나의 글을 혹평할 것이기 때문에 미리 방지하자는 뜻이다. 글 내용의 앞뒤 모순은 없는지, 동일한 단어를 문장마다 다르게 쓰지는 않았는지, 같은 단어를 바로 이어서 반복사용하지는 않았는지도 생각해볼 일이다. 문장을 너무 길게 써서 독자들로 하여금 문장 하나를 다 읽을 때까지 숨을 고르지도 못하게 만들지는 않는지도 살펴봐야 할 부분이다.

그러니 훗날 내가 좋을 글을 쓰게 될 경우를 생각해서 독서를 할 때는 호평도 좋고 혹평도 좋지만, 호평보다는 혹평을 가하면서 책을 읽어보자.

4
그래, 이 맛이야

낚시를 하는 사람들은 물고기가 미끼를 물었을 때의 그 손맛을 잊지 못해서 다시 낚싯대를 메고 물가에 간다고 한다. 일출을 찍는 사진작가들은 매일 다른 모습을 보여주는 일출의 신비로움을 사진에 담기 위해 그 추운 새벽에 무수한 셔터를 누른다고 한다.

안중근 의사는 말했다.

"하루라도 책을 읽지 않으면 입안에 가시가 돋친다."

가시가 돋친다는 것은 독서로 함양되어야 할 정신이 제대로 함양되지 않아 거친 생각들이 입을 통해 거칠게 튀어나온다는 이야기이다. 문체부에서 '2021 국민 독서실태'를 조사해서 발표했다. 그 결과 2021년 성인들의 연간 평균 독서량은 3권이라고 한다. 그나마 다행인 것은 학생들의 평균 독서량이 6.6권으로 성인들보다 많다는 것이다. 어쨌든 2021년 우리나라 사람 평균 독서량은 4.5권에 불과하다.

내 학창시절을 돌이켜 생각해보면 오늘날 학생들도 책을 읽고 싶은 마음은 클 것으로 생각된다. 그러나 당장 성적에 도움이 되는 책이 아니면 부모들이 용인하지 않는 경우가 많아 학생들의 독서량이 생각보다 높지 않다는 것은 안타까운 일이 아닐 수 없다. 이에 더해 또 한 가지 안타까운 것은 성인의 52.5%는 1년 동안 단 한 권의 책도 읽지 않는다는 통계가 나왔다는 사실이다. 이 정도면 입 안에 가시가 돋치는 정도가 아니라, 가시덤불 속에 혀가 놓여 있는 형국이다. 그래서 그런지 요즘 사람들의 입에서는 육두문자가 자연스럽게 튀어나온다. 문제는 거기서 멈추지 않는다는 것이다. 사악한 생각이 거침없이 입으로 나오면서 누군가에게 평생 씻을 수 없는 상처를 주는 경우도 종종 있기 때문이다.

누구나 글을 알고 눈이 있으니 책을 읽을 수는 있지만 책 읽는 시간을 내 것으로 만들기에는 나태함이 나를 가득 채우고 있다. 책장을 한 장 한 장 넘기는 수고로움보다는 리모컨만 한 번 누르면 최소 1시간 정도는 가만히 있어도 화면이 바뀌는 그런 편함을 추구하는 세상이다. 그러니 독서를 하고자 하는 의지는 더더욱 저 멀리 내빼버리고 만다.

한 번 간 세월만 돌아오지 않는 것이 아니다. 때를 놓친 독서 시기도 다시는 돌아오지 않는다. 어려서 읽던 '플란다스의 개'를 지금 읽는다고 안 되는 것은 아니지만, 순수한 동심의 상태에서 읽는 것과 오늘날 세파에 찌든 눈으로 보는 책의 내용은 현저히 다르게 다가온다. 그저 순수한 동심으로만 읽히지 않는 것이 현실이기 때문이다.

그렇다면 책을 읽을 시기를 놓치기 전에 책을 구입하는 일부터 먼저 해야 한다. 요즘은 전자책이 유행이다. 무거운 책을 소지하지 않아도 된다는 이점, 장소 불문하고 핸드폰만 있으면 읽을 수 있다는 편리함을 비롯해 종이책에 비해 구입 비용 또한 저렴하다는 장점 등이 있으니 전자책이 유행할 만도 하다. 발달된 문명이 우리에게 주는 선물 같은 기능이니 전자책을 굳이 마다할 이유는 없다.

그런데 나는 마지막 장의 종이책을 덮을 때의 그 맛. 전자책을 덮는 것과는 정말 판이하게 다른 바로 그 맛을 종이책에서 느낀다. 그 맛을 잊을 수 없어 나는 종이책을 사고, 종이책을 읽고, 종이책의 마지막 장을 덮는다. 종이가 주는 감촉은 유리처럼 차갑지도 쇠처럼 날카롭지도 않다. 또 종이를 만지면서 위험을 감지하는 사람은 없다.

구입 비용도 만만치 않은 종이책을 권하는 이유는 세 가지 때문이다. 하나는 한 장 한 장 넘기는 그 맛, 또 하나는 한 권 한 권 책꽂이를 채우는 그 맛, 그리고 가장 큰 이유는 마지막 장을 덮을 때의 바로 그 맛 때문이다.

그렇다면 전자책에 비해 가격이 더 나가는 종이책 구입 비용 때문에 주저하는 사람들도 있을 것이다. 하여 지금 나는 도서 구입 비용을 들이지 않고 종이책을 읽을 수 있는 방법을 알려주고자 한다. 국립중앙도서관, 국회도서관 등에 직접 가서 책을 읽는 것도 방법이다. 그러나 직업을 가진 사람들이 도서관을 자주 찾기란 현실적으로 어렵다. 이에 더해 국립중앙도서관과 국회도서관은 외부 대출이 안 된다. 하여 일반인이 가장 쉽게 접할 수 있는 방법으로 거주지 주변의 시립 도서관과 구립 도서관 등을 활용하라고 말해주고 싶다.

　지역마다 약간의 차이는 있겠지만 시립 도서관과 구립 도서관에서는 2주 정도 책을 대출해주고 있다. 물론 회원 가입을 해야 한다. 그런데 읽고 싶은 책이 있는데 도서관에 구비 되어 있지 않은 경우가 있다. 이때도 걱정할 것이 전혀 없다. 도서 구입 신청을 해두면 된다. 내용에 특별한 문제가 없는 책이라면 그 책은 오래지 않아 도서관에 구비될 것이다. 이때 대출을 해서 읽고 반납하면 된다. 주변에 대학교가 있으면 그 대학교 도서관에 회원으로 가입하고 약간의 연회비를 내면 대출은 물론 대학 도서관의 시설 이용까지 가능하다.

　신청을 한 도서가 구비된 사실을 알게 되면 그 책을 만나러 가는 시간까지의 설레임은 주체할 수 없을 것이다. 기다림 끝에 만나는 책이기 때문이다. 도서관에서 대출을 받는 경우 한 푼의 비용도 들지 않는다. 책과의 데이트에는 옷차림 등의 예의를 갖출 필요도 없다. 읽겠다는 그 마음 하나면 된다. 이 정도면 인간관계에서 지친 당신을 위로해줄 책과의 데이트 시간이 기다려지지 않겠는가?

주변 사람들과 함께 모임을 만들어서 각자 다른 책을 구입해서 돌려보는 것도 방법이다. 옛날에 책이 귀하던 시절, 선비들은 책을 빌려 읽으면 그 뒤에 짤막한 감상문을 적어서 돌려주는 문화가 있었다. 옛날 선비들의 문화라고 치부하고 밀어 둘 것이 아니라 책을 돌려본 사람들이 각자 책 뒤에 감명 깊게 읽은 부분이나 책을 읽고 난 느낌 등을 써두면 그 또한 오늘날 하나의 독서 문화로 자리매김하지 않을까 싶다.

어떠한가! 저렴한 비용으로 도서를 구입해서 종이책을 읽는 방법이. 아직 독자들이 원하는 만큼의 책을 구비하지 못한 전자책에 비해 종이책이 가진 장점이 현재로써는 월등히 우위에 있다.

그리고 책상 앞에 독서명(讀書銘)을 하나씩 써서 붙여두어도 좋을 것 같다. '명(銘)'이란 마음에 새기어 교훈으로 삼고자 하는 어구를 뜻한다. 간단하게 '책은 종이책으로 읽자'도 좋다. '한 달에 한 권씩 나에게 종이책 선물하기', '한 달에 한 권씩 소중한 친구에게 종이책 선물하기' 등등이면 또 어떠랴.

읽고 읽고 또 읽자

전자책도 좋지만 종이책은 더 좋다.
마지막 장을 덮을 때의 그 기쁨은
경험해본 자만이 안다지?

"그래, 이 맛이야."는 조미료를 선전하는 김혜자 씨만 외칠 수 있는 것이 아니다. 우리 모두 저렴한 비용으로 종이책을 읽고 마지막 장을 덮으면서 힘차게 외쳐보자.
"그래, 이 맛이야."

이소정

성균관대학교 한국철학사 학사, 석사, 박사(수료)
(현) 글이랑글책연구소 대표
　　　연구개발특구협동조합(CIC) 이사
　　　창의과학연구원 수석연구원
　　　교육청 인가 한국평생교육원 책쓰기 강사
　　　　한국인재개발원 책쓰기 강사
　　　　한국상담협회 책쓰기 강사

(전) 종합콘텐츠미디어그룹 이루다플래닛(주) 콘텐츠기획팀 책임
　　　세종국책연구단지 학술출판팀 연구원
　　　대전시·세종시 국제사회계열 전문교과 강사
　　　참미래교육연구소 연구원

저서:
단독저서: '표류사회: 한국의 여성 인식사', (도) 아이필드
(공저) '기업장례 의전실무', 박영사
　　　'책 쓰기를 머뭇거리는 당신에게', 봄풀

1
목적이 분명한 독서가 주는 선물

변화의 시대, 우리에게 필요한 독서법은

서점에 가보면 1일 1독이나 일 년에 백 권, 천 권 읽기 등 다독을 격려하는 책이 많이 보인다. 이처럼 엄청난 다독 스케일에 내심 따라갈 수 없는 갭이나 피로감을 느끼고 혹은 자포자기하는 감정을 느끼기도 한다.

독서는 변화 속도가 **빠를수록** 꼭 필요하다. 신제품 출시가 빨라지는 만큼 세상의 변화 속도도 점점 빨라진다. 변화에 적응하고 변화를 앞서 나가려면, 더 빨리 정보와 기술을 습득하고 세상을 보는 안목을 키워야 한다. 그런데 지식과 지혜를 넓히고 안목을 키우는 데는 독서만 한 것도 없다.

문제는 시간이다. 맞벌이는 기본이고 부업에 N잡까지 늘어가는 현대사회에서 현실적으로 한 달에 수십여 권에 이르는 책을 읽는 것이 과연 가능할까? 얼핏 물리적인 시간만 생각해 보더라도, 일반인들이 독서를 위해 낼 수 있는 자투리 시간은 현대사회에서 하루에 두세 시간 정도가 고작이다. 결국 매달 낼 수 있는 자투리 시간은 최대 60~90시간 정도이다. 적으면 적고, 많다면 많은 시간이다. 1일 1독을 목표로 하면 권당 2~3시간을, 한 달에 10권 정도를 목표로 잡으면 권당 6~9시간을 투자할 수 있다.

하지만 권당 2~3시간은 가벼운 에세이나 시집, 만화, 짧은 소설 등을 제외하고는 책 한 권을 제대로 음미하기에 많이 부족하다. 결국 속독을 해야 한다는 결론이 나온다. 하지만 속독은 제대로 알고 하지 않으면 수박 겉핥기와 별반 다름이 없다. 그렇다고 바쁜 시대에 책 한 권을 오래 붙잡고 있는 것도 효율성이 떨어진다.

변화가 빠른 이 시대를 살아가는 우리에겐 과연 어떤 독서법이 필요할까?

왜 책을 읽는가

다독, 속독, 정독 등 여러 독서법은 모두 장단점이 분명하다. 그러니 한 가지만 고집하기보다 필요와 상황에 따라 여러 가지 독서법을 두루 활용하는 지혜가 필요하다. 이처럼 여러 독서법을 적절히 활용하며 더욱 효과적인 독서를 하기 위해서는 먼저 책을 읽는 목적과 목표를 정확히 해야 한다. 다독을 목표로 하면 많이 읽는 것에 치중해 깊이가 얕아질 수 있고, 정독을 목표로 하면 깊이 읽는 것에 빠져 자칫 지치거나 독서량 자체가 적어질 수 있다. 즉, 무엇을 위한 독서인지 목적이 분명해야 독서의 방향성을 잃지 않고 그에 맞는 독서법을 선택할 수 있다. 또한 독서의 목적이 분명해야 각각의 독서법이 갖는 병폐나 단점에 빠지지 않고 장점만 취할 수 있다.

무엇이 독서의 목표가 되어야 하는가

사람은 언어적 표현보다 분위기, 제스처, 눈빛, 표정, 몸짓 등 비언어적 표현에서 6~7배나 더 많은 정보를 얻는다고 한다. 그렇다 보니 언어적 표현인 독서를 통해 이해할 수 있는 저자의 의도는 실제 얼마 되지 않는다. 그래서 저자들은 가끔 독자가 달아준 서평을 보고 놀랄 때가 있다. 정작 본인은 생각지도 못했던 부분을 독자가 이야기하기 때문이다. 독자 역시 마찬가지다. 유명한 작가가 자기 작품을 소개하는 자료를 보다 보면 자신의 이해와 달랐음을 발견하곤 한다. 똑같은 책을 사이에 두고 저자와 독자의 이해는 일치하지 않을 때가 많고, 같은 독자끼리도 이해한 내용은 제각기 다를 때가 많다. 왜 그런 걸까?

책을 읽는 주체인 독자의 내면세계는 저자와는 완전히 다르다. 때문에 저자의 이야기는 독자의 내면세계를 통과하며 반사, 굴절, 왜곡되게 마련이다. 사람은 자기가 알거나 믿는 것 이상은 이해하지 못하고, 상상하거나 발견하지 못하기 때문이다. 그러므로 세상을 더 넓게 바라보고 올바로 이해하기 위해서는 내면세계를 확장하고 한층 다양한 빛깔을 불러들일 필요가 있다. 그리고 그것은 독서를 통해 이룰 수 있다.

외부세계를 읽고 이해하는 주체는 나의 내면세계이다. 그러므로 독서의 목적은 나의 내면세계를 확장하기 위한 것이 되어야 한다.

내면세계 확장을 위한 주체적인 독서

사람은 나이를 먹고 성숙해지면서 자신만의 내면세계를 만들어 간다. 품격 있게 표현하자면 자신만의 '세계관'과 '사유 체계'를 만들어 내는 것이다. '나답다'라는 것은 자신을 인식하고 세상을 바라보는 관점이 생기며, 고유한 사유 체계를 갖추고 그것을 올바로 표현한다는 의미다. 그렇게 자신만의 관점도 생기면서, 한 조직이나 사회를 이끌 만한 식견과 교화력도 갖춰간다.

독서를 통해 우리가 얻는 이점은 명확하다. 새로운 지식과 정보를 얻고, 간접경험을 통해 다양한 세계와 견해를 접할 수 있다는 점이다. 덕분에 보지 못하던 것을 보고, 생각하지 못하던 것을 할 수 있게 된다. 이러한 결과적이고 외면적인 효과 외에도 독서는 본질적인 측면에서 내면세계를 발견하고 주체성 있게 살 수 있도록 삶의 중심을 잡아준다. 구체적으로는 대략 다음과 같다.

첫째, 독서는 나의 내면세계와 마주하게 해주는 매개체가 된다.
지식과 정보의 창고, 또 다른 세계와의 만남, 간접경험, 감정 순화의 도구 등…. 독서의 효용성은 매우 광대하다. 그런데 독서는 그보다 본질적인 가치를 우리에게 전한다.
아무리 얇은 책이라도 사람마다 그 안에서 보는 것은 저마다 다르다. 또 어떻게 보느냐에 따라 발견하는 것도 다르다.
독서를 통해 내적 자극을 받음으로써 평소에는 느낄 수 없던 자신의 내면을 관찰할 수 있다. 책 속 다른 견해와 관점, 그리고 제기된 문제에 반응하는 내 생각과 느낌을 마주함으로써 자신도 몰랐던 내면세계를 마주하게 된다. 책의 의견에 동조하거나 의문을 가지면서 그동안 생각해보지 못했던 문제에 답을 떠올려보거나 모호했던 견해를 분명히 하면서 자신의 세계를 더 잘 알게 된다. 즉, 저자가 펼쳐낸 다른 세계를 관찰하고 탐색해 가는 과정 속에서 나도 몰랐던 나를 발견하게 되는 것이다.

둘째, 내면세계에 다양성을 불어넣어 변화를 일으킨다.

책을 통해 다양한 지식과 여러 견해를 접하면서 다양한 세계에 빠져볼 수 있다. 사람들 수만큼 다양한 관점과 광대한 지식이 주는 자극은 내면세계를 다채롭게 만들고 변화를 이끈다.

이는 생명이 한 가지 영양소만으로는 살아갈 수 없는 것과 같다. 성장 단계에서는 더 많은 영양분이 필요한데, 기본 영양소 외에도 각종 미네랄과 비타민 같은 다양한 영양소가 필요한 것과 같다.

그런데 주변과 일상이 단조롭고 자극이 한정적이면 필요한 자극을 얻기도 힘들고, 더 큰 성장의 발판이 될 다양성을 경험하기도 쉽지 않다. 그럴 때 독서는 타인의 정신세계나 생활 환경과 만나게 해주는 또 다른 문이 된다.

사실 다양성을 얻는 방법은 독서 말고도 많다. 하지만 다양성을 얻고 내면세계를 변화시키는 데는 독서만큼 효율적인 게 없다. 사람의 변화는 외부에서 오는 변화보다 내면에서 일어나는 변화가 더 본질적이고 강력한데, 독서는 내면에 자극을 주기 때문이다.

사람에게는 생각의 관성이 있다. 늘 해오던 것을 더 편안하게 느끼고 익숙함에 안주하며 계속 유지하려는 속성, 그게 바로 '생각의 관성'이다. 생각의 관성은 다름을 만나 자극받지 않으면 좀처럼 깨지지 않는다. 기존 방식을 유지하는 데서 오는 편안함과 안전감은 우리 본성에 아주 잘 맞기 때문이다. 독서는 생각의 관성을 멈추게 하여 획일화되지 않도록 다양성을 불어넣는 물꼬가 되어 준다.

다양한 세계로 향하는 문, 독서

독서는 다양한 견해와 더 넓은 지식을 만나게 해준다. 이는 기존에는 떠오르지 않던 더 많은 상상을 가능하게 한다.

사람은 한 번도 보지 못한 것은 상상하지 못한다. 하지만 상상력이 넓고 풍부해야 우리의 창의성과 창조성은 더욱 확장된다. 기존에 경험한 다양한 것들이 얽혀 새로운 관점이 되고 기존과 다른 독창적인 생각을 할 수 있게 되는 것이다. 창조성이란 다양성을 해석하고 융합하는 능력이 질적으로 성숙하여 전에 없던 새로운 것을 만들어 내는 것이다. 창의성과 창조성은 인간만이 할 수 있는 고유한 가치이자 최고의 능력이다.

머지않은 미래에, 인간은 한정된 자원을 두고 다툴 필요가 없으며, 인간의 노동력은 로봇이 대체하여 인간은 좀 더 인간다운 일에 집중할 수 있게 된다고들 한다. 그 세계에서 사람만이 할 수 있는 최고의 가치는 바로 무한한 상상력과 창조성 그리고 인간 정서에 충실한 윤리적 감수성이 될 것이다. 그것은 기계나 인공지능으로는 대체 불가능한 능력이기 때문이다. 그리고 그런 시대에 필요한 사람의 창의성은 독서를 통해서 다양한 관점과 세계관, 그리고 더 큰 상상과 조우함으로써 가능하다. 그러한 측면에서 독서는 언제나 그러했듯 인류의 가장 큰 자산이자 지혜의 보고로서 그 가치는 계속될 것이다. 독서는 무수한 세계와 만나게 해주는 문이기 때문이다.

2
지혜롭게 활용하는 읽기의 기술(1) 속독 편

　살다 보면 능력의 한계에 부딪힐 때가 있다. 한계를 벗어나는 길은 한 단계 더 도약하는 방법뿐이다. 지금보다 더 나은 상태로 도약하기 위해서는 시야를 넓히고 사고가 깊어져야 한다. 그럴 때 도움이 되는 것은 다른 관점, 새로운 아이디어 등을 경험해보는 것이다. 하지만 우리의 시간은 한정돼 있다. 그러므로 그러한 일을 하자면 일상에 지장을 주거나 너무 많은 시간이 흘러버리기도 한다.

　이에 간접경험을 넓혀 앞으로 한발 더 나아갈 계기나 열쇠를 발견하기 위해 우리는 책의 망망대해로 기꺼이 나아가야 한다. 변화를 원하지만 어떻게 변화해야 할지 감이 오지 않을 때, 다른 분야, 관점, 기술, 마인드 등을 억지로라도 접하다 보면 예기치 않은 도

약의 실마리를 발견할 수 있기 때문이다.

그럴 때 도움이 되는 것이 바로 다독이다. 다양한 관점과 경험 및 지혜를 담은 같은 분야의 책들을 다독하다 보면 어느새 머릿속에서 중요한 문제의 핵심이 잡히고, 다양한 관점과 견해, 정보가 체계를 잡기 시작한다. 나보다 먼저 그 문제에 관심을 가지고 더 많은 시간을 투자해 전문가의 길을 걸었던 여러 저자의 견해를 살펴보고, 다른 저자들과 비교해보며, 사고의 폭을 넓히고 핵심을 보는 안목을 키울 수 있다. 하지만 바쁜 일상 속에서 다독을 하려면 결국 속독을 해야 한다.

속독(速讀)이란 책이나 글을 빨리 읽는 독서법을 말한다. 속독법에는 여러 가지 방법이 있다. 한눈에 많은 양의 글자를 읽고 문장 단위로 읽어가는 기술적인 방법이나, 맥락을 따라 문단 단위로 읽는 보다 전문적인 방법도 있다. 어떤 방법이든 더 빠르게 읽으면서도 정확하게 읽기 위해서는 몇 가지 주의해야 할 것이 있다.

첫째는 책의 요지를 먼저 파악한 후에 읽는 것이다. 무엇이든 결론을 알고 읽으면 이해하기 쉽다. 모르는 것보다 아는 것이 눈에 더 쉽게 들어오는 것이다. 요지를 빨리 파악하려면 글의 기본적인 구조를 이해하고 저자의 눈으로 바라볼 필요가 있다.

조금 생소하겠지만, 글을 쓰는 입장에서 글을 바라보면 좀 더 중요한 곳을 찾기가 쉬워진다. 저자 소개나 전작 등을 보며 성향을 파악하고, 어떤 배경과 관점에서 이 글을 썼는지 유추해본다. 그리고 글쓴이의 입장이 되어 읽어본다.

글은 한 장의 그림 그리기나 한 폭의 자수를 놓는 것과 비슷하다. 시작하기 전에 큰 주제나 전체적인 설계도를 그려두고 그에 맞춰 내용을 채워간다. 그런데 채워가는 것에는 몇 가지 정해진 양식이 있다. 예전부터 의사 전달에 가장 효율적이었다고 알려진 몇 가지 글 구성법이 대체로 사용된다. 바로 두괄식, 미괄식, 양괄식, 중괄식, 병렬식이라는 큰 틀이다. 그런데 요즘은 두괄식이나 미괄식으로 글을 쓰는 추세이기 때문에 글을 읽을 때도 그런 점을 염두에 두고 읽으면 요지를 더 빨리 잡아낼 수 있다.

한 편의 글은 여러 개의 문단으로 이루어져 있고, 대개 첫 문단과 끝 문단에는 글의 주제나 핵심 문장이 담겨 있다. 그리고 글을 이루는 각 문단 역시 서두나 말미에 주제 문장이 자리한다. 글은 대개 두괄식(주장이 앞에 오는 형식) 아니면 미괄식(주장이 뒤에 오는 형식)인데, 이것은 전체 장의 흐름뿐 아니라 각 문단에서도 이러한 구조가 반복된다. 그러므로 첫 문단과 마지막 문단 그리고 문단의 첫 문장과 마지막 문장을 신경 써서 읽는다. 속독이라 해서 처음부터 대충 흘려 읽다 보면 자칫 요지가 담긴 중심 문장을 놓쳐 맥락까지 놓치게 된다. 빠르게 책을 읽긴 읽었는데 무슨 말을 했는지 잘 기억이 안 난다면 요지를 놓쳐서 맥락을 잃은 것이다.

첫 문단을 자세히 읽고 문제 제기나 주장, 배경 등을 파악했다면, 중간 문단들은 첫 문장과 마지막 문장을 중점적으로 보면 된다. 중간 문단들은 대개 사례나 근거가 오는 경우가 많다. 앞뒤 문장만 읽어도 대충 무슨 내용들이 흘러가고 있는지 이해할 수 있다. 그러면 맥락을 놓치지 않으면서도 그 장의 흐름을 빠르게 이해할 수 있다. 그리고 마지막 문단을 자세히 읽으면 그 장에서 하고자 하는 말이 무엇인지 맥락과 함께 잘 이해할 수 있다.

이처럼 속독에서 중요한 것은 단순 사례나 근거들은 빠르게 읽으면서도 맥락을 놓치지 않아서 결국 장을 관통하는 요지를 잘 파악하는 것이다.

문단	두괄식	미괄식	중괄식	양괄식
흐름	중심문장 (주제문)	서술	서술	중심문장 (주제문)
	↓	↓	↓	↓
	서술	전개	중심문장 (주제문)	서술·전개
	↓	↓	↓	↓
	전개	중심문장 (주제문)	전개	중심문장 (주제문)

둘째는 질문을 가지고 책을 읽는 것이다. 그러려면 글을 읽는 목적을 분명히 해야 한다. 내가 지금 무엇을 모르는지 그래서 무엇을 알고자 하며 어떤 정보가 필요한지, 어떤 답을 얻기 위해

이 책을 읽는지 목적이 분명하면 내게 필요한 부분이 눈에 더 잘 들어온다.

셋째는 책의 요지를 일관하는 키워드를 찾아가며 읽는 것이다. 책에서 말하고자 하는 핵심 요지와 논리는 어느 정도 일관성을 가지고 전개되기 마련이다. 사용되는 자료 역시 결국은 핵심 요지를 더 잘 드러내기 위해 사용되는 근거나 사례들이다. 그러므로 핵심 요지를 드러내기 위해 작가가 사용하는 열쇠말(키워드)을 찾으며 읽어가야 한다. 문단 단위로 읽어가며 열쇠말 찾기를 하면 집중력도 높아지고, 빨리 읽으면서도 맥락을 놓치지 않을 수 있다. 그냥 그림 한 장을 보려고 하면 금세 지루해지고 딴생각이 나지만, 숨은그림찾기를 하기 위해 그림을 보면 집중해서 세세한 부분까지 오래 볼 수 있는 이치와 같다.

3
지혜롭게 활용하는 읽기의 기술(2) 심독(心讀) 편

　속독이 맥락을 따라 필요한 정보와 핵심만 취하는 빠른 독서법이라면, 심독은 책에 담긴 오의(奧義: 어떤 사물이나 현상이 지니고 있는 매우 깊은 뜻)에 풍덩 빠져보는 독서법이다. '책은 마음의 양식'이라는 말과 가장 잘 어울리는 독서법이다. 책의 요지와 깨달음을 깊이 파가며 마음에 아로새기는 독서법으로 내면세계의 변화를 이끌 수 있다.

정독이 심독으로 나아갈 때

　고대에 중국은 진시황이 일으킨 분서갱유로 수많은 유교 경전과 학자를 잃은 적이 있다. 당시 뜻 있는 이들은 분서갱유를 피해

담장 속에 책을 숨겨두거나 집 벽에 책을 숨기고 흙으로 발라버리곤 했다. 그래서 후대에 집을 허물거나 땅을 파다가 보면 종종 책과 기물이 나오기도 했다. 이처럼 유형인 책은 어떻게든 보존되어 후대에 전할 수 있었지만, 무형인 '사상'은 조금 달랐다. 머릿속에 있던 것은 그 사람이 죽으면 후대로 전할 길이 없다. 때문에 책이나 제자를 남기지 못한 사상과 학문은 사라질 수밖에 없었다.

이후 수백 년이 지난 당·송 시대에는 불교와 현학 그리고 노장에 밀려 유교는 거의 잊혀진 채 명맥만 간신히 이어졌다. 오랜 시간 중국 역사에 뿌리를 내려온 불교는 오묘하면서도 깊은 논리가 장점이었고, 현학은 대중의 종교적 감성을 자극하는 강점이 있었으며, 노장철학은 고도의 형이상학과 특유의 자연철학으로 왕실부터 일반 대중 모두의 마음을 사로잡았다.

하지만 현실의 도(道)와 덕(德), 그리고 예법(禮法)의 중요성을 설파하던 유교는 대중에게 파고들 큰 장점이 없었다.

그렇게 실낱같이 사라져가던 유교의 잠재력과 가능성을 안타깝게 여긴 이들이 있었다. 바로 북송의 다섯 성인이라 추앙된 북송오자(北宋五子: 주돈이, 정이천, 정명도, 장횡거, 소강절)라는 학자들과 그들보다 한 세대 후배인 남송의 주희(朱熹: 성리학의 창시자인 주자(朱子))였다. 그들은 모두 책을 통해서 거의 잊힌 유교를 재해석하고, 책 속에서 스승을 찾아 일가를 이룬 이들이다.

특히 주희가 살던 시대는 고대에 사용하던 한문과 문법이 많이 달라져 있었다. 그리하여 당시 사람들은 분서갱유에서 겨우 살아남은 고대 유교 경전을 제대로 해석할 수 없었다. 마치 오늘날 우리가 조선 시대 훈민정음 해례본을 해설 없이는 잘 이해하지 못하는 것과 같다.

주희는 거의 평생을 바쳐 고대의 유교 경전을 재분류하고 당시 표현으로 재해석하여 문장마다 일일이 주석을 달아 해설하였다. 그것이 바로 '사서삼경(四書三經, 사서: 대학, 중용, 논어, 맹자, 삼경: 시경, 서경, 역경)'과 그것을 주석한 집주(集註)이다. 주희는 공자나 맹자의 제자조차 만나본 적이 없었지만, 책을 통해 오래전 성인들을 마음으로 만나 교감하고 사색하여 '성리학'을 창시했다.

이처럼 직접 가르침을 받지 않았어도 마음속으로 그의 사상과 공명해 도나 학문을 계승하는 것을 사숙(私淑)이라 한다. 우리나라에도 율곡 이이, 구봉 송익필, 미수 허목, 다산 정약용, 혜강 최한기 등 많은 역사 속 위인이 책을 통해 사숙하여 자신만의 깊은 학문과 사상을 구축하였다. 이것이 바로 마음의 문을 열고 책을 읽는 심독(心讀)의 힘이다.

송나라 위인들의 독서법

독서란 읽는 주체인 '내 마음'을 매개로 타인의 세계와 만나는 일이다. 그러므로 속독이나 다독 이상으로 중요한 것이 바로 한 권을 읽더라도 제대로 나 자신을 변화시키는 것이다. 물론 그에는 양질의 책을 잘 고른다는 조건이 선행돼야 하겠지만 말이다.

북송 성리학으로 유명한 장횡거는 독서에 대해 이렇게 말했다.

"(책을 읽고 나서 기존에 내가 가졌던) 의리(義理)에 의심이 간다면 예전의 견해는 씻어 버리고 새로운 뜻이 내 마음에 오게 해야 한다." 사학규범(仕學規範)

주자는 책을 읽는 이유를 이렇게 설명했다.

"책을 통해 밝아진 이 마음이 계속 유지된다. 책을 읽으면(밝게 깨달은) 이 마음이 항상 유지되지만 책을 읽지 않으면 의리(義理: 뜻과 이치)도 끝내 알 수가 없다." 근사록(近思錄)

또 독서 방법에 대해 다음과 같이 조언했다.

"한 구절을 읽을 때 이 구절을 내가 장차 어디에 쓸 수 있을지를 반드시 전체적으로 살펴봐야 한다." 주자어류(朱子語類)

주자의 스승격인 정자는 역사책을 보면서 사물의 이치와 미래를 읽는 혜안을 훈련해 갔는데 그 방법을 소개해 본다.

"역사책을 읽을 때는 반드시 어지러운 일이 생겨나는 조짐과 현인·군자의 출세와 은퇴, 그리고 일에 임하여 나아감과 물러나는 이치를 잘 보아야 하니 이것이 바로 일과 사물을 통해 이치를 깨닫는 길이다." (근사록) 그래서 '절반쯤 읽다가 책을 덮고서 그 일이 어떻게 진행될지를 생각해 본 후에 이어서 뒷부분을 봤다.'고 한다. 또한 그 결과가 자신의 예상과 다른 점이 있으면 또다시 그 연유를 정밀하게 생각해 보았다.'(어람경사강의御覽經史講義)고 한다.

우리나라 선인들은 어떤 방식으로 독서를 했을까

책 한 권을 구하면 책에 담긴 가르침과 지혜가 나의 행실이 될 때까지, 반복해서 읽고 사색하여 마음에 새겼다. 그러니 책을 읽고 그 정신을 제대로 실천하지 못하면, 제대로 배우지 않은 것과 다름없다는 스승의 핀잔을 듣기 일쑤였다. 율곡 이이가 후학을 위해 지은 교육서인 '격몽요결'에서는 책을 읽는 태도에 대해 '서자서 아자아(書自書我自我)'가 되는 것을 경계한다. '(입으로는 책을 읽으면서 마음으로 체득해 몸소 실행하지 않는다면) 책은 그냥 책일 뿐이고 나는 그대로 나일 뿐이니 독서를 해도 무슨 유익함이 있겠느냐.'라는 뜻이다.

즉, 책을 읽으면 그 가르침이 마음에 새겨져 행동으로 나올 때까지 탐독(耽讀: 열중하여 읽음)하고 숙독(熟讀: 글의 뜻을 생각하며 차분히 하나하나 읽음)하는 독서가 기본이었다. 그래서 책 한 권을 떼려면 전체를 외우고, 한 문장 한 문장을 몇 날 며칠이고 사색하며 주변 사람들과 윤독(輪讀: 여러 사람이 같은 글이나 책을 돌려 읽으며 생각을 나누는 것)하고 강독(講讀: 글의 뜻을 세세히 따져보고 밝혀 가며 읽는 것)하며 이해를 넓혔다.

"무릇 독서란 반드시 한 권의 책이라도 익숙해지도록 읽어서 함의와 취지를 모두 깨달아 꿰뚫어 통하여 의심이 없어진 연후에야 다른 책으로 바꾸어 읽어야 한다". (凡讀書 必熟一冊 盡曉義趣 貫通無疑然後 乃改讀他書) "율곡전서" '격몽요결'

다만 책 한 권이라도 완전히 체득되어 내 습관과 행실이 바뀌어야 책을 읽은 의미가 있는 것이다. 아무리 많은 책을 다독해도 내 생각과 습관을 바꾸지 못했다면 책 한 권을 제대로 읽은 폭도 못 된다. 이런 관점의 독서법인 심독은 자연히 다독과는 거리가 멀다. 그럼에도 많은 위인이 심독을 통해 책 속에서 스승을 만나 학맥을 잇고, 새로운 사조를 창건하며 역사를 열었다. 그들의 독서법은 마음속 사유 구조를 바꿈으로써 몸으로 실천·실행하여 현실을 바꾸는 독서다. 단 몇 권의 책이라도 좋은 책을 심독하는 것은 어마어마한 책을 빠른 시간에 다독하는 것보다 더 의미 있는 결과를 낼 수 있다.

운명을 바꾸는 독서법, 심독

누구나 내면의 성장 단계마다 앞으로 한 발 더 나아가기 위해 반드시 만나야 할 '무엇'이 있다. 말이나 글, 관점, 견해 등 지금의 얽힌 문제를 풀어내고 다음 단계로 나아가게 할 열쇠, 그것을 어디선가 만나는 것은 그야말로 인생의 큰 선물이다. 아무리 가벼운 책이라도 그런 측면에서 모든 책에는 심독해야 할 이유가 있다. 사람은 좀 더 다양한 생각과 관점을 경험해 봐야 우물 안 개구리를 벗어날 수 있기 때문이다. 물론 직접 경험해보는 것이 제일 좋겠지만, 시간과 공간적인 측면의 한계가 있다. 그러므로 책 속에 세워진 타인의 세계관에 풍덩 빠져들어 온전히 젖고 깊이 공감해 보는 경험은 대단히 중요하다.

정독은 깊이 생각하며 읽는 독서법이다. 반면 심독은 마음을 열고 깊이 공감하며 읽는 독서법이다. 글줄을 이해하는 것을 넘어 관찰하고 탐색하며 깊이 빠져들어 온전히 공감한다. 이렇게 공감하는 독서법인 심독은 시공을 넘어서 경험과 견문을 넓히는 데 매우 중요한 도구가 된다. 정독은 마음으로 체득하는 심독으로 나아갈 때, 아무것도 아닌 단순한 문장에서도 자신만의 답을 발견하게 해준다. 비록 짧은 한 줄을 읽더라도 자신만의 화두가 될 자극을 얻었다면, 그것은 내게 영향을 주지 못하는 열 권의 책을 읽는 것보다 더 가치가 있다.

정독하기 좋은 분류: 전공서, 문학서, 실용서, 전문서적 (깊이 생각하며 읽기)

심독하기 좋은 분류: 철학서, 종교서, 경전류, 고전류, 고전문학, 역사서, 시 (깊이 공감하며 읽기)

4 지혜롭게 활용하는 읽기의 기술(3) 발췌독 편

다양한 자료를 단시간에 얻을 수 있는 발췌독

발췌독은 내게 필요한 내용과 핵심만 찾아서 뽑아 읽는 독서법이다. 목차와 서론, 그리고 결론을 훑어보고 대략의 구성과 논지를 파악한 후 내게 필요한 부분만 찾아 읽는 것이 바로 발췌독이다. 주로 필요한 정보나 자료를 모을 때, 여러 방법과 견해를 비교하거나 시간 부족 등의 문제로 필요한 정보만 빠르게 숙지해야 할 때 유용하다.

보통 책은 처음부터 끝까지 모두 읽어야 제대로 읽었다는 느낌이 든다. 그런 시각에서 보자면, 발췌독은 제대로 된 읽기라 할 수 없다. 하지만 그럼에도 발췌독은 변화가 빠르고 생산되는 정보량이 많아진 현대사회에 잘 맞는 독서법이다. 정보량이 많을수록 중요한 것은 정보의 연결과 해석이다. 필요한 정보만 빠르게 찾아 나의 관점으로 이해하고 재해석해 나의 살로 만들기에는 발췌독만한 게 없다.

발췌독의 방법

발췌독에서 중요한 것은 자료에 휘말리지 않고 자료를 잘 컨트롤하며 보는 것이다. 내 관점과 논리를 가지고서 필요한 부분만 왜곡 없이 봐야 한다. 그러려면 내가 가진 질문에 답하고, 내게 필요한 논리적 근거와 사례를 찾겠다는 목적이 분명해야 한다. 목적이 분명할수록 필요한 부분이 더 잘 보이고, 어떤 맥락으로 자료가 배치되었는지 더 잘 파악되기 때문이다.

고영성 작가의 '어떻게 읽을 것인가'에서 이런 내용을 보고 큰 깨달음을 얻은 적이 있다.

"이전까지는 책을 다 읽고 난 이후 서평을 쓰려고 했지만, 이번에는 서평을 쓰기 위해 책을 읽어보았다. 그러자 서평이 뚝딱 써지는 게 아닌가?"

목적을 분명히 자각하고 어떤 관점을 가지고 책을 대하면 의외로 더 많은 것이 보인다. 발췌독을 할 때도 마찬가지다. 목적과 관점을 분명히 하고 발췌를 해야 요긴한 부분을 더 정확히 찾아낼 수 있다. 목적과 관점이 분명하지 않으면 그냥 그 순간의 느낌으로만 발췌하게 되거나, 정말 중요한 부분이나 꼭 필요했던 곳은 놓치고, 엉뚱하고 잡다한 부분만 발췌하게 되기도 한다.

그래서 발췌독은 내게 필요한 정보가 어디에 있는지 잘 파악하는 것이 중요하다.

서두의 머리말, 추천사나 맨 뒤의 결론과 에필로그를 훑어보고, 목차를 잘 살펴보면 책의 전체적인 흐름과 청사진을 파악할 수 있다. 머리말 등에는 저자가 책을 쓰게 된 동기와 기획 의도, 중심 문제와, 방향성이 담겨 있다. 결론과 에필로그에는 저자가 요약한 결론과 이 책의 의의 등이 나와 있다. 이 정도만 파악해도 본문의 흐름과 구성을 훨씬 빨리 예측하고 필요한 내용을 더욱 쉽게 찾을 수 있다.

발췌를 할 때는 평소보다 다양한 분야와 장르로 시야를 넓혀보는 것도 좋다. 처음부터 자신과 관련 있는 분야의 책만 읽는다든지 수준을 정해놓고 읽는 것도 장점이 있지만, 때로는 관련 없는 분야의 도서나 소설, 실용서, 그림책, 고전 같은 엉뚱한 것을 읽으며 더 큰 아이디어나 정보를 얻을 때도 있다.

또한 필요한 부분이나 하이라이트만 잘 정리해둘 필요가 있다. 여러 권을 제대로 읽으려는 부담감에 시간을 지체하여 앞에서 본 내용을 잊어버리거나, 아예 양에 질려 포기하는 것보다는 필요한 부분이라도 취하는 게 낫기 때문이다.

오랜 독서를 통해 독서력이 다져진 사람이라면 속독과 함께 필요한 부분을 파악하고 필요한 부분만 발췌해 읽는 발췌독이 필요 정보를 모으고 활용하는 데 빛을 발할 수 있다.

발췌독의 세 가지 접근 방법

발췌독은 대략 세 가지 방법으로 접근해볼 수 있다.

첫째, 발췌독은 계독(系讀)과 함께할 때 효과적이다. 계독이란 한 분야에 대한 식견을 넓히고자 연관된 책이나 같은 계통의 책들을 골라 읽는 것이다.

책은 기본 태생부터 인터넷 정보와 다르다. 저자는 책 한 권을 내기 위해 많은 시간을 들인다. 무수한 시간 동안 자료를 모으고 기획하고 질문하며 자신을 되돌아보고, 사색을 더한다. 삭제가 가능한 인터넷 게시물과 달리 인쇄물은 세상에 한 번 나오면 되돌리지 못하고 자신의 이름과 함께 박제되기 때문이다. 또한 책 한 권이 제대로 출간되기 위해서는 출판사의 무수한 공정과 함께 큰 비용이 들어가는데 그런 현실적 무게도 떠안아야 한다. 이러한 현실적인 심적 압박감은 저자의 최대 역량을 쏟아 넣게 만든다. 그런 과정을 겪으며 나온 책은 분량이 짧든 길든 반드시 배울 만한 무언가가 담겨 있게 마련이다. (물론 예외도 있다.)

그런 측면에서 한 분야의 연계성 있는 책들을 다독하는 것은 해당 분야의 기본 정보를 파악하고 체계를 잡으며, 흐름과 분위기를 파악하고 중요한 자료를 확보하기에 용이하다. 그것은 마치 책이라는 시공을 초월한 가상공간 안에 한 분야의 여러 전문가를 모시고 동시에 질의응답을 던져볼 수 있는 것과도 같다. 같은 분야라도 입장을 달리하는 책이 있고, 또 같은 관점이라도 다른 근거나 논리를 제시하는 책도 있다. 따라서 같은 분야의 다양한 관점을 다독하며 지식과 식견을 넓혀가는 것은 좀 더 창의적으로 새로운 길을 모색할 기본 토대가 된다.

같은 분야의 책을 다독하다 보면, 대략 어떤 문제가 중요하고 핵심 이슈인지, 어떤 논점이 오가는지, 어떤 맥락으로 어떤 자료들이 많이 쓰이는지 알 수 있다. 그런 중요한 문제들을 발췌해두면 새로운 논점을 파악하거나 자신의 논리에 맞게 활용하기에 좋다.

둘째, 발췌독은 하나의 관점이나 문제를 다양한 분야에서 비교해 보고 응용해볼 수 있는 남독(濫讀)과 함께 하면 좋은 거울이 된다. 남독은 분야나 수준 등을 정하지 않고 이 책 저 책 다양하게 읽는 것으로 편독(偏讀)과 반대되는 독서법이다.

속독과 남독으로 읽는 책 수가 많아지고 종류가 다양해지면 아이디어와 상상력이 커지고, 다른 분야를 이해할 수 있는 사전 지식이 넓어진다. 또 관련 분야의 책이라도 조금만 범위를 넓게 잡고 이 책 저 책 남독해 보면, 하나의 관점이나 문제를 다양한 분야와 비교하고 응용해보는 의외의 소득을 얻게 된다. 즉, 가리지 않고 여러 책을 두루 읽어보는 남독은 다양한 정보와 바탕 지식을 더 넓게 해 주는 기반이 된다.

남독을 하면서 의미 있게 발췌독을 하려면 꼭 지켜야 할 게 있다. 바로 목적을 분명히 해야 한다는 점이다. 책을 쓰기 위한 자료를 얻기 위해 남독하는 것인지, 어떤 문제의 답을 찾기 위해 남독하는 것인지 마음속에 목적을 분명히 하지 않으면 남독은 자칫 생각만 번잡하게 만드는 시간 낭비가 될 수 있다. 목적이 분명하면 넓은 범위의 책을 닥치는 대로 읽어도 필요한 것을 찾아내고 자신의 것으로 할 수 있다.

셋째, 발췌독은 한 가지 문제를 대하는 방식을 여러 시선과 관점에 따라 나누어 보는 관독(觀讀)과 함께할 때 더 효과적이다. 세상에는 다양한 관점이 있다. 각자가 품은 세계관과 가치관, 입장과 상황, 동기와 필요성이 모두 다르기에 바라보는 견해와 생각하는 바, 취하는 태도나 방향이 모두 다른 것이다. 더 좋은 방안을 내놓거나 해결점을 찾기 위해서는 상반된 관점들을 깊이 이해할 수 있어야 한다. 그러려면 각기 다른 관점들이 주장하는 맥락과 흐름을 깊이 공감해 볼 필요가 있다. 또 각 관점과 주장에 따라 어떤 중요 이슈를 논하고 어떤 자료를 주로 활용하는지 다양하게 살피는 것도 필요하다. 이렇게 어떤 문제를 바라보는 각기 다른 관점의 주요 요지를 발췌하며 읽다 보면, 더 많은 관점을 포용하고 활용할 수 있게 된다.

발췌독의 주의점

발췌독은 빠른 시간에 많은 이점을 얻을 수 있는 독서법이다. 하지만 주관을 가지고 취사선택을 해야 하기에 그에 따르는 단점도 존재한다. 그러면 어떤 점을 주의해야 단점을 최대한 줄일 수 있을까?

발췌독의 가장 큰 단점은 필요한 부분을 고를 때 잘못 선택할 수 있다는 점이다. 글에는 예기치 못한 반전이 있을 수 있고, 끝까지 읽어봐야 진의를 알 수 있는 글도 있다. 또한 대부분 관심이 있거나 이미 알고 있는 부분이 눈에 더 쉽게 들어오기에 저자의 본의를 잘못 이해하거나 정작 중요한 내용은 빼먹을 수도 있다. 그렇게 취사선택을 잘못하면 맥락을 잘못 이해하여 저자의 논리를 왜곡하거나 정작 중요한 부분이나 필요한 내용을 놓치게 될 수 있다. 그러므로 발췌독을 올바로 활용하려면 독서에 대한 깊은 이해나 바른 속독의 기술이 필요하다. 즉, 목차와 서론, 결론만 보고도 올바로 맥락을 유추할 수 있는 많은 독서 경험과 반전 등을 발견할 수 있는 글의 구성에 대한 이해가 필요하다. 수많은 정독을 통해 쌓인 내공이 없다면 발췌독은 간혹 엉뚱한 오류를 만들 수 있으므로 주의해야 한다.

또 발췌독은 정리하는 습관이 반드시 뒤따라야 한다. 발췌독은 처음부터 끝까지 저자의 논리를 따라가며 깊이 공감하고 정독하는 읽기법이 아니다. 따라서 잘 정리해두지 않으면 기억에서 금방 사라진다. 또 어떤 맥락 속에서 해당 부분이 사용됐는지 잘 정리해두지 않으면 후에 발췌해 둔 자료의 전후 맥락을 잊어버려 엉뚱한 논리로 사용할 수도 있다. 이런 식의 발췌법은 감당하기 어려운 더 큰 문제를 초래한다. 만약 아직 독서력이 부족한 상태라면 발췌독은 차라리 정독과 함께하는 편이 낫다. 공부든 운동이든 독서든 뭐든지 기본기가 탄탄해야 응용도 가능한 것이다.

마지막으로, 어찌 되었든 발췌독은 처음부터 끝까지 꼼꼼히 읽어보는 읽기법이 아니다. 아무리 독서 능력이 뛰어난 사람이라도, '사람이다 보니' 당연히 실수하게 마련이다. 그렇다 보니 모든 발췌독에는 항상 저자의 의도를 잘못 이해하거나 핵심 요지를 놓칠 수 있다는 위험이 따른다. 그러니 발췌독을 할 때는 이러한 부분을 분명히 인지하고 실수를 줄이도록 노력해야 한다.

> 발췌독하기 좋은 분류: 전공서, 자기계발서, 문학서, 실용서적, 역사서
> (넓게 연관 짓고 해석하며 읽기)

5
읽기의 완성 : 재생산을 위한 밑작업, 초사(抄寫)

나를 바로 알게 해주는 메타인지

중국 전국시대 최고의 병법서로 꼽히는 '손자병법'에는 적을 이기는 최선의 방법을 다음과 같이 말한다.

"적을 알고 나를 아는 자는 백 번 싸워도 위태롭지 않다.(知彼知己者, 百戰不殆), 적을 알지 못해도 나를 알면 한 번은 이기고 한 번은 진다.(不知彼而知己, 一勝一負), 적도 모르고 나도 모르면 매 싸움마다 반드시 위태롭다.(不知彼不知己, 每戰必殆)"

나는 어떤 사람인지, 무엇을 알고 또 무엇을 모르는지, 그리고 나는 지금 무엇을 하려고 하며 무엇을 해야 하는지 등 '나를 초월해 자신을 바라보고 인지하는 능력'을 '메타인지'라고 한다. 이렇게 나를 초월해 있는(Meta), 또 다른 나인 메타인지는 나를 비춰주는 인식의 거울과도 같다. 사람은 누구나 거울 없이 자신을 볼 수 없듯, 우리도 메타인지라는 인식의 거울 없이는 자신의 생각을 올바로 인식할 수 없다.

책을 되새김질하는 초사(抄寫) 독서법

이는 독서에도 똑같이 적용된다. 모든 활동에 목표가 분명하면 불필요한 행동이 줄고 방향이 명확해져 효율성이 높아진다. 마찬가지로 독서를 할 때 책 읽는 목표가 분명하고, 필요한 분야와 주제를 명확히 알며, 내가 알고 모르는 것이 무엇인지 분명히 인지하면 더 효율적인 독서를 할 수 있다. 나아가 책을 읽는 목적, 알고자 하는 분야, 내 지식의 양과 깊이도 분명히 알고 있어야 한다. 이처럼 나에 대해 분명히 알아채는 메타인지의 눈으로 책을 보면, 책 한 권을 읽어도 더 많은 영양분을 취할 수 있다.

그것이 가능하도록 메타인지의 눈을 뜨게 만드는 데 좋은 독서법이 바로 초사(抄寫)다.

초사란 '필요한 것만 뽑아 기록할 초(抄)'자와 '베낄 사(寫)'자를 합한 말이다. 즉, 초사란 "필요한 일부분만 뽑아서 베껴 놓는 것"이다.

나의 목적에 맞게 필요한 부분만 골라 읽는 것은 발췌와 비슷하다. 하지만 목적에 맞지 않아도 중요하거나 언젠가 필요할 것 같으면 일단 베껴 놓는 점이 조금 다르다. 비슷한 것으로 정약용이 즐겨 했다는 '초서(抄書)'가 있다.

초서란 책의 일부 내용을 빼내어 자신만의 기준에 따라 별도의 기록이나 책으로 남겨두는 것을 말한다. 초서가 전체 내용과 문맥에 맞게 정리하고 추리는 독서법이라면, 초사는 전체 문맥과는 별도로 필요해 보이는 문장과 내용을 언젠가 쓰기 위해 일단 베껴 놓는다는 뉘앙스가 강하다.

그러면 독서를 할 때 왜 초사라는 작업이 필요할까? 초사는 읽은 책을 요약하고 저자의 뜻을 곱씹어보기 위한 요약집의 목적으로 가려 뽑는 게 아니다. 언젠가 활용하기 위한 자료집의 목적으로 추리는 것이다.

초사를 하려면 평소 자신의 주요한 관심사를 분명히 인지하고 있어야 한다. 그래서 책을 읽을 때 '이 내용을 어디에 활용할 수 있을까?'를 생각하며 읽어야 한다. 목적이 분명한 질문을 품고 책을 보면 질문에 답하려는 메타인지가 작동한다. 그로 인해 별 관련 없어 보이는 내용이라도 내게 필요한 다른 측면의 모습을 볼 수 있게 된다. 연관성 없는 책에서 뽑은 자료들이라도 언젠가 명확한 질문을 가지고 다시 보면, 그 안에서 새로운 논리와 아이디어를 발견할 수 있다. 그것이 바로 초사법이 가져다주는 뜻밖의 효과다.

지식의 되새김질이 주는 선물, 일이관지와 활연관통

옛날에는 인쇄가 어려워서 책이 굉장히 귀했다. 대부분 직접 필사해 소장하거나, 누군가 필사한 것을 사거나 얻곤 했다. 또한 책의 종류도 지금처럼 많지 않았다. 대개 유교·불교·도교에 관한 경전류나 역사책, 역사적으로 유명한 분들의 문집 등이 대부분이었다. 때문에 선인들의 주요 독서법은 소수의 책이라도 깊이 있게 뜯어보고 씹어보는 강독(講讀)이었다. 예를 들어 '논어'라는 책을 보기 시작했다면, 일단 '논어' 전체를 다 외우는 것이 기본이었다. 그리고 스승 앞에서 외운 내용을 읊으며 자신이 이해한 깊은 뜻을 풀어보고, 그 내용을 주변 학인들과 토의·토론해보는 식이었다. 그 과정에서 요긴한 내용을 필사해 베껴두거나 요약해서 따로 적어두는 초사를 해두고 틈틈이 보며 되새김질했다.

이처럼 책을 통째로 외우고, 필요한 부분을 필사하며 '한 문장→한 단락→전체 내용'의 의미를 반복해서 궁리하며 밝혀가는 독서법은 심오한 책을 나의 것으로 만들고 내면화할 때 상당한 효과를 발휘한다.

어찌 보면 무식한 독서법 같지만, 이같이 내용을 궁리해보면서 중요한 부분을 뽑아 적어두고 되새김질해 보는 습관은 어느 순간 자기 내면에서 수많은 이치가 하나로 환하게 통하는 '유레카'와 같은 일을 만들어 낸다. 이러한 경지를 공자는 '일이관지(一以貫之: 수많은 말을 하였지만 결국 하나의 이치로 전체가 관통된다는 논어의 말)'라 하였고, 주자는 '활연관통(豁然貫通: 치밀한 이치 탐구 과정이 쌓이다 보면 어느 순간 환하게 관통한다는 대학 주석의 말)'이라 표현하기도 했는데, 독서와 사색이 주는 깨달음의 큰 경지이다.

옛사람의 문집에는 재밌는 점이 있다. 고대부터 그 시대까지의 온갖 경전, 다양한 사서(史書), 시대를 넘나드는 문집 등에서 한두 구절을 인용해 와서 그것을 근거로 자기 생각과 주장을 펼친다. 온갖 문헌의 고사와 명구를 자유자재로 꺼내쓰는 모습은 '컴퓨터와 인터넷이 없던 시절에 어떻게 이렇게 박식할 수 있을까.' 하는 경탄이 솟아오르게 한다. 그 비결에는 평소 베껴 둔 초사 자료가 있었을 것이다. 평소 다양한 분야의 책들을 강독하고 초사하며 되새겨 보는 습관은 독서를 통해 자신의 내적 체계를 세우고 식견을 넓히는 데 상당한 밑거름이 된다.

자기 중심 없이 여러 분야와 다양한 주제의 글을 다독하는 것은 자칫 혼란스럽거나 수박 겉핥기처럼 의미 없는 독서가 될 수 있다. 하지만 자신만의 관점을 가지고 책마다 품고 있는 좋은 문장과 요지를 깊이 탐구해가면, 자신만의 논리가 계발되고 더 넓은 다양성을 품어 마음 그릇이 커진다. 누구든 전체를 관통하는 일관된 원리를 발견하거나, 다양한 것들이 하나로 연결되는 체험을 하게 된다. 마치 아르키메데스가 한 문제에 골몰하다가 물이 넘치는 것을 보고 문득 해결책을 깨달은 것과 같다. 이런 것이 바로 지식을 주워 담고 나에게 맞게 되새김질해 보는 초사를 통해 얻을 수 있는 선물이다.

초사는 어떻게 하면 좋을까

필요한 문장이나 문단 등을 뽑아서 기록해두는 초사는 특히 논리 개발과 글쓰기에 유용하다.

초사를 할 때는 필기도구와 포스트잇, 스마트폰을 준비해 두면 좋다. 생각에 충격을 주거나 새로운 관점을 열어주는 부분, 또는 계속 기억할 만한 새로운 정보가 있는 부분은 지금 당장 필요가 없더라도 초사해 두면 좋다. 특히 포스트잇은 초사할 때 매우 유용하다. 소지가 편하고 어디든 붙일 수 있어 활용도가 높다. 책의 좋은 구절이나 내용을 포스트잇에 적었다가 글쓰기 노트에 붙여 모아 놓으면 글을 쓸 때 보물창고 역할을 한다. 글쓰기 노트는 글을 풍성하게 해줄 좋은 사례와 근거 자료를 제공하고, 훗날 읽어보다가 문득 새로운 아이디어를 떠오르게 하거나 자칫 잊고 놓쳤던 부분을 챙겨보게 해준다. 글쓰기 노트에 붙여 둔 메모 포스트잇은 글을 기획하고 구성을 잡을 때, 배치할 자료의 순서를 잡거나 논리적 흐름을 잡아보기 위해 여기저기 자유롭게 옮겨볼 수 있다는 점도 장점이다.

예전에는 책을 읽다가 초사할 부분이 생기면 노트에 필사하거나, 사진을 찍어 폴더에 저장해두기도 했다. 그런데 시간이 지나니 노트를 일일이 찾아보는 것도 힘들고, 필요한 내용을 꺼내 쓰기 위해 다시 필사해야 하는 점도 불편했다. 사진으로 찍어 둔 자료는 PC로 옮겨 정리하는 데 시간이 걸리고, 분량이 많아지면 용량 문제나 검색하기 힘들다는 문제도 생겼다.

그래서 요즘엔 수고스러워도 간단한 것들은 포스트잇에 적어 글쓰기 노트에 붙여두고 초사할 내용이 길거나 책을 보며 떠오르는 생각이 많으면 한글 문서로 저장해둔다. 이동 중이라면 스마트폰 녹음기능을 활용해 녹음 후 텍스트 파일로 변환해 옮겨 두거나, 직접 타이핑하여 입력해 둔다. 그리고 틈틈이 스마트폰에 저장된 파일들을 PC로 옮겨 정리해둔다. 전자책은 자체 저장 기능을 통해 저장해둔다. 이렇게 하는 이유는 언제든지 쉽게 찾아 활용하기 위해서다.

초사를 하면서 얻게 되는 것들

첫째, 좋은 문장과 내용을 훗날 되새김질할 수 있다.

일단 포스트잇에 써서 글쓰기 노트 어딘가에 붙여놓거나 문서 파일로 저장해두면, 다음번에 다른 포스트잇을 붙이거나 문서 파일에 추가할 때마다 원치 않아도 보게 된다. 그러면서 자연스럽게 그 글을 다시 한번 되새김질하게 된다.

둘째, 기존 내용에서 한발 더 나아갈 아이디어를 발굴할 수 있다. 초사한 노트를 보다 보면 어느 순간 생각지도 못했던 관련 아이디어나 좋은 생각이 떠오르기도 한다. 그러면 그에 대한 내용을 옆에 추가해 둔다. 그렇게 생각은 또 다른 생각을 낳고 발전해 나만의 일관성을 갖추고 새로운 논리가 짜여 간다.

셋째, 읽었던 자료를 좀 더 효율적으로 활용할 수 있게 된다. 초사한 자료들을 잘 정리해두면 나중에 글감으로 사용하고자 할 때 찾아 쓰기가 좋다. 글을 기획하고 구성을 잡을 때 해당 포스트잇을 떼어 필요한 부분에 붙여서 쓰면 되기 때문이다. 그리고 내 생각을 추가하거나, 그것에 연관된 다른 글감에 붙이는 등의 응용 작업을 할 때도 편리하다.

초사 시 주의할 점

초사를 할 때 중요한 것은 단지 문장만 수집하는 것으로 끝나선 안 된다는 점이다. 수집한 문장 뒤에 당시 함께 떠오른 생각, 내가 받은 충격이나 새로운 느낌, 그리고 그 문장에 부연하고 싶은 나만의 생각이나 유사한 것, 반대되는 것 등을 떠오르는 대로 모두 덧붙여두면 나중에 글쓰기 자료로 쓰거나 새로운 논리를 계발할 때 상당한 도움이 된다. 주의할 점은 반드시 해당 문장의 세부 서지사항(제목, 지은이, 출판사, 쪽수)을 함께 정리해두어야 한다는 것이다. 그리고 저자의 문장과 내 생각을 정리한 내용을 잘 알아볼 수 있도록 분리해서 표시해야 한다. 그래야 나중에 그 부분을 사용할 때 저자의 문장에만 정확하게 인용 처리와 출처 표기를 할 수 있어 표절 등의 문제가 생기지 않을 수 있다. 또한 시간이 많이 흘러도 자신과 타인의 의견을 분명히 구분할 수 있다.

임려원

협성대학교 교육대학원 교육학박사(상담심리 전공), 협성대학교 외래교수, 에듀업평생교육원 운영교수, 모은상담심리연구소 소장, 한국상담심리학회 상담심리사 1급 수퍼바이저, 대학상담센터 수퍼바이저, 교육청 부모교육, 독서치료 강사, 기업상담, 성인상담, 가족상담(부부상담, 청소년상담)

교육청 인가 한국평생교육원 책쓰기 강사
한국인재개발원 책쓰기 강사
한국상담협회 책쓰기 강사

강의내용 : 상담심리사 수련프로그램 진행, 책쓰기, 부모교육, 독서치료

저서 : 이상심리증상별 사례개념화(나눔북)
마음 드라이빙(지식과 감성#)
마음이 머문자리(프로방스)
심리상담사 한끗문제집(다사랑)

1
삶은 한 문장이다[1]

파브르는 곤충에 미쳐 있었습니다.

포드는 자동차에 미쳐 있었습니다.

에디슨은 전기에 미쳐 있었습니다.

지금 당신은 무엇에 미쳐 있는가를 점검해 보십시오.

왜냐하면 당신이 미쳐 있는 그것은 반드시 실현되기 때문입니다.

―폴 마이어

---

[1] '삶은 한 문장이다' 내용은 임려원 작가의 "마음 드라이빙" 책에 실린 내용임을 밝힙니다.

나를 있게 해준 한 문장

사람은 저마다 자신의 목표를 성취하기 위해 필요로 하는 자원들이 있다. 어떤 이는 끈기, 어떤 이는 부지런함, 어떤 이는 열정, 어떤 이는 동기 또 어떤 이는 인맥이라고 말할 수 있다. 저마다 자신이 이루고자 하는 목적지에 도달하기 위해서 자신만의 필살기가 필요하다는 이야기다. 내가 개인적으로 자신 있게 추천하고 싶은 것은 '한 문장의 힘'이다. 나는 영화를 보거나 책을 볼 때 그 전체적인 맥락보다는 한 문장에 초점을 맞췄다. 소위 사람들이 말하는 '주옥같은 명언'들이 바로 그 문장이다. 영화를 보다 보면 영화 전체를 아우르는 한 문장이 있기 마련이다. 책을 읽다 보면 결국 한 문장으로 요약이 된다. 결국 나의 삶도 한 문장으로 남게 될 것이다.

내가 상담사가 되기 위해 공부하고 자격시험을 치러야 할 때마다 가슴에 품은 한 문장이 있다. 바로 '내가 이것을 해내기 위해서는 미쳐야 한다.'였다. 미쳐야 한다는 것이 무엇을 뜻하는지 머릿속에 상기시키며 '미친다'는 의미를 나의 뇌리에 각인되도록 하였다. 미친다는 건 한 가지밖에 모른다는 의미가 있다. 미친다는 것은 남들이 보기에 "저 사람은 뭐지?"라는 반응을 부르는 의아한 행동일 수 있다. "쟤 제정신 아냐."라는 피드백도 들을 수 있다. 나의 목표를 이루기 위해서는 이러한 반응에 익숙해져야만 했다.

나이가 들어가고, 아이까지 낳아 키우면서 대학원을 다닌다는 것은 힘든 일이었다. '과연 해낼 수 있을까.'를 생각하기 전에 '해내야 한다.'는 생각을 버티게 해줄 마약 같은 한 문장이 필요했다.

한 문장의 위력은 실로 대단하다. 내가 지치고 그만두고 싶어질 때, 그리고 환경을 탓하고 싶어질 때마다 나를 다시 일으켜 세우고 변명하지 못하게 한다. 다시 현실에 집중할 수 있는 힘을 제공하고, 가야 할 목표를 제대로 볼 수 있게 하며, 흐릿한 두 눈을 반짝이게 해주는 원동력이 되었다.

상담사가 되기 위한 공부의 첫걸음을 뗄 시기는 셋째 아이를 낳은 직후였다. 아이들이 엄마의 손길을 가장 많이 필요로 할 시기임에도 학생의 신분이 되었다. 아이들을 양육하고 가정을 돌보면서 학업까지 집중하기 위해서는 남들의 이해를 바라는 것은 사치였다. 남들과 다른 시기에, 다른 선택을 했기에 선택에 맞는 전략을 세워야만 했다. 많은 공부량과 여러 단계의 시험대를 통과하는 과정에서 한 문장 덕을 톡톡히 보았다. 한 문장을 끊임없이 되뇌며 한 학기씩 학업을 마치고 전문가 자격시험까지 통과할 수 있었다.

긍정의 문장

사람들은 대부분 긍정적인 말을 좋아한다. 긍정적인 사람도 좋아한다. '긍정적인'이라는 단어가 붙는 이미지라면 덮어놓고 찬성이라도 할 기세이다. 그러나 알고 보면 우리의 삶이 긍정적인 것만 있는 건 아니다. 내 주변 사람들도 긍정적인 사람들만 있는 것이 아니다. 긍정적인 결과를 내기 위해 긍정적인 말을 찾고, 긍정적인 사람을 좋아한다. 왠지 부정적인 말을 접하면 내가 그렇게 될 것만 같은 불안감에 사로잡히게 되기 때문일까. 부정적인 사람을 가까이 두면 나도 부정적인 사람이 될 것만 같아서일까? 부정적인 기운이 흘러 내 일을 그르치게 될까 봐 두렵기 때문일까. 그러나 인간에게 있어서 부정적인 면은 기능적인 부분도 있으며 자연스러운 현상이다. 인간은 동물적인 본능을 가지고 있기 때문에 위협의 상황에 더 예민하고 부정적 사고를 먼저 함으로써 존재적 위험성을 감지하여 자신을 보호하려 한다.

긍정적인 말은 사람들에게 힘을 준다. 나도 그렇게 성공할 수 있고 해낼 수 있을 것만 같은 착각을 일으키는 힘 때문이다. 그 착각의 힘을 재료로 하여 자신의 목표를 이루고 싶기 때문이다. 존 고든의 '인생단어'에서 보면 '삶이 쉬워서 긍정적으로 사는 것이 아니라 삶이 어렵기 때문에 긍정적으로 사는 것이다.'라고 표현하였다. 급변하는 생존의 시대를 사는 우리에게 긍정적인 마인드가 절실히 필요함을 시사한다. 그는 책에서 긍정적 태도를 위해 올해의 단어, 인생의 단어를 정해두라고 충고한다. 올해 목표한 바를 상징하는 단어가 되겠고 자신의 인생의 모토를 상징하는 단어를 가지라고 제안한다.

명언은 명언이 되어야 한다

　명언의 뜻을 살펴보면 유명한 사람의 입에서 나와 널리 알려진 말이다. 간결하고 짧은 문장을 통해 교훈과 가르침을 주는 말이다. 명언은 우리들의 삶에 에너지 자원이 된다. 평범하게 지냈던 삶 속에 위기가 찾아왔을 때 명언을 활용하면 그 위기를 지혜롭게 넘길 수 있다. 평소에는 크게 의미 있게 받아들이지 않던 말이라도 나에게 어떤 일이 급하게 닥치면 순식간에 위력을 발휘한다.
　구글에 '명언'이라는 단어를 검색하면 19,200,000여 개가 검색된다. 그만큼 명언이 사람들에게 의미 있는 단어이기 때문이다. 주제별 명언도 다양하다. 유명한 명언, 인생 명언, 동기부여 명언, 일상 명언, 도전 명언 등 사람들에게 용기를 주고자 명언들이 수없이 준비되어 있다. 책을 읽다 보면 한 꼭지마다 명언들이 등장한다. 명언을 통해 독자들이 글의 내용을 잘 이해하고 기억하게 하기 위함이다.
　명언은 자기 암시능력이 있다. 자기암시를 통해 사람들은 끊임없이 성장하고 싶어 한다. 그러나 명언이 진정한 명언이 되려면 어떻게 해야 할까? 명언이 나의 것이 되어야 한다. 단지 명언을 만든 그 사람만의 것으로 끝나면 안 된다. '와, 대단하다.', '저 사람은 저런 명언을 남길 만하다.'로 끝나서는 안 된다. 명언이 명언의 기능을 하려면 분명 갖춰야 할 조건이 있다. 사람이 변화할 수 있는 것을 제공해야 한다. 유명한 사람들이 만든 명언들을 보면 '나도 저렇게 실천하고 싶다.'라는 간절한 욕구가 샘솟는다. 그러나 그 뜨겁던 다짐은 얼마 못 가서 사그라진다. 심지어 그때 그 명언이 어떤 것이었는지 기억이 나지 않는 사태가 벌어지기도 한다. 결국 명언이 내 삶에 자리 잡고 뿌리를 내리게 될 동안 그 과정에는 나만의 끊임없는 노력이 필요하다. 당신에게 찾아온 명언을 가볍게 떠나보내지 말기 바란다. 감동을 받았다면 꼭 그 명언을 당신의 삶에 녹여 내기 바란다.

아이디어는 언제 어디서나 찾아온다. 문제는 기억의 잉크가 순식간에 날아가 버린다는 것이다.

―롤프 스미스

최근에 내게 스며든 명언이다. 나는 이 명언을 맞이한 이후 메모하는 행동을 더 적극적으로 하게 되었다. '조금 있다가 적어야지.', '나중에 생각날 거야.'라며 수없이 외워 댄 적도 여러 번이다. 그러나 얼마 가지 않아 그때 떠올랐던 나의 아이디어는 흔적 없이 사라져 후회로 남았다. 가끔 길을 걷다가 글감이 떠오르면 나는 바로 휴대폰 녹음기능을 켜고 녹음을 한다. 마음속에서 '아휴, 귀찮아, 나중에 할까?'라는 생각이 어김없이 유혹하지만 그 말을 잠시 외면하고 바로 녹음기능을 켜고 중얼거린다. 메모가 필요하지만 메모가 즐거운 것은 아니다. 녹음이 필요하지만 녹음하는 행동이 자연스럽게 나오진 않는다. 다만 실행으로 옮겨야 한다. 그래야 명언이 진정한 명언이 되어 나에게만은 분명히 생명력을 드러낼 것이다.

한 문장 속에 담긴 삶의 스토리

인기 있는 명언들을 살펴보면 그 문장을 창조한 주인공들의 삶이 녹아 있다.

천재는 노력하는 사람을 이길 수 없고, 노력하는 사람은 즐기는 사람을 이길 수 없다.

―롤프 메르클레

롤프 메르클레는 독일의 심리치료사다. 심리학 전공으로써 많은 저술 활동을 한 인물이기도 하다. 개인에게 주어진 능력과 재능이 삶의 전부가 아님을 알려주는 문장이기에 많은 사람들의 가슴에 새겨 있을 법한 글이다. 그는 심리치료사로서 많은 사람들을 만나며 그들의 어려움을 함께 공유하며 문제해결을 위해 애쓰는 삶을 살았을 것이다. 그러한 그였기에 많은 사람들이 그저 자신의 조건과 환경을 탓하거나, 많은 것들을 갖춘 사람들을 부러워하며 인생을 낭비하는 것이 얼마나 비효율적인 태도인지 알려주고 싶었을 것이다. 그는 인생의 가장 중요한 핵심이 인생을 최대한 행복하고 즐기면서 사는 것이라 하였다. 그러나 그는 삶이 평화와 행복만으로 채워지지 않았으며 끝까지 지속되지 않는다고 하였다. 고통이 될 수 있고 노력도 해야 하는 것이 인생이라고 하였다. 그 노력을 충분히 즐기고 과정에 충실하다면 충분히 의미가 있다.

태양을 바라보고 살아라. 너의 그림자를 못 보리라.
―헬렌켈러

이 문장을 보면 헬렌켈러의 인생 스토리가 담겨있다는 것을 알 수 있다. 헬렌켈러는 눈과 귀와 혀를 빼앗겼지만 영혼은 잃지 않았기에 그 모든 것을 가진 거나 마찬가지라고 말했다. 누구에게나 그림자는 있다. 그러나 자신의 어두운 부분에만 집중한다면 그 어둠의 늪이 자신을 삼키고 늘 태양이 빛나고 있다는 사실조차 망각하게 할 것이다. 상담심리 이론 중에는 긍정심리학이라는 분야가 있다. 긍정심리학자인 미국의 셀리그만은 그동안의 심리학자들이 인간의 우울, 비합리성, 문제를 해결하는 방법, 폭력 등 부정적인 면을 크게 다루고 있는 반면 개인의 강점이나 행복 등 긍정적인 면에는 관심이 적다며 꼬집고 있다.

과거 심리학자들은 인간이 부정성을 회복하면 긍정성이 자연스레 따라올 것이라고 믿었지만 인간의 부정성을 완벽히 제거한다는 것은 불가능했으며 오히려 행복에서 멀어졌다. 이후 심리학자들은 인간의 긍정성에 관심을 갖으며 희망, 감사, 호기심, 행복, 웰빙, 명상 등을 연구하기 시작하였다. 인간의 긍정성을 확대시키면 자연스레 부정성의 영역이 작아진다는 원리이다.

헬렌켈러의 한 문장 명언에서도 보였듯이 헬렌켈러가 가진 장애에 집중하기보다는 그럼에도 불구하고 헬렌켈러가 할 수 있는 것들을 찾아 얼마든지 행복하고 의미 있는 사람으로서의 기능이 가능하다는 것을 보여주는 명언이다.

내 키는 땅으로부터 재면 가장 작지만, 하늘로부터 재면 가장 크다.

-나폴레옹

나폴레옹은 키가 작은 편으로 유명하다. 나폴레옹의 황실 근위병들은 체격이 컸기 때문에 그에 비해 작은 나폴레옹은 더욱 작게 보였을 것이다. 키가 작고 힘이 없다고 실망하거나 좌절하지 말고 자신감을 갖고 나아가라는 의미에서 사용되는 명언일 것이다. 사람은 생각하기 나름이라는 말과도 연결된다. 자신을 어떻게 여기느냐에 따라 그 사람은 자신이 가진 조건을 다른 각도로 바라볼 수 있게 된다. 사고의 전환은 사람이 삶을 대하는 태도를 180도 바꾸게 하는 능력이 있다. 어느 방향에서 바라보는지에 따라 불행과 고통으로 보이기도 하지만 다른 방향에서 본다면 행복과 기회로 보일 수 있다. 자신의 고정관념을 뒤집을 때 인생은 비로소 바뀔 수 있다.

사막이 아름다운 것은 어딘가에 샘이 숨겨져 있기 때문이다.
-생텍쥐페리

생텍쥐페리는 비행사였다. 비행하며 수없이 드나들던 사막에도 분명히 오아시스라는 곳이 있다는 것을 알기에 이런 문장을 남길 수 있었을 듯싶다. 우리의 삶에서 물 한 모금 없어 죽을 것 같은 상황이더라도 어딘가에 있을 오아시스를 생각하며 견딘다면 갈증을 해소할 그날이 분명히 오게 된다는 의미이다. 생텍쥐페리는 매년 비행기에 관한 책을 집필할 정도로 비행을 사랑했던 사람이다. 그는 비행사를 하며 '어린왕자', '인간의 대지', '야간비행'이라는 유명한 책을 남겼다. 그가 영감을 얻고 작품으로 빚어냈던 삶이 고스란히 이 한 문장의 명언에 담겨있다.

한 문장으로 완성될 나의 인생

많은 사람들이 삶을 살아가면서 자신만의 경험을 한다. 옛 어르신들은 '내 인생의 이야기를 풀어내면 책 몇 권으로도 모자란다.'라는 말씀을 자주 하셨다. 이렇듯 몇 권의 책 분량이 될 만한 각자의 유의미한 경험들 또한 결국 한 문장으로 남게 된다. 적지 않은 나이인 만큼 나의 이야기도 쌓여가고 있다.

사람들은 인생을 살면서 자신에게 도움이 되는 멘토를 필요로 한다. 자신이 결정하기에 어려운 문제가 생겼을 때 현명한 선택을 하기 위해 조언을 구하는 경우도 흔하다. 또한 누군가의 멘토가 되기를 희망하는 사람들도 있다. 도움을 주어 상대방으로 하여금 좀 더 나은 판단을 하도록 돕고자 함이다. 상담하는 과정을 보면 상담을 하는 매시간 변화가 일어나는 것은 아니다. 어느 한순간 자신의 마음에 깊이 부딪히는 그 순간이 오면 비로소 사람은 변할 준비가 된다. 상담하는 기간이 짧을 수도 있고 길 수도 있지만 상담하는 동안 상담자와 내담자는 수많은 대화를 나누게 된다. 그 대화는 내담자의 문제를 해결하는 데 도움이 되는 대화이지만 매번 그 대화가 깊은 의미로 남지는 않는다. 상담 기간이 누적되어가는 과정에서 내담자는 과거에는 미처 의미 있게 다루지 못했던 상담자와의 대화 내용을 소환하여 다시 새 의미를 부여하기도 한다.

개인에게 있어서 의미 있는 한 문장의 등장은 그 시기를 가늠하기 어렵다. 상담자에게 의미가 있어 보이는 대화 주제라 할지라도 내담자가 아직 그 주제를 다룰 준비가 되어있지 않으면 기다림이 필요하다. 이처럼 개인의 삶에서 변화의 원천이 되어줄 한 문장은 때가 있어야 찾아온다. 그제야 비로소 주인의 품으로 가게 되는 것이다. 그 한 문장을 품은 사람은 그 문장을 통해 자신을 성장시키고 변화시킬 수 있는 마중물을 얻은 셈이다.

나의 인생을 완성할 한 문장은 수없이 모양새가 변화할 것이다. 그 모양새를 거듭하여 결국 하나의 모듬이 되어 나의 인생을 설명해줄 것이다. 결국 나의 삶도 하나의 문장으로 남겨질 것이다. 내게 삶으로 남겨질 그 한 문장이 소중하게 새겨질 수 있도록 나는 오늘도 나의 길을 간다. 내가 해야 할 일을 하면서, 내가 가고자 하는 길을 가면서, 내가 원하는 그 길로 간다.

2 한 사람을 초대합니다

방문객

사람이 온다는 건
실은 어마어마한 일이다.
그는
그의 과거와
현재와
그리고
그의 미래와 함께 오기 때문이다.
한 사람의 일생이 오기 때문이다.

—정현종

우리는 자신이 태어난 날부터 죽는 날까지의 삶만을 직접적으로 경험한다. 다양한 시대를 거쳐 현재에 이르렀지만 안타깝게도 나는 한시적인 시대를 살다가 삶을 마감할 것이다. 내가 모르는 상황이나 공간에 대한 호기심을 채울 수 있는 방법은 책 읽기를 통해서이다. 사람들은 타인과의 만남을 통해 '와! 딱 내 스타일이다.'라는 경험을 하기도 한다. 그리고 그러한 내 스타일의 사람을 만나고 싶어 한다. 책을 통해서도 내 스타일의 사람을 경험할 수 있다. 우리가 유명한 연예인에 대해 호기심이 생기면 그 사람이 등장했던 TV 프로그램, 유튜브, 인스타그램 등 다양한 흔적을 공유하게 된다. 그 사람의 흔적 속에 그 사람의 성격, 취미, 관심사, 가치관, 미래의 포부, 근황 등을 알 수 있듯이 내가 관심을 두고 만나고 싶은 사람이 있다면 책을 통해 만날 수 있다.

가이 스파이어가 쓴 '워런 버핏과의 점심식사'에서 보면 매년 경매로 진행되는 워런 버핏과의 경매가가 2015년에는 약 26억 원이라고 하였다. 이 책의 저자는 2008년 워런 버핏과의 점심 식사권을 낙찰받고서 생생한 그 순간들의 경험을 책 속에 담았다. 워런 버핏과 점심 약속을 하기 위해서는 어마어마한 돈을 지불해야 할 텐데 현실적으로 가능하지 않다. 나에게는 그렇다는 말이다. 그러나 아주 좋은 방법이 있다. 여러분도 상상했을 것이다. 그 사람과의 경험을 담은 책을 구입해서 읽는 것이다. 또는 워런 버핏에 대해 다론 책, 워런 버핏이 쓴 책을 읽어보는 행운이 우리에게는 있다. 어마어마한 값을 지불하는 대신 책값만 지불하면 된다. 얼마나 다행스러운 일인가. 책을 통해 저자를 만나게 된다면 턱없이 작은 비용으로도 그 사람의 삶을 통째로 만날 수 있다. 정현종 시인의 시 '방문객'에서도 살펴볼 수 있듯이 책을 통해 한 사람을 만나면 그 사람의 과거와 현재, 그리고 미래를 만나는 특권이 주어진다. 내가 유명인을 만나기 위해서는 어마어마한 비용 지불은 물론 비용을 지불하게 되더라도 실제로 만나게 되기까지의 절차가 복잡하다. 그리고 아예 만나지 못하게 될 확률도 크다. 그러나 책은 어떠한가? 내가 관심을 둔 그 사람이 쓴 책을 당장이라도 집어 들 수 있다. 당신이 원한다면 얼마든지 몇 번의 손가락 클릭만으로 책을 구매할 수 있다. 대면으로 만나기 위해서는 그 사람의 허락이 필요하지만 책을 통해서 만나는 방법은 나의 선택권을 발휘할 수 있다. 내가 모르는 분야의 지식인의 책을 통해 지식을 습득할 수 있고, 내가 경험할 수 없는 경험을 그 사람의 책을 통해 간접경험을 할 수도 있다.

철학에 관심이 있다면 그중에 한 사람을 초대해 보자. 니체를 초대해도 좋고, 칸트를 초대해도 좋다. 유명한 철학자 여러 명의 생애에 사상에 대해 궁금하다면 다수의 철학자들을 담은 철학서적을 읽을 수 있다. 예를 들어 '유명한 철학자들의 생애와 사상'이라는 책을 통해 서양철학 창시자들을 만날 수 있다. 책 안에는 다양한 학파별로 철학자들이 소개되어 있다. 소크라테스, 플라톤, 아리스토텔레스, 피타고라스, 헤라클레이토스, 에피쿠로스, 디오게네스 등 85명의 대표적 고대 철학자들의 생애가 실려있다. 한 권의 책을 선택했을 뿐인데 유명한 철학자들과 만남은 신속하게 이루어진다. 멀리 갈 것도 없이 한국인 중에 철학자를 원한다면 얼마든지 그분의 책을 구독하면 된다. 책을 펼쳐 들고 그 사람과 대화를 나누듯 편안한 장소에서 여유롭게 나만의 스타일로 그 사람을 대할 수 있다니 이 얼마나 놀라운 일인가? 책을 읽는다는 것을 그저 문자로 된 글을 읽는다는 사고를 잠시 내려놓자. 책 속에 있는 작가의 사상과 경험을 천천히 함께 공유함으로써 그 사람이 전하고자 하는 이야기를 편하게 들어주기만 하면 된다. 이러한 혜택을 포기할 것인가? 이 글을 읽는 당신만은 책을 통한 한 사람과의 만남을 겁내거나 주저하지 않기를 바란다.

현시대에서는 직접적으로 사람을 만날 수 있는 기회가 점점 줄어든다. 오프라인보다는 온라인 공간의 확장이 훨씬 편할뿐더러 매력적인 공간으로 자리매김하고 있기 때문이다. 직접 만날 수 없지만 책을 통해 그 사람을 만나게 된다면 한 개인과의 충분한 소통이 가능하게 된다. 한 달에 한 권의 책을 읽는 사람은 한 달에 한 사람을 새롭게 소개받은 셈이다. 한 달에 여러 사람을 소개받고 만나기를 원하는 사람은 책의 양을 늘리면 될 일이다. 새로운 사람과의 만남을 귀찮아한다면 우리는 소외되고 도태될 수 있다. 새로운 경험과 가치를 포기한다면 더 이상의 성장은 없다. 충분한 안정성과 전문성이 보장된 책의 통로를 통해 당신의 소통의 장을 확장하기를 바란다.

상담심리 전공을 하면서 다양한 상담이론의 거장들을 책으로 만날 수 있었다. 정신분석이론을 알기 위해서는 프로이트에 대해 알아야 하는데 지금 시대에 돌아가신 분을 어찌 만날 수 있겠는가? 그러나 책을 통해 얼마든지 그분의 생애, 정신분석이론이 나온 배경에 대해 알 수 있다. 그가 말하는 오이디푸스 콤플렉스의 등장 배경을 살펴보면 프로이트가 동생이 태어남으로 인해 자신을 향한 어머니의 사랑을 빼앗겼다고 생각하고 분노했던 경험, 동생이 죽어버렸으면 하는 소망으로 인한 죄책감 등이 발단이 되었다는 사실을 알 수 있다. 결국 프로이트가 느꼈던 혼란스러움으로 인해 자신의 어릴 적 꿈, 경험, 기억 등을 분석하게 되는데 이를 통해 아동기 성욕과 오이디푸스 콤플렉스를 발견하게 된 것이다. 이렇듯 책 안에는 프로이트가 주장한 이론들과 개념들을 친절하게 접할 수 있는 것이다.

인간 중심 치료 이론을 구축한 로저스에 대해서도 책을 통해 배울 수 있었다. 그러나 아직도 그에 관해 보지 못한 책들이 넘쳐난다. 그는 1987년에는 노벨평화상 후보로 추천된 바 있으며 미국 심리학회에서 선정한 20세기 가장 중요한 심리학자 중 한 명으로 꼽힌다. 그는 12년간 부적응, 결손아동을 치료하는 과정에서 전통적 심리학 이론들이 문제 해결에 도움이 되지 않는 데에 회의감을 느끼고 개인은 스스로 자신을 이끌고 성장시킬 수 있는 잠재력이 있는 존재임을 깨닫게 된다. 즉, 한 개인의 삶을 치료해줄 전문가는 바로 그 개인이라는 사실을 강조한다. 그가 강조한 자기실현 경향성이 어떤 배경에서 생겨났으며 그에게 중요할 수밖에 없는 이유들을 책을 통해 알 수 있다.

책을 통해 한 사람 전체가 온다

유시민 작가는 '글은 손으로 생각하는 것도 아니요. 머리로 쓰는 것도 아니다. 글은 온몸으로 삶의 전체로 쓰는 것이다.'라고 말하였다. 책 한 권을 읽게 되면 그 사람의 삶의 전체를 만날 수 있다. 그 사람이 가진 생각, 그 사람의 품성, 그 사람의 감각까지도 함께 느낄 수 있다. 성공한 사람을 만나고 싶다면 성공한 사람들이 쓴 책을 통해 초대할 수 있다. 성공한 사람들을 일일이 찾아다니며 만날 수는 없지만 책을 통해 그 사람들만의 독특한 내공을 배울 수 있다. 책 한 권 읽는 것을 가볍게 여기지 말자. 책 한 권 속에는 글쓴이의 인생 전체가 어우러져 담겨있기 때문이다.

책과의 대화는 소통

　소통이라는 것은 어떠한 것이 막히지 않고 잘 통한다는 단어이다. 책과의 대화는 소통이다. 책 안의 담긴 내용을 통해 소통을 할 수 있고, 저자가 지금 내 앞에 있는 것처럼 대화를 나눌 수도 있다. 책을 읽어나가면서 질문이 떠오르면 질문을 하며 읽어도 좋고, 동의가 되지 않는 부분이 있다면 논박하면서 읽어도 좋다. 질문거리들을 떠올리며 책을 읽고 글쓴이와 대화하는 태도로 책을 읽어보자. 어쩌면 책 읽기도 사람과 사람의 소통과 다를 바 없다. 사람과 소통에서도 한 사람만 끊임없이 이야기하게 되면 대화의 흐름이 한 사람에게만 쏠리게 되어 금방 싫증이 나고 짜증에 이른다. 책 읽기를 통한 소통도 양방향이 되어야 한다. 책을 빨리 읽고 끝내버려야지 하는 일방적인 태도는 진정한 소통은 물론이고 시간 낭비일 뿐이다. 인간관계에서도 원활한 소통을 하기 위한 노력이 필요한 것처럼 책 속에서 펼쳐지는 내용과 작가가 말하고자 하는 이야기에 귀를 기울이고 반응해주어야 한다. 작가가 전달하고자 하는 이야기에 귀를 기울이고 반응을 보이는 태도야말로 비로소 책과 작가의 삶이 당신과 연결이 될 수 있게 한다.

책이 운명을 결정한다

네가 자주 가는 곳, 네 곁에 있는 사람, 그리고 네가 읽는 책이 너를 말해준다.

―괴테

'사람이 운명이다'라는 책을 쓴 김승호 작가는 만나는 사람이 당신의 운명을 결정한다고 말한다. 만나는 사람이 누구냐에 따라 자신이 운을 만들어낼 수도 있다는 말이다. 현재의 내 모습을 보면 결국 내가 추구했던 대로 만들어졌기 때문에 작가의 말에 이의를 제기할 수가 없다. 나는 책을 통해 저자의 삶을 온전히 만나는 경험, 한 사람을 만나는 경험을 하게 된다고 말했다. 결국 사람이 운명이라면 책을 만나는 것 또한 운명이 아니고 무엇이겠는가. 인생의 모든 희로애락은 사람으로 비롯해서 생겨난다. 결국 누구를 접하느냐에 따라 당신의 삶의 상당 부분에 영향을 미친다는 말이다. 그러니 당신의 삶을 이제는 책 속의 한 사람을 초대함으로써 연결되기를 바란다. 당신의 인생에 기꺼이 따뜻한 동반자가 되어줄 것이다.

3
읽기가 습관이 되려면

오늘의 나를 있게 한 것은 우리 마을의 도서관이었다. 하버드 졸업장보다 소중한 것이 독서하는 습관이다.

— 빌 게이츠

왜 읽어야 하는가

독서가 중요한 이유는 많다. 온갖 미사여구를 다 붙여서 표현해도 부족할 만큼 많다. 이만하면 그칠 만도 한데 왜 독서의 중요성에 대한 책들은 그칠 줄 모르고 쏟아져 나올까? 답은 간단하다. 그만큼 중요하다는 반증이다. 또한 여전히 읽지 않는 사람이 많다는 이야기다.

읽기가 중요한 이유를 들어도 행동으로 옮겨지지 않는 이유는 간단하다. 진정한 가치를 머리로만 받아들였기 때문이다. 따라서 나처럼 독서의 중요성을 외치는 누군가가 더 강렬하게 그 중요성을 증명해주어야 한다. 새로운 가치를 삶 속으로 받아들이기 위해서는 그만큼 자발적 동기가 필요하다. 벌이나 개미의 경우 누가 가르쳐 주지 않아도 자신의 역할을 알아서 처리해내며 산다. 그러나 인간은 다르다. 최상의 먹이사슬의 포식자가 되면서부터 복잡한 인간사회가 유지되기 위해서는 끊임없는 변화와 적응이 필요하다. 하루가 다르게 생기고 사라지는 직업들, 지나친 정보는 오히려 사람들의 선택을 방해한다. 올바른 선택을 위한 방대한 양의 정보가 오히려 선택의 오류를 부르는 아이러니한 현실임을 직시해야 한다. 올바른 선택과 후회 없는 삶을 살기 위해서는 우리보다 먼저 지혜롭게 살았던 경험들을 존중해야 한다. 우주선을 쏘고 우주 탐사 시대를 넘어 우주를 여행하는 시대가 되었다. 수없이 많은 현자들의 삶의 지혜를 단숨에 얻을 방법은 책 읽기다. 2만 원도 안 되는 가격으로 얻는 가치치고는 가성비 갑이다.

읽기를 거부하는 시대

읽기를 하지 않는 사람들의 입장에서는 '거부하는 것까지는 아니다.'라고 말하고 싶을 것이다. 그러나 읽기를 즐겨하지 않는 행위는 일정 부분 거부하는 것이기도 하다. 인간의 행동은 자신의 선택에 의한 결과이기 때문이다. 문화체육관광부가 2022년 1월에 실시한 '2021년 국민 독서실태조사'에 의하면 성인의 연간 종합 독서율이 47.5%라고 한다. 이는 성인 둘 중 한 명은 1년간 책을 한 권도 읽지 않는다는 의미다. 적어도 50%를 유지했던 수치가 50% 아래로 떨어진 적은 처음 있는 일이라고 하니 걱정하지 않을 수 없다. 책 읽기를 통한 독서량이 줄어들고 있는 이유가 전자책의 등장일 수 있지만 종이책, 매일 책(종이책, 전자책, 웹소설, 오디오북 등)을 읽거나 듣는 사람도 모두 합산해봤자 7%에 불과하다. 성인들의 독서량은 점점 감소하고 있고 인터넷, 넷플릭스를 통한 영상과 정보들은 파급적으로 늘어나고 있다. 손가락만 터치하면, 아니 손가락으로 굳이 터치하지 않고도 쉽게 얻어낼 수 있는 정보들이 즐비한데 굳이 책을 읽을 필요가 있을까 하고 생각할 수 있다. 영상을 통해 쉽게 습득된 정보에 비해 책을 펴서 문자로 읽는 순간 뇌의 후두엽은 활성화된다. 뇌의 언어영역을 담당하는 베르니케(언어정보를 이해하고 해석하는 담당)와 브로카 영역(언어생성과 말하는 기능 담당)이 활발히 움직이게 되는 것이다. 이러한 독서의 과정은 뇌 과학 측면에서 뇌 운동을 촉진하는 기능을 한다.

읽기는 혁명이다

사사키 아타루는 그의 저서 '잘라라, 기도하는 그 손을'에서 책 읽기가 어려운 이유는 삶이 바뀌는 혁명이 일어나기 때문이라고 말한다. 책을 읽고 쓰는 것 자체가 혁명을 가능하게 하고 혁명을 일으키는 행위임을 증명하고 있다. 루터가 종교개혁을 하게 된 이유는 제대로 성경 읽기라고 한다. 성서 안의 세상과 현실적 세상과의 괴리감을 제대로 발견하였기 때문에 혁명으로까지 번지게 된 것이다. 누구든지 책을 제대로 읽고 읽은 바를 자기의 삶에 녹이고 해석을 하는 과정을 거친다면 자신의 삶은 물론, 세상을 바꿔나가게 되는데 그것이 한 사람의 혁명이 될 수 있다. 일반적으로 사람들은 책을 읽을 때 어렵다고 말을 하는 이유가 바로 여기에 있는 것이다.

'책 읽는 뇌'의 저자 매리언 울프는 인간의 뇌는 책을 읽도록 태어나지 않았다고 말한다. 현생인류로 불리는 호모 사피엔스가 나타난 것이 약 20만 년 전이기 때문에 인류 역사의 대부분은 문자 없이 살아왔을 것이다. 때문에 인류는 글을 읽고 뜻을 이해하는 독서의 과정이 익숙하지 않을 수 있다. 가만히 앉아 책을 읽으라고 하면 산만해지고 충동성이 올라오는 이유가 설명이 된다. 그러나 이를 극복하고 집중을 할 수 있는 이유는 우리의 뇌에 집중력을 발휘할 수 있는 능력이 있다는 점이다. 집중력에는 반응성 집중력과 초점성 집중력이 있는데 반응성 집중력은 TV, 스마트폰, 동영상, 게임 등 자극적이고 현란한 시각적 현상에서 집중력을 발휘하게 되는데 지속적 자극을 더 원하게 되어 중독에 이르게 된다. 초점성 집중력은 뇌의 성장과 우리의 의지와 연관이 있다. 자기 스스로 집중할 것을 선택했기 때문에 초점성 집중력이 높은 능동적인 사람들은 자기 통제력, 조절 능력이 높다. 독서를 통해 우리 뇌의 초점성 집중력을 높일 수 있다. 충동성을 낮춰주고 집중력을 향상해 생산적인 활동에 전념할 수 있게 한다. 독서가 습관이 되면 단순히 지식만을 쌓는 행위가 아니라 자신의 삶을 자기 스스로 선택하는 자율성이 확장된다. 결국 자신의 삶의 변화를 통해 성장하는 것이다.

책 읽기가 즐거우려면

음식도 취향이 있다. 자신이 선호하는 바가 있다는 점이다. 책도 마찬가지이다. 자신이 선호하는 분야의 책이 있을 것이다. 소설, 에세이, 시, 전문서적, 교육, 여행 등 다양하다. 읽기를 즐겁게 하기 위해서는 '읽기가 즐겁다'라는 경험을 스스로에게 경험하게 해야 한다.

'슬로 리딩'의 저자 하시모토 다케시는 '그냥 좋은 책 한 권'을 정하고 천천히 자기의 것으로 만드는 독서방법을 제시했는데 바로 슬로 리딩이다. 이 책을 발간한 2012년에 작가의 나이가 100세 정도였다. 이렇게 지긋한 나이의 작가가 소개해준 독서법이니 더 인상 깊었는데 이 방법이 소개된 후 한국에 독서교육 돌풍을 일으킨 바 있다.

2000년대 이후 미국을 중심으로 성인들이 주축이 되어 독서의 양보다는 질에 집중하는 경향이 생기면서 슬로 리딩을 활용한 슬로 리딩클럽 활동이 활발히 이루어지고 있다. 우리나라에서도 슬로 리딩 활동가 자격증 과정이 있을 정도로 꾸준히 주목받고 있는데 슬로 리딩이 창의적인 사고, 인지적 사고 능력의 확장을 가능케 한다는 의미로 각광받고 있다.

구체적이면서 간단한 방법을 소개하면 첫째, 우선 하나의 책을 '천천히 반복적으로 많이 읽으라'는 것이다. 둘째는 '쓰기'인데, 자신이 잘 이해하지 못한 단어나 의미 있는 문장들을 놓치지 말고 적으라는 것이다. 셋째는 '즐기기'인데 책의 내용을 해석하거나 분석보다는 편안히 즐기는 방법을 찾으라는 것이다. 독서가 습관이 되려면 우선 독서행위 자체가 주는 긍정적 정서 체험을 해야 한다. 뭔가 불편하고 거슬리고, 하기 싫은 부정적 정서와 결합되는 것을 주의해야 한다. 슬로 리딩 독서방법을 통해 여러 번 반복적으로 책을 읽어가며 양질의 책을 충분히 음미하길 바란다. 이쯤 되면 당신의 독서에 대한 부담감이 가벼워졌는가?

닥치고 독서

독서가 좋다고 이구동성으로 말하는데 실천하지 않을 이유가 있을까? 이전 글을 통해 독서가 필요한 이유에 대해서 충분히 말했다. 그러나 중요성을 알았다는 것과 행동으로 옮기는 것은 엄연히 구분되는 영역이다. 상담이론 중에는 문제의 원인 분석을 통해 문제 해결에 이르게 하는 기법도 있지만 역으로 행동을 수정하게 함으로써 문제를 해결하게 하는 기법도 사용된다. '기분이 좋아서 웃게 된다'는 말과 '웃게 되니까 기분이 좋아진다'라는 의미와 비슷하다. 읽는 행위가 쉽지 않고 하기 싫지만 읽어야 한다는 데 동의하는 사람에게는 일단 행동부터 해보기를 권한다. '닥치고 읽기'이다. 습관을 위해서는 반복만이 살길이다. 반복하게 되면 어느새 자동적으로 그 행위를 하고 있는 자신을 발견한다. 그 행위를 하지 않으면 왠지 어색한 시점까지 다다르면 어느새 습관이란 반가운 녀석이 자리 잡고 있을 것이다.

내가 대학교에서 강의할 때 목표는 학생들이 한 학기 동안 색다른 경험을 하도록 하는 것이다. 한 번은 '닥치고 프로젝트'를 한 학기 동안 수업 외의 활동으로 실천한 적이 있다. 이유를 불문하고 절대 변명을 하지 않는 조건으로 자신이 10주 동안 '닥치고 프로젝트'로 실천할 목표 1가지를 선정하게 한 후 계획서를 제출하게 한다. 그다음 실천 과정을 기간별로 체크하게 하고 종강 전에 발표와 토의를 하는 것으로 마무리되는 과정이다.

처음에 학생들은 '굳이 이런 프로그램을 수업 이외의 과제로 해야 하나'라는 의구심을 표현하지만 결과적으로는 늘 '긍정적 경험을 하게 되었다.'는 결론을 도출한다. 교수자인 나는 '닥치고 프로젝트'에서 '하루 만 보 걷기'를 실천했었다. 처음에는 걷는 시간을 확보하기 위해 애써야 한다는 것이 스트레스가 되었지만 어느샌가 지하철 안에서도 걷고 있는 내 모습, 계단만 찾아서 걷게 되는 나의 모습을 확인하고 화들짝 놀란 경험도 있다. 혼자서 할 수 없는 일을 다수의 사람들이 함께 진행함으로써 동기를 강화시키고, '과제'라는 강제성을 띠는 즐거운 부채감을 통해 실천 경험의 중요성은 물론 습관에 이르게 되기까지의 경험은 자기 효능감을 높이는 계기가 된다.

독서의 습관을 원한다면 그냥 읽어라. 그냥…… 그러면 된다.

4
맛있게 책 읽기

책을 읽고서 생각하지 않는 것은 마치 음식을 먹고서 소화시키지 않는 것과 같다.

— 에드먼트 버크

책을 읽기 위한 방법은 무수히 많다. 정독(精讀), 다독(多讀), 속독(速讀), 묵독(默讀), 음독(音讀) 등 다양하다. 독서법의 종류는 단순한 검색을 통해서도 얼마든지 알 수 있다. 그러나 방법을 논하기에 앞서 읽는 데까지 도달하는 게 우선이다. 책을 구입하고도 읽지 않으면 돈을 낭비한 거 같은 생각에 자신을 나무라게 된다. 뭔가 약속을 해놓고 지키지 않은 무책임한 사람처럼 생각되어 나를 야단치게 된다. 즐거운 책 읽기가 아니라 벌주는 책 읽기가 되면 무슨 소용인가.

    내가 겪은 시행착오를 소개해 보겠다. 나는 스트레스를 받으면 책 욕심을 부린다. 말 그대로 '욕심'이다. 다 읽지도 못할 거면서 여러 권의 책을 충동적으로 구입하고는 오랫동안 읽지도 못한 채 책꽂이 전시품으로 남겨지곤 했다. 이런 행동을 청산하기 위한 방법은 도서관에서 책을 빌리는 것이다. 대여받은 책을 읽다 보면 꼭 읽어야 한다는 강박에서 벗어날 수 있어서 좋다. 천천히 읽다가 남긴 부분은 다시 반납기일을 연장하여 읽으면 된다. 도서관에 가면 여러 권의 책을 한 번에 빌릴 수가 있는데 도서관은 '내가 이 책을 다 읽지 못해도 나무라지 않을 거야.'라는 확신이 있어서일까? 대여한 책을 읽지 않고 반납한 적은 없는 듯하다. 사람 심리가 이렇다. 뭔가 자유를 주면 더 잘한다. 나에게 친절한 방법을 찾아서 적용하자.

맛있게 읽기

    '음식을 복스럽게 먹는다.', '웃는 게 복스럽다.', '얼굴이 복스럽다.', '말하는 게 복스럽다.' 등 '복스럽다.'의 단어는 다양하게 사용된다. 독서에서 복스럽게 읽으려면 어떻게 해야 할까? 바로 맛있게 읽는 것이 아닐까? 책은 눈으로 읽는다. 맞는 말이다. 그러나 눈으로 읽되 즐겁게, 맛있게 읽는 것이 중요하다. 책을 읽으라고 하면 '아, 지겨워.'라는 단어를 먼저 생각하게 되는 이유가 있다. 그 사람의 경험에서 '지겹다.'라는 느낌을 먼저 경험하였고 그 경험이 감각 깊숙이 각인되었기 때문이다. 음식에도 이런 각인 효과가 있다. 오래전 가족들이 함께 장어요리를 먹으러 외식한 적이 있다. 맛있게 먹고 나왔는데 아들이 '속이 메스껍다.'라며 토하는 상황이 벌어졌다. 그 당시에는 그저 '소화가 안 되나 보다.'라고 넘겼는데 그 이후로도 장어요리를 먹고 토했다. 아들은 그 경험 이후, 지금까지 장어요리를 먹지 않는다. 지인들에게 '장어요리를 먹고 토하기도 하나요?'라고 물었지만 모두 의아해하는 눈치였다. 아이는 처음으로 장어요리를 먹었을 때 토했던 경험 때문에 앞으로도 장어요리를 먹지 않겠다고 선언했다. 자신에게는 그 요리가 맞지 않는다는 결론을 내린 것이다. 처음 장어요리를 먹을 당시 아이의 컨디션이 좋지 않아서 소화를 잘 시키지 못했을 경우의 수도 존재하지만 아이의 무의식에는 '장어요리는 나와 안 맞아.', '장어요리 먹으면 또 토할 거 같아.'라는 생각이 자리 잡은 듯했다.

이처럼 처음부터 책 읽기에 대한 부정적 느낌을 갖게 되는 이유는 책 읽기의 첫 경험을 부정적으로 접했을 가능성이 높다. 어릴 적에 강제로 책 읽기를 시켰거나, 부모가 자녀에게 너무 많은 책들을 전집으로 사놓고 읽게끔 압력을 가했을 수도 있다. 즐겁게 책을 읽기 위한 방법을 제시하는 책들은 수없이 많다. 그러한 방법까지

구태여 여기서 소개하지는 않겠다. 즐겁게 책 읽기를 소개하는 방법이 과연 내 입맛에 맞는지가 중요하다. 내가 맛있게 먹어야 맛있는 음식으로 남는 것이다. 남이 맛있다고 해서 내게도 맛있는 음식으로 기억되지는 않는다는 것쯤은 누구나 아는 사실일 것이다. 우선은 내 입맛을 회복하기 바란다. 내가 먹어보고 싶은 음식을 찾듯, 내가 읽고 싶은 책, 글부터 찾아서 쉽게 접근해 보기 바란다. 손에 잡히는 대로, 눈이 가는 대로 해보아도 좋다. 거창하게 시작하지 않아도 좋다. 꾸준한 시도를 통해 자신에게 맞는 맛, 자신에게 맞는 책 읽기 방법 하나 정도 분명히 있다.

책 고픔

바쁜 일정의 연속으로 인해 책을 한동안 읽지 못했을 때 나는 책 고픔을 느낀다. 그래서 약간의 허기를 달래듯 순간 손에 잡히는 대로 책을 읽는다. 아마 내가 바로바로 소화하기 쉬운 책이리라. 나는 상담심리 관련 일을 하는 사람이라 그런지 심리에 관한 책 중에 이론서가 아닌 에세이를 읽으면 소화가 빨리 된다. 시간을 통째로 낼 수 있는 여유가 생기면 다독을 할까 정독을 할까 고민을 한다. 음식을 여유롭게 먹을 시간이 주어질 때 여러 개의 음식을 조금씩 맛볼까 아니면 하나의 음식을 천천히 음미하며 먹을까 하는 고민과 같다. 다독을 할 때는 관심 분야의 책을 빠르게 골라서 여러 권 읽는다. 이때는 맛을 제대로 음미하기보다는 '그냥 배부름'을 느낀다. 하지만 정독을 할 때는 생각할 시간이 필요한 책 한 권을 골라서 읽어 내려간다. 음식으로 말하면 새로운 재료로 만들었거나 다양한 맛을 내는 것이리라. 나의 경우는 상담 이론가들이 남긴 책들 중에 한 권이 정독하는 대상이 된다.

하루는 도서관에서 여러 권의 책을 빌려서 집으로 걷기 시작했다. 책 내용이 너무 궁금하여 쭈그리고 앉아 들여다본 적이 있다. 책을 잠깐 읽었지만 너무 맛있었다. 맛있는 음식을 차려놓고 감질나게 맛본 느낌이랄까? 분명히 맛있었다. 사람들은 유명한 맛집을 찾아 전국을 다니고 해외여행에서도 맛집 방문은 필수다. TV 프로그램에서도 음식 관련된 프로그램이 넘쳐나고 온라인의 먹방 채널이 셀 수 없이 많이 생겨나지만, 많음과 상관없이 모두 인기다. 그만큼 먹는 것에 대한 관심이 많다는 증거다. 그러나 이에 반해 책을 주제로 구성된 방송 프로그램은 턱없이 부족하여 아쉽다. 음식만 맛있는 게 아니다. 책도 맛있다. 꾸준히 읽는 습관을 갖다 보면 당신도 그 맛을 느낄 수 있다.

마음 보양식 '독서'

사람들은 흔히 '기(氣)'가 허하다는 이유로 보약을 지어 먹는다. 나는 독서가 바로 '보약'이라고 생각한다. 보약을 섭취함으로써 빠졌던 기운을 보충하여 살아갈 힘을 얻을 수 있다. 보약이 되는 독서를 함으로써 내 삶을 거뜬히 이겨낼 수 있는 에너지를 보충할 수 있다. 이 독서야말로 나를 살려왔던 독서, 나를 살리는 독서, 나를 살릴 독서가 되는 것이다.

상담사로 살아가면서 다양한 사람들을 만난다. 어떤 사람은 상담을 받는 이유를 '내가 잘살고 있는지 알고 싶다.'라고 말한다. 다양한 사람들이 자기만의 필요와 욕구를 채우기 위해 상담을 받는다. 상담료도 만만치 않고 상담시간으로 보내는 시간도 길다. 만만치 않은 비용과 시간을 지불해야 하는 것이다. 그러나 나는 당신에게 상담을 받지 않고도 자가치유하는 방법을 안내하려 한다. 바로 책을 읽는 것이다. 책을 읽음으로 인해 그동안 많은 사람들이 살아오면서 겪었던 시행착오를 겪지 않게 된다.

당장 책을 읽기 시작하라. 책을 통해 지혜를 얻게 되기 때문에 전문가를 찾지 않아도 스스로 해결할 수 있는 일이 늘어나게 된다. 내 직업이 위기에 처하게 된다면 대환영이다. 그만큼 자가 치유능력을 갖게 되는 것이다. 상담을 받다 보면 자신을 알아가고, 자신에게 어떤 일이 일어났는지, 왜 그런 일이 일어날 수밖에 없는지,

지금의 나는 어떤 상태인지, 그래서 앞으로 어떻게 해야 하는지에 대한 탐색을 하게 된다. 책 읽기를 꾸준히 하다 보면 이러한 지혜를 얻을 수 있다. 상담을 통한 마음 건강이 회복되기도 하지만 책을 접함으로 인해 그에 버금가는 효과를 누릴 수 있다.

읽기 시간을 위한 더하기 빼기

사람들은 삶의 의미를 성공 경험에서 찾는다. 누구나 성공적인 삶을 살기 원한다. 실패하는 사람과 성공하는 사람의 차이가 뭘까 생각해 보면 계속하느냐, 포기하느냐의 차이가 아닐까 한다. 그러나 계획 없이 무작정 계속한다면 포기가 조금 늦을 뿐이지 시간이 지나면 결국 같은 결과가 반복된다. 굳이 그럴 필요는 없다. 이왕에 계속할 거면 제대로 해야 한다. 적어도 나의 경우는 그렇다. 그렇다면 제대로 하려면 어떻게 해야 할까? 그동안 고집했던 방법에 대한 대대적인 수리가 필요하다. 내가 왜 실패했을까에 대한 객관적 분석을 통해 다시는 같은 실수를 하지 않는 것이 현명하다. 그 현명함은 누가 줄 수 있을까? 책을 통해 얻을 수 있다.

책을 읽지 않는 이유에 대한 질문에 가장 많은 답변이 '시간이 없다.'라는 것이다. 그런데 곰곰이 생각해 보면 시간은 늘 내게 없었다. 나 역시도 '바쁘다.'라는 말을 단골 멘트로 삼고 살아왔다. 과거에는 '시간이 없다는 말은 다 핑계야.'라고 말하는 사람에 대해

화가 났다. '저 사람은 내 사정을 잘 몰라.'라는 생각 때문이었다. 그러나 책을 읽음으로 인해 나 스스로 나를 교육했다. 시간 관리에 대한 책을 읽고, 세계적으로 활약하는 유명한 CEO들이 어떻게 시간 관리를 하는지를 알게 된 이후부터 나는 '시간 없어서 책을 못 읽는다.'라는 말을 내 온몸의 기억에서 삭제했다. '시간이 없다.'가 아니라 '시간을 낼 마음이 없다.'라는 말을 인정함으로써 나의 시간 관리 개념은 탈바꿈되었다. 내 마음속에서는 아직도 '바쁘다 바빠'라는 셀프 언어들이 쭈뼛거리며 튀어나오기도 하지만 나는 다시 그 언어들을 부드럽게 다독인다. 'ㅇㅇ아. 네가 바빠서 ~을 못 하는 게 아니라 ~할 생각이 없는 거야. 그러니 네 마음을 점검해 보렴.' 하며 조용히 말을 꺼낸다.

빌 게이츠는 서평 블로그 활동도 하고 있는데 그는 1년에 50권 정도의 책을 소화한다고 한다. 바쁜 일상에서는 1주일에 한두 권을 읽고, 휴가 기간에는 4~5권을 읽는다고 한다. 내가 과연 빌 게이츠보다 바쁜지 생각해 볼 일이다. '시간이 없어서 책을 읽지 못한다.'는 말은 '책 읽을 마음이 없다.'라는 말과 같다는 것을 쉽게 알 수 있는 예이다.

하루 24시간 중에 내가 시간이 넉넉히 남아서 책을 읽는 시간은 단 1초도 없다. 읽기 위한 시간을 확보해야 한다. 책 읽기를 위해 시간을 더 만들어야 한다는 생각을 버려야 한다. 책 읽기 시간

확보를 위해 어떤 시간을 뺄 것인가가 중요하다. 온라인 세계에 할애하는 시간을 줄이거나, 지인과 나누던 메신저 대화시간을 줄여도 좋다. 뭐든 뺄 수 있는 시간이 분명히 있다. 우선 지금 당장 안 해도 되는 것들을 나열해 놓고 그중에서 골라도 좋다. 내가 기존에 했던 것들을 그대로 유지하면서 책까지 읽을 시간이란 세상에 존재하지 않는다. 그런 시간을 누리고 사는 사람 있으면 나에게 소개해주기 바란다. 하루에 내가 가장 많이 보내는 시간을 살펴보면 나의 관심사가 나온다. 그 사람이 보내는 시간을 쫓아가 보면 그 사람의 미래가 보인다. 지금 당신의 시간을 점검하자.

알베르트 아인슈타인은 이런 말을 했다고 한다.
"같은 일을 반복하면서 다른 결과를 기대하는 것은 미친 짓이다."
지금 하고 있는 것들을 멈추지 못하면서 결과가 바뀌기를 꿈꾼다는 건 사기다. 대부분의 사람들은 어제와 같은 오늘을 살아간다. 행동은 반복적으로 하면서 '나의 미래는 밝을 거야.', '나는 ~가 되어 있을 거야.'라고 말하지만 과연 그럴까? 지금 당신이 올바른 선택을 하지 않으면 당신의 인생 방향은 흐트러지고 만다. 10분도 좋고 30분도 좋다. 바로 지금 당신의 독서 시간을 확보하라.

나눠 먹으면 좋다

상담에는 개인 상담과 집단상담이 있다. 개인 상담은 개인이 해결하기에 어려움이 있을 때 상담자가 1:1 만남을 통해 자기 이해를 촉진하여 문제 해결을 해 나가는 과정이다. 집단상담은 8~15명 정도의 유사한 관심, 유사한 문제를 해결하기 위해 여러 명의 사람들이 모여 자신에 대한 인식능력을 확장하고 타인에 대한 수용 능력이 확대되면서 참여자들의 성장을 돕는 것이다. 1:1로 상담자와 상담을 하는 것에 비해 집단상담을 하기에 용이한 점은 타인을 이해하는 폭이 넓어져 자신과 타인 모두에게 도움이 되는 순간을 경험한다. 주관적이었던 시야가 확장되면서 객관적이고 성숙한 시야를 갖게 되는 것이다.

책을 매개로 하여 집단상담을 진행하는 경우도 비슷한 효과를 경험할 수 있다. 내가 상담사가 되어야겠다는 결심을 하기 전에 처음으로 접한 집단상담은 독서치료 집단상담이었다. 보조 리더로 참여하면서 느낀 점은 '같은 책을 여러 사람이 읽었는데 각자 이렇게 다른 접근을 하게 되는구나.'였다. 참여자 모두는 각자 자신의 경험을 바탕으로 책을 마주하면서 자신에 대한 이해의 폭이 확장되어 놀라운 경험을 하게 된다. 독서치료의 집단상담으로 처음 맡게 된 대상은 주간보호센터에 방문하는 알코올 과의존 상태에 있는 분들과 조현병을 앓고 있는 분들이었다. 그림책, 시, 다양한 문학작품을 중심으로 진행하였는데 참여자들 모두에게 내적 성장의 기회가 되었다. 책을 같이 읽고 나누다 보면 독자는 등장인물과 자신을 동일시하게 된다. 또한 여러 명이 함께하는 집단의 응집력 안에 이루어지기 때문에 소속감을 증대시킬 수 있다. 여러 참여자들의 지지와 격려로 인해 자신감이 향상되고 자신이 가진 욕구와 직관력을 갖게 된다.

나는 독서치료를 수년간 지속하면서 독서치료를 통한 프로그램 연구를 기반으로 박사학위를 받았다. '책 읽기 나눔 독서'로 인한 생생한 치유의 경험이 결실을 맺는 순간이었다. 이후로도 나는 지속적으로 '책 읽기 나눔 독서'를 진행하고 있다. 초·중·고등학교는 물론이고 대학생, 일반 성인들을 대상으로 한다. 여러 사람이 한 권의 책을 같이 읽고 나누는 과정을 통해 자신의 문제를 해결하고 아픔이 치유되는 효과가 있다.

책을 함께 읽는다는 건 선물 여러 개를 한꺼번에 받는 벅찬 감동이 있다. 내게 이미 있었던 고유의 '좋은 것'을 발견하게 됨은 물론 타인에게 있는 '좋은 것'을 발견하게 된다. 내가 가진 것만 고집하게 되거나 타인이 가진 것을 탐하지 않고도 충분히 개인이 가진 다양성을 존중하며, 그 다양성을 함께 모아 다시 각각 의미 있는 '좋은 것'으로 되돌아간다. 여러 사람이 같이 읽고 나누는 책 읽기를 통해 '이 좋은 것'에 함께 할 수 있다.

전준우

전) 반구대암각화 보존사업단 사무국장, 밀양상권활성화재단 기획팀장, 사회문화정책연구원 평가위원
현) 젬스톤북스 대표
UJ Logistics 대표
한국독서경영연구소 대표
전준우책쓰기아카데미 대표 컨설턴트

교육청 인가 한국평생교육원 책쓰기 강사
한국인재개발원 책쓰기 강사
한국상담협회 책쓰기 강사

강의경력 : 학부모 자녀교육 세미나
공기관 인성교육 세미나
해병 2사단 독서법 및 자살예방 세미나
127연대 독서법 및 인성교육 세미나
책쓰기와 글쓰기 세미나 (전준우책쓰기아카데미 주관)
기관단체장 자서전 집필 자문 및 첨삭지도 다수

저서 : 교육의 힘, 탁월한 책쓰기, 초성장독서법 외

1
독서를 위한 3가지 질문

내가 인생을 안 것은 사람과 접촉했기 때문이 아니라 책과 접촉했었기 때문이다.

-아나톨 프랑스

내 취미는 독서와 글쓰기다. 유일한 취미 생활이다. 술과 담배는 하지 않는다. 사람을 만나는 것도 즐기지 않고, 시끄러운 장소도 싫어한다. 집 근처에 있는 분위기 좋은 북카페가 나의 사무실이고, 집필 장소다. 나이가 들면서 그런 성향은 더욱 굳어졌다. 책장을 넘길 때 들려오는 사각사각 소리, 적막한 공간에서 혼자 책을 읽다가 아름다운 문장을 만났을 때 가만히 묵독하는 즐거움에 비하면 술과 담배, 혹은 그저 그런 사람들과 어울려 시시콜콜한 농담

따먹기나 하는 일 따위는 아무것도 아닌 것이 되어버렸다.

20대 때는 사진에 푹 빠져있었다. 종군기자, 혹은 로버트 카파(Robert Capa)와 같은 사진작가가 되는 게 꿈이었다. 사진전에 나가서 상을 휩쓸고, 함께 사진을 찍는 분들과 사진전을 개최한 적도 여러 번이었다. 그만큼 사진이 좋았다. 어느 순간, 사진은 돈이 많이 드는 취미라는 사실을 깨닫고 난 뒤 자연스럽게 멀어졌다. 자연스럽게 독서와 글쓰기가 취미 생활이 되었다.

독서는 가장 돈이 적게 들면서, 가장 고상한 분위기를 만들 수 있는 취미 생활이다. 게다가 독서는 습관적으로 생각할 수 있는 기회를 제공해준다는 점에서 상당히 훌륭한 특징을 갖고 있다. 모든 책은 활자로 이루어져 있으며, 어떤 식으로든지 질문의 형태를 띠고 있다. 그렇기 때문에 일단 읽는 순간부터는 끊임없이 생각해야 한다는 특징을 갖고 있다. 반대로 생각하면 잘못된 독서 습관, 이를테면 부정적인 영향을 끼치는 독서를 지속하다 보면 생각의 결도 거칠어질 뿐만 아니라 삶의 다양한 면에서 어려움을 겪을 수 있다는 말도 된다.

언젠가 한 지인이 우리 집을 방문한 적이 있었다. 그는 내 서재에 꽂힌 책을 유심히 둘러보았다. 왜 그러시느냐는 내 질문에 "책은 질문으로 이루어져 있기 때문에, 상대방이 어떤 부류의 책을 읽는지 알면 그 사람이 어떤 사람인지 알 수 있다."라고 대답했다. 홀륭한 경험이었다.

　물론 독서 습관이라는 게 금방 바뀌는 것은 아니었다. 교육기관에서 오랫동안 종사해왔기에 그동안 접했던 대부분의 책이 교육에 관련된 책들이었고, 그렇다 보니 역사를 통해 고증된 철학 서적이나 인문학 서적과는 다소 거리가 있었다. 오랜 시간이 지나 다양한 종류의 책을 접하고 난 뒤에야 비로소 폭넓게 책을 대할 수 있는 안목도 생기기 시작했다. 똑같은 인간이라도 생각과 마음을 관리하는 태도에 따라 형태가 다른 삶의 모습을 갖고 있듯이, 내가 읽는 모든 책이 나에게 변화를 가져다주거나 생각의 깊이를 더할 리는 없다는 생각을 가지게 되었던 것도 그 무렵이었다. 독서에 대한 관점이 바뀌는 순간이었다.

　독서가 인생에 소중한 전환점으로 자리 잡게 되기까지 다양한 경험과 마주하긴 했으나, 좋은 습관이 단단하게 뿌리내리기까지 많은 시행착오가 있었음을 부인할 수는 없다. 그렇기에 독서를 시작하기에 앞서, 독서에 대한 나름대로 질문과 그에 대한 해답이 필요하다고 생각한다. 그 첫 번째 질문은 바로 '왜 책을 읽는가?'에서부터 시작한다.

　"사실 안다는 것은 말하기 좋아하고 허풍 떨기 좋아하는 사람들을 만족시킬 뿐입니다. (중략) 지식이 없는 마음은 공허하기 때문에 지식은 물론 필요합니다. 그런데 지식에는 여러 가지가 있습니다. 단순히 사색으로만 만족하는 지식도 있고, 신앙 및 사랑의 은혜와 함께 동반하는 지식도 있지요."

'천로역정' 1부 12장에서 수다쟁이와 믿음과의 대화 중 믿음이 수다쟁이에게 이야기하는 장면

-존 버니언, *CH북스 149P*

사람마다 책을 읽어야 하는 이유가 다르다. 똘망똘망한 초등학생에게 '왜 독서를 해야 하는가.' 하고 물어본다면, 어떤 대답이 돌아올까? 아마도 이렇게 이야기하지 않을까 싶다.

"엄마가 읽으라고 해서요."

중학생이라면 이런 대답이 나올 듯하다.

"그냥요."

대학생, 혹은 사회인에게 독서는 하나의 취미 생활, 혹은 지식을 쌓는 과정이 적절한 이유가 될 듯하다.

독서는 모든 공부의 기초다. 교과서나 문제집의 복잡한 지문을 이해하기 위한 훈련과정으로써 전혀 손색없는 훌륭한 공부 습관이며, 취미 생활이기도 하다. 책은 모든 지식의 근본이며, 생각의 훈련을 거친 사람들만이 만든 지혜의 세계이기 때문이다.

나에게 있어 독서는 훈련의 도구이면서, 반성의 도구였다. 10대 시절의 나는 평범보다 두세 단계 낮은 수준의 학생이었다. 목표,

꿈, 소망은 나와 거리가 먼 단어들이었다. 대학생이 되어서 학과대표, 동아리 회장, 학생회장이 되어 재미있게 학교생활을 한 경험도 있지만, 당시 내 마음은 미래에 대한 걱정과 막연한 두려움으로 가득 차 있었다. 그러던 어느 날, 인생의 목표에 대해 심도 있게 생각하기 시작했다. 2008년, 막 25살이 되던 해였다. 이후 내 인생은 다양한 폭으로 달라졌고, 서른 살 무렵이 되어서부터는 독서에 조금씩 빠져들기 시작했다. 돌이켜 생각해 보면, 독서는 나에게 의도적으로 깊이 있는 생각을 할 수밖에 없는 극한의 환경을 스스로 만듦으로써 철없던 어린 시절의 나에게서 벗어나 조금씩 자라날 수 있도록 스스로 채찍질하는 과정 중에서 가장 크게 도움이 되어준 훌륭한 도구였던 셈이다. 그게 '나는 왜 책을 읽는가.' 하는 질문에 대한 해답이었다. 덕분에 많은 책을 읽었고, 다양한 경험들과 마주할 수 있는 기회가 생겼던 것도 사실이다. 독서는 내게 잊을 수 없는 소중한 사람들과 시간을 선물해준 것이다.

시간이 흐르면서 책을 고르는 안목이 조금 생기기 시작했다. 그러다 보니 두 번째 질문이 시작되었다. 바로 무엇을 읽는가에 대한 고민이었다.

따지고 보면 책이란 것도 한 개인 혹은 집단지식의 생각과 마음의 결을 정제된 언어로 정리한 뒤 활자화를 통해 종이에 기록한 것에 불과하지만, 그렇다고 해서 모든 책이 동등한 가치를 가진 상품으로 평가받지는 않는다. 어떤 책은 시간의 흐름 속에서 자연스럽게 풍화

되고, 어떤 책은 시간이 지날수록 역사를 고증하는 기록물로서의 가치를 가진다. 독서와 글쓰기에 나름의 기준을 가지게 된 이유다. 아무 책이나 사지 않고, 아무 책이나 읽지 않으며, 아무 책이나 보관하지 않는다. 정해진 기준 안에서 구입하고, 정해진 기준을 만족하는 책만 읽는다. 물론 예외도 있지만 정해진 기준에서 벗어나면 대개 읽지도, 사지도 않는다. 대단한 기준이 있는 것은 아니다. 오늘을 기준으로 출간된 지 30년 미만의 책은 일단 거르고 본다. 과거와 현재의 간극을 통과한 책만이 탐독할 가치가 있다고 믿기 때문이다.

얼핏 보면 대단한 이유라도 있는 것처럼 보이지만, 알고 보면 별 것 아닌 이유 때문이다. 돈이 없어서였다. 서른 초반에 사업을 한답시고 잘 다니던 회사를 뛰쳐나와서 길거리에서 옷을 팔았다. 몇 달 지나지 않아서 퇴직금까지 다 까먹었다. 쌀을 살 돈이 없어서 굶은 적도 있었고, 맨밥에 김치만 먹은 날도 여러 번이었다. 언젠가 바나나가 먹고 싶어서 5천 원짜리 바나나를 한 송이 사 들고 집에 왔다가 "오빠는 반찬 살 돈도 없는데 바나나를 왜 사, 바나나를!" 하고 아내에게 타박을 들은 적도 있었다. (덕분에 한동안 아내의 카카오톡 명은 '바나나를 왜 사 바나나를'이었다.) 사고 싶은 책이 있어도 큰맘 먹고 구매해야 하던 시절이기에 아무 책이나 구매할 수 없었다. 그런 과정에서 자연스럽게 책을 고르는 기준이 생겼고, 엄격하게 선정된 기준 안에서 책을 골라 구매하는 게 습관이 되었다. 중요한 것은,

이런 기준이 나의 독서 수준과는 아무런 상관관계가 없다는 점이다. 세기의 가장 위대한 작품들을 접하려는 노력은 독서와 글쓰기를 생활화하기로 마음먹은 나에게 주는 일종의 기회이자 훈련의 시간일 뿐이다. 세 번째 질문, '어떻게 읽는가'에 대하여 나름의 기준이 세워진다면 아무리 어려운 책도 큰 무리 없이 접할 수 있다.

어릴 때부터 책을 좋아했다. 그렇다고 해서 독서 수준이 높은 것은 아니었다. '위대한 개츠비'를 처음 읽은 것은 고등학교 2학년 무렵이었고, 이문열 '평역 삼국지'를 처음 완독한 것도 19살 때였다. 인생을 좀 더 풍요롭게 만들어보자는 의미에서 '나도 진지하게 독서에 관심을 한번 가져봐야겠다.' 하고 마음먹은 뒤 읽은 첫 책이 '체 게바라 평전(장 코르미에 지음)'이었다. 서른 살 때 일이다.

"의사요? 잘 보세요, 아버지. 아버지도 저와 같은 에르네스토 게바라라는 이름을 갖고 계시고 아버지 사무실에 그 이름이 새겨진 명패가 있으시지요. 그 위에 의사라고 쓰게 되면 그건 어떤 위험 부담도 없이 사람이 죽어가는 모습을 볼 수 있는 일을 시작한다는 뜻이지요. 의학은 이미 포기한 지 오래입니다. 지금 저는 강력한 정부를 만들기 위해 노력하는 전사일 뿐이지요. 앞으로 뭐가 될 거냐구요? 사실 저도 제 뼈를 어디에다 묻을지 모르겠습니다."

-체 게바라 평전 436P, 장 코르미에, 실천문학사

쿠바 혁명은커녕, 솔직히 체 게바라가 뭐 하는 사람인지도 모르던 때였다. 지금도 체 게바라에 대해선 일종의 혁명가 정도로만 알고 있을 뿐이다. 오직 내 목표는 720페이지에 육박하는 그 두꺼운 책을 완독하는 것이었고, 그 가운데 책에 등장하는 그의 삶 속에서 일종의 교훈을 얻고자 하는 게 목표였다. 완독하는 데 오랜 시간이 걸렸고, 완독 후 '드디어 다 읽었다.' 하고 내심 뿌듯해하던 기억이 난다. 다시 책을 펼쳐보니 그때 적어둔 메모지가 붙어 있었다.

'참고사항'

- 체 게바라의 정신
- 그가 남긴 어록
- 대략적인 시대 상황
- 마인드의 변화와 깊이

1. 숙독하지 말 것
2. 이름, 지명은 단지 스쳐 지나갈 것
3. 꼼꼼히 보지 말 것

그의 정신, 어록을 통해 삶에 적용할 만한 교훈들을 배우자는 마음에서 메모를 해둔 듯하다. 반면에 체 게바라의 평전을, 편안한 마음으로 읽어야 하는 책이라고 생각했던 모양이다. 한 번 읽고는 읽지 않았다. '체 게바라 평전'은 나에게 너무 어렵기만 한 책이었다. 독서에 흥미를 가져봐야겠다고 마음먹은 뒤 처음 읽은 책이었기에, 몇몇 어록과 성취감 외에 얻어지는 건 별로 없었다.

반면에 무수히 반복해서 읽어도 끊임없이 새로운 마음을 불러일으키는 책이 있다. 어느 지인은 내게 '논어는 읽으면 읽을수록 새로운 것이 보이더군요.' 하고 이야기했고, 또 다른 지인은 '삼국지는 15번 정도 읽었는데도 재밌다.'라고 이야기했다. 어느 지인은 살면서 성경을 200번 이상 읽었다고 이야기했는데, 펜션을 운영하면서 2016년 한 해에만 성경을 53번 읽은 분도 있었다.

꼭 어떤 정치적 신념이나 지적 요소를 전달해주는 책이 아니더라도, 문장 그 자체의 아름다움에 취해서 묵독하는 책도 있기 마련이다. 무라카미 하루키가 쓴 '상실의 시대', 그리고 '상실의 시대'의 소설 속 주인공 와타나베가 아무 페이지나 펼쳐서 그 부분만 반복해서 읽는다는 '위대한 개츠비'는 나에게도 감명 깊게 다가왔다. 나 역시 소설 속 주인공이 했던 것처럼 틈만 나면 "'상실의 시대'를 꺼내어 아무 페이지나 펼쳐서, 그 부분을 오랫동안 읽는 것이 습관처럼 되어 있었는데, 단 한 번도 실망을 맛본 적이 없었을 만큼 단 한 페이지도 시시한 페이지는 없었다. 이렇게 멋진 소설이 또 있을까 싶었다."

-상실의 시대 58P, 무라카미 하루키, 문학사상사

독서는 자기만족으로 끝나기 쉬운 취미 중 하나다. 수천 권의 책을 읽었다는 사람들에게서 대단한 내면의 깊이가 발견되지 않는 이유다. 독서는 올바른 삶을 형성하는 도구로써의 가치를 충분히 갖고 있지만, 무엇보다 독서를 통해 경청과 겸손을 배우고자 하는 자세가 가장 우선되어야 한다. 그렇기에 속독법이 가장 높은 수준의 독서법이라든지, 1만 권의 책을 읽어야 애서가라고 할 수 있다는 식의 기준은 지양하는 게 옳다. 나의 경험이 이를 반증한다. 교육기관에서 근무할 때 교육에 관련된 책을 수백 권 읽었지만, 그중에서 가장 크게 도움이 된 것은 시중에 판매되는 베스트셀러 책들이 아니라 초중고 정규 교육과정의 교과서, 성경, 그리고 아이들을 따뜻한 사랑으로 대하는 소망스러운 마음이었다. 제아무리 훌륭한 교육 서적이 있어도 본질을 벗어나지는 않기 때문에, 교육에 대해서는 교과서를 따라갈 만한 책을 찾아볼 수 없었다. 독서가 자기만족의 도구로 끝나서는 안 되는 이유다.

2
독서의 5가지 단계

책 속에는 과거의 모든 영혼이 가로누워 있다.

―칼라일

사람마다 태어난 때가 다르다. 그리고 어린 시절부터 받은 가정교육과 부모의 가치관, 철학에 따라 성장곡선에서도 크고 작은 차이가 생긴다. 환경의 영향을 받기 때문이다. 이와 마찬가지로 사람마다 독서의 시작점도 다르다. 그리고 어떤 책을 가까이 두고 접하느냐에 따라 내면의 성장곡선도 달라지기 마련이다.

'읽는 행위'로써의 독서는 어떤 분야의 도서인가를 불문하고 '읽기'라는 행위를 요구한다. 이는 곧 적극적인 행동을 의미하며, 수동적인 방송 매체를 통해 접하는 정보와는 비교할 수 없을 만큼의 지식과 이해력을 길러주고 심성을 바르게 하는 데 도움을 준다. 그렇기에 독서의 단계를 정해두고 차츰 기준점을 높여갈 수 있다면, 나중에는 어려운 책도 흥미롭게 읽을 수 있는 지식과 지혜가 생길 것이라 생각한다.

모든 책은 '읽는 행위로써의 수동성'을 요구하지만, 어떤 책은 상당한 노력을 요구하는 동시에 다양하게 생각하는 방법을 제공하는 반면, 어떤 책은 그저 웃고 즐기는 데 특화된 책인 경우도 있기 마련이다. 그렇기에 책의 종류와 다름을 구분할 줄 알고 그에 맞는 독서법을 적용시키는 것은 올바른 독서 습관의 체득화에 있어서 무척 중요하다. 책에 담긴 깊이와 지식에 따라 마음에 와닿는 깊이도 다르기 때문이다. 독서의 단계를 5단계로 나눈 것은 사람의 마음과 생각의 범위를 넓힐 수 있는 단계로 나누었다는 말과 같다. 똑같은 책이라도 시대를 풍미한 영웅들, 혹은 역사를 기록한 책을 통해 미래를 예견할 수 있는 통찰력을 기를 수 있는 반면, 부정과 후회로 얼룩진 책을 통해 상처와 두려움만 마음에 남는 경험을 할 수도 있다.

독서를 처음 시작할 때는, 아무 책이나 읽는다. 책의 깊이에 대한 이해와 습득하고자 하는 정보에 대한 기준점이 없기 때문이다. 에세이도 읽어보고, 마음을 위로해주는 베스트셀러도 읽어본다. 만화책, 광고가 많은 잡지류를 읽기도 한다. 물론 좋은 습관이다.

흥미를 느껴야 깊이 있는 독서도 가능해지기 때문이다. 다만 독서의 수준을 5개의 구간으로 나눈다고 예를 들었을 때, 시작단계에 접어든 과정이므로 1단계의 독서라고 이야기할 수 있다. 독서의 시작단계이기 때문에 책을 분석하거나 이해할 수 있는 능력은 다소 부족하다. 독서 동아리와 모임을 통해 책과 친해지는 과정을 자주 만들어두면 도움이 된다.

2단계의 독서는 자기계발서다. 스토리의 구성이 일반적이고, 쉬운 문장으로 구성되어 있으며, 긍정적인 생각을 할 수 있도록 글을 다듬은 것이 자기계발서의 특징이다. 인간은 부족한 존재로 만들어졌기 때문에 완전무결할 수 없다. 그때 자기계발서가 어긋나갈 수 있는 생각의 흐름을 차단하고 올바른 생각의 방향을 잡을 수 있도록 도움을 준다. 반면 플롯이 단순하기 때문에 기-승-전-결에서 비슷한 통일성을 가진다는 특징이 있다.

수년 전 크고 작은 어려움을 당할 때 하루에 3권에서 5권 내외의 책을 읽으며 교육에 대한 나름의 기준을 세울 수 있었던 것은 사실이지만, 단기간에 많은 책을 빠르게 읽을 수 있었던 이유도 교육에 관련된 자기계발서를 주로 접했기 때문이다. 물론 모든 자기계발서가 2단계에 속하는 것은 아니다. 로마의 황제 마르쿠스 아우렐리우스(Marcus Aurelius)의 '명상록'도 자기계발서로 분류되지만 2,000년의 역사와 궤를 함께 해온 훌륭한 역작이며 4~5단계로 분류할 수 있다.

하루하루를 임종의 날로 여기면서 살며, 흥분하거나 냉담하거나 뽐내지 않으면서 사는 것. 여기에 인격완성이 깃든다.
―명상록 7장 69절, 마르쿠스 아우렐리우스

속독법이 최고의 독서법이라고 주장하는 대다수 사람의 독서 수준이 2단계에 머무른 경우가 많다. 2단계 독서에서는 '하루 1권 읽기', 혹은 '1년 365권 독서'와 같은 프로젝트 형식의 독서가 가능한데, 덕분에 단시간에 상당한 정보와 지식을 습득할 수 있다는 장점도 존재한다. 반면에 속독법을 주장하는 사람들의 추천도서는 대부분 2단계에 머무르는 경우가 많으며, 생각의 깊이를 더하는 데 한계가 있다는 단점도 있다. 3단계에서 5단계의 수준으로 올라가면 하루 1권이 아니라 1년에 1권을 읽기도 벅찬 단계가 오는데, 속독과 다독이 대단한 능력이나 독서의 기술 중 가장 훌륭하다는 식의 비유가 맞지 않다는 데 대한 적절한 이유가 될 수 있다. 인간이 기록했다는 동일성만 배제한다면, 호메로스의 '오디세이아'와 한 개인의 자서전을 동일선상에 두고 비교할 수 없는 것과 마찬가지다.

2단계까지의 독서가 속독이 가능한 단계였다고 한다면 3단계부터는 속독이 다소 어려운 부류의 책으로 구성되어 있다. 주로 정독과 묵독을 필요로 하는 독서 단계며, 상황에 따라 토론과 논쟁을 필요로 하기도 한다. 주로 자연과학 종류와 역사서가 3단계에 포진되어 있으며, 2단계보다 조금 더 깊은 생각을 필요로 하는 단계의 독서라고 할 수 있다. 역사소설 중에는 '삼국지', '수호지', '대망'과 같은 종류가 있으며, 대중과학 및 논픽션류로 칼 세이건의 '코스모스', 유발 하라리의 '사피엔스', 자기계발류로는 미하일 칙센트미하이 '몰입의 즐거움' 정도를 예로 들 수 있다. 국내 소설로는 조정래의 '태백산맥'과 '한강', 외국 소설로는 알베르 카뮈의 '이방인', 어니스트 헤밍웨이의 '노인과 바다', 찰스 디킨스의 '두 도시 이야기' 정도로 분류할 수 있다.

3단계부터는 느리게 읽는 자세가 필요하다. 프랑스의 문학 비평가이자 아카데미 프랑세즈의 정회원이었던 에밀 파게 전 소르본 대학교수는 '단단한 독서(The art of reading)'의 '느리게 읽기' 항목에서 다음과 같이 썼다.

천천히 읽는 게 불가능한, 느린 독서를 할 수 없는 책이 있다고 말할지 모른다. 그리고 실제로도 그러한 책은 존재하는데, 바로 우리가 읽어야 할 필요가 조금도 없는 책들이다. 느린 독서의 첫 번째 장점이 여기에 있다. 느린 독서는 애초에 읽어야 할 책과 읽어서는 안 될 책을 구분해 준다.

-단단한 독서 19p, 에밀 파게, 유유 출판사

'생각이 담긴 책을 읽자마자 이해했다면 그 책은 대중적이고 평범한 것일 수밖에 없다.'라고 이야기한 에밀 파게의 말처럼, 사선으로 읽어 내려가면서도 줄거리와 중심 내용을 쉽게 파악할 수 있는 1단계, 2단계 독서와는 달리 느린 독서는 좀 더 단순하면서도 훌륭하게 구성된 플롯을 이해하고 의미를 탐독하기 위한 과정이다. 4단계 독서로 나아갈 수 있도록 답 쌓는 단계라고 말할 수 있다.

4단계의 독서 단계부터는 정독과 묵독이 주는 즐거움을 느낄 수 있는데, 어느 순간 깊이 천착하는 즐거움에 빠져드는 순간이 온다. 좀 더 시간이 지나면 상당히 높은 수준의 독서가 가능해지는데, 흔히 이야기하는 고전문학이 4단계의 주를 이루고 있다. 중등 과정에서 고등학교 과정으로 올라가면 교과목의 수준이 확연히 달라지듯이, 4단계에 속하는 부류의 책은 평소 독서에 흥미를 가지지 못한 사람들에게는 다소 어렵게 느껴질 만한 내용으로 구성되어 있다.

일례로 독일의 대문호 토마스 만의 '마의 산'은 죽음을 대면하는 한 젊은이의 이야기로 시작한다. 결핵에 걸려 7년이라는 시간 동안 결핵요양소에 입원해 있으면서 만난 사람들을 통해 삶과 죽음에 대해 성찰하는 시간을 가지지만, 결국 1차 세계대전에 참가함으로써 죽음에 지배당하지 않는 인본주의적 정신을 가진 인간상을 보여준다. 인간의 존재 이유에 대한 성찰과 발견을 담은 이 책은 교양소설임에도 불구하고 상당히 수준 높은 담론을 구사하고 있으며, 지적인 쾌감을 중요하게 생각하는 애서가들에게는 최고의 소설로도 손색이 없다. 그러나 활자에 대한 거부감을 갖고 있거나 독서의 진중함이 삶에 미치는 영향에 대해 깊이 있게 관조하지 않은 독자에게는 한낱 지루하기 짝이 없는 외국 소설에 불과할 뿐이라는 단점 또한 가지고 있다. 나 역시 이런 지적 쾌감의 즐거움을 알게 된 지는 불과 몇 년밖에 되지 않았다. 그럼에도 불구하고 한 가지 중요한 사실이 있다. 독서에 대하여 아무런 기초지식이 없는 사람도 1단계에서 4단계 독서로 넘어오는 데 전혀 방해물이 없다는 것이며, 누구나 4단계에서 5단계에 속하는 부류의 책들을 접하는 것만으로 삶의 여러 부분에서 상당한 발전을 꾀할 수 있다는 것이다.

5단계는 가장 높은 수준의 독서 단계로, '성경'을 주축으로 이루어진 독서다. 세상에 출간된 그 어떤 책도 성경의 권위 위에 서 있을 수는 없기 때문이다. 성경은 인류 역사상 가장 많이 팔린 베스트셀러이며, 2,000년이 넘는 세월 동안 단 하나의 오타도 없는 무오성이라는 특수성을 지니고 있는 책이다. 그렇기에 '성경'을 주축으로 기록된 책들은 상당한 문학적 가치를 가진 작품으로 손꼽힌다.

성경 속에는 수많은 왕과 왕비, 다양한 직업군을 가진 남자와 여자의 이야기로 기록되어 있지만, 인간의 감정에 대해서는 거의 기록되어 있지 않다. 반면에 성경은 사람이 가진 마음의 흐름에 대해 매우 세밀하게 기록하고 있다. 그리고 그 마음에 해당하는 단어들(소심, 대담, 믿음 등)이 성경 다음으로 세계에서 가장 많이 팔린 책으로 알려진 '천로역정'에서 등장인물들로 등장하는데, 이들은 매우 수준 높은 질문을 주고받으며 순례자의 길을 걷는다.

경건 : 처음에 당신(크리스천)으로 하여금 순례의 여정을 택하도록 한 것은 어떤 동기에서였습니까?

－천로역정 96P, 존 버니언, CH북스

분별 : 때때로 당신을 괴롭히던 여러 가지 일들이 당신에게서 떠나 버렸다고 느껴질 때 어떤 방법으로 극복할 수 있었는지 기억하십니까?

－천로역정 101P, 존 버니언, CH북스

무지 : 우리 자신을 존중하는 선한 생각이란 어떤 것입니까?

크리스천 : 하나님의 말씀과 일치되게 생각하는 것이죠.

무지 : 그러면 우리 자신에 대한 생각은 언제 하나님의 말씀과 일치를 이룹니까?

크리스천 : 우리가 우리 자신에 대해 말씀이 행하는 판단과 동일한 판단을 행할 때지요.

-천로역정 *236P*, 존 버니언, CH북스

살다 보면 누구나 나름의 권위(Authority)를 가진 과정들을 만난다. 처음에는 권위의 수준이 높지 않다. 학생들에게는 중간고사, 기말고사 등이 권위를 가진 과정이다. 이미 그 과정을 거친 사람들에게는 어렵지 않기 때문에 권위가 높지 않다. 4년제 학사과정을 마친 성인이 책 한번 읽어보지 않고 초등학교 3학년 중간고사 수학시험에서 무리 없이 만점을 맞을 수 있는 것과 같은 이치다.

그런데 그 권위라는 것은 시간이 지날수록 상당한 영향력을 가진다는 특징이 있다. 그리고 그 권위는 주로 질문으로 이루어져 있다. 10대의 끝에는 수학능력시험, SAT, 바칼로레아(Baccalauréat)라는 권위가 던지는 질문에서 가장 정확하고 지혜롭게 대답할 수 있는 능력을 가진 학생들만이 (등급대로) 대학생이 될 수 있으며, 그중에서 가장 훌륭한 해답을 가진 학생들은 엘리트 그룹으로 선별된다.

대학생이 되면 한층 더 수준 높은 질문들을 받는다. 그리고 그 질문에는 정확한 해답이 없다. 알아서 찾아야 한다. 리포트, 논문, 석박사 과정이 그 예다. 대학을 졸업하면 각자의 관심사에 따라 다양한 선택지로 이동하게 되지만, 그곳에서도 위치에 맞는 권위가 있고, 거기에 걸맞은 해답을 준비하는 과정이 필요하다.

인류 역사상 현존하는 가장 높은 질문 체계의 권위를 가진 단계는 사법시험이며, 법을 바탕으로 질문에 대한 해답을 찾는 직업의 특성상 그 권위의 최고봉은 아무래도 판사가 아닐까 싶다. 좌우지간 대부분의 권위는 질문으로 이루어져 있다는 점에서, 그에 걸맞은 적절한 해답을 찾는 것은 인간이라면 누구나 거쳐야 하는 삶의 한 과정이자 일부분이라고 할 수 있다.

'천로역정'은 인간이 세운 학문이 아닌 성경을 바탕으로 질문하고 해답을 내놓는다는 점에서 상당한 권위가 있다. 그리고 무지, 수다쟁이, 사심, 구두쇠 등 부정적인 면모를 가진 순례자들의 대답은 조악하고 힘이 없는 반면 믿음, 소망, 담대, 경건, 자비심과 같은 순례자들의 질문과 대답은 상당한 힘과 지혜가 있다. 마음의 힘에 따른 내면의 차이다.

거룩 : 순례길을 가는 사람들이 꼭 가지고 가야 할 두 가지 것이 있는데, 그것은 곧 용기와 흠 없는 생활입니다. 만약 용기가 없으

면 그들은 결코 순례길을 굳건히 나아가지 못할 것이요, 만약 생활이 느슨해지면 그들은 순례자의 이름을 더럽히게 될 것입니다.

-천로역정 394P, 존 버니언, CH북스

역사를 톺아보면 성경을 바탕으로 질문하고 해답을 찾는 책들은 대부분 고전의 반열에 올랐다. 파스칼의 '팡세', 아우구스티누스의 '고백록', 존 버니언의 '천로역정'은 모두 성경을 바탕으로 질문하고 해답을 찾는다. 성경 그 자체가 인류 역사상 최고의 인문고전이기 때문에, 가장 정확한 질문에 대한 해답을 기록한 책이 고전의 반열에 오를 수 있었던 것인지도 모른다.

모든 책이 같은 방향성을 가지고 있는 것은 아니며, 모든 책이 동일한 가치를 갖고 있는 것도 아니므로 독서의 5단계라는 것에 대해 '일개 저자의 성급한 일반화'라는 평가가 내려질지도 모른다. 그러나 독서를 통해 얻고자 하는 것이 단지 '좋은 습관', '돈이 적게 드는 취미' 등의 단순한 이유로 그치지 않으려면, 독서를 통해 내 삶에 얻고자 하는 바가 무엇인가 하는 질문에 좀 더 진지하게 접근해야 할 것 같다. 그런 점에서 독서의 5단계는 나에게 있어 다양한 관점에서 책을 바라볼 수 있는 기회를 제공해주었다고 이야기할 수 있다. 혹 누군가에게는 독서의 5단계를 통해 독서를 통한 삶의 변화에 대하여 '진지한 고민'을 해볼 시간이 주어질지도 모르겠다. 왜냐하면, 내가 제안한 5단계를 통해 역으로 자신의 독서습관과 앞으로의 진행방향을 개진할 기회가 될 수도 있기 때문이다. 내가 이야기한 독서의 5단계를 삶 속에 하나둘씩 적용시켜 보면서 삶을 획기적으로 변화시켜줄 '독서'에 대해 진중한 숙고를 해볼 기회를 가져보자.

3
서재에서의 사색

서재를 보면 자신이 무엇으로 이루어져 있는지 보인다.

－다치바나 다카시

20대를 거쳐 30대 후반에 이르기까지, 의미 있는 일들을 하는 데 대부분의 시간을 할애했다. 감사와 행복으로 가득한 시간들이었지만 그것만이 전부는 아니었다. 이렇다 할 보호장비 하나 없이 험난한 가시밭길을 걸어가는 듯한 느낌을 종종 받았다. 20대 후반에 활동한 대안학교에서의 교사생활도 그중 일부였다.

1년 학비가 천만 원에 육박하는 특수목적 대안학교였다. 다양한 아이들이 들어왔다. 토익 만점을 받는 아이가 있는가 하면, 수

학은 0점인데 무용에 특출 난 끼가 있어서 한국예술종합학교에 특채로 선발된 아이도 있었다. 입학할 때만 해도 A, B, C, D 수준의 영어 실력을 갖고 있다가 졸업할 때는 토익점수만 900점을 받고 외국으로 유학을 간 아이도 있었고, 고3 수능 모의고사에서 만점에 육박하는 점수를 받는 아이도 있었다. (B급 꼴통으로 입학했다가 A+급 꼴통으로 졸업하는 녀석들도 간혹 있었다.)

교사들의 수준도 천차만별이었다. 아이비리그를 졸업하고 UN 본부에서 근무하다가 서울대학교에 박사학위를 따러 온 중국계 미국인 교사가 있는가 하면, 조직폭력배로 활동하다가 '나도 이제는 의미 있는 일을 해보자.' 싶어 체육 교사로 들어온 사람도 있었다. 사법고시를 준비하다가 교사로 들어온 사람도 있었고, 뮤지컬 배우로 활동하던 중 '아이들 학예발표회 하는 데 한 번만 도와주러 와주라.'는 부탁에 공연 도와주러 갔다가 아이들의 미소가 너무 예뻐서 난데없이 교사로 자리 잡은 나 같은 사람도 있었다.

국립무용단에서 주연 무용가로 활동하며 대학교수를 준비하던 한 선배는 서울에서의 생활을 모두 정리하고 지방으로 내려와 사감으로 근무하기도 했다. 평생을 무대 위에서 스포트라이트만 받던 사람이었으나, 화려하게만 보이는 세상의 그 어떤 것도 마음의 행복을 보장해주지는 않더라는 게 유일한 이유였다. 따지고 보면 남들과 조금은 다르게 사는 인생과 경험이 삶에 엄청난 활력소가 되지 않던가. 각인각색이었지만 모두 나름의 사정을 가진 사람들이었고, 행복을 찾아 여행하는 사람들이었다.

　즐거움, 행복, 소망 뒤에는 숱한 난관과 어려움이 도사리고 있기 마련이다. 근무하는 동안 마음은 감사와 소망으로 가득했지만, 경제적인 안정을 보장해주는 곳은 아니었다. 한 달에 10만 원 적금하기도 빠듯했다. 퇴사 후 사회에 나와서 직장 생활한 지 3개월 만에 결혼했다. 부모님과 주변 분들의 도움이 없었더라면 어떻게 결혼했을까 싶을 정도로 형편없는 경제 상황이었다. 3개월 치 월급으로 집 대출금을 마련하고, 신혼여행을 가고, 혼수를 장만했다. 고향에 계신 할머니에게 제대로 된 용돈 한번 드린 적이 없었다. 장손이 그 모양인데, 어느덧 고로에 접어든 노인에게도 경제력이란 게 있을 리 만무했다. 그러나 2013년 겨울, 신혼여행에서 돌아온 아내와 나를 앉혀놓고 아흔을 바라보는 할머니께서 하얀 봉투를 하나 내미셨다. 200만 원이었다.

　"우리 집 장손인데 결혼할 때 줄라고 내가 조금씩 모았다. 장롱을 하나 하든가, 요새 젊은 사람들이 김치냉장고 하나씩은 해간다고 하던데 그걸 사도 좋겠다. 새아기랑 휴대폰을 한 대씩 사도 좋고."

　나는 한참 동안 할머니의 눈을 바라보았고, 그 눈에 담긴 세계, 그러니까 나의 얕은 삶의 궤적으로는 도무지 가늠할 수 없는 마음의 깊이를 헤아리려고 안간힘을 쓰고 있었다. 그런 내 눈을 아내는 또 한참 동안 바라보고 있었다. 할머니가 주신 돈으로 책상을 샀고, 책장을 샀고, 책을 샀다. 그렇게 서재를 만들었다.

앞서 언급한 대안학교의 교과과정은 일반 학교와 크게 다르지 않았다. 다만 서로 다른 취향과 느낌을 가진 아이들, 다양한 이력을 가진 교사들, 평소 쉽게 경험해보지 못한 다양한 활동들 때문에 일반 학교와는 분위기가 많이 다르다는 게 문제였다. 공무원시험을 준비하거나 영어학원에서 토익을 준비하는 주변 친구들과 달리, 교사들은 학생들과 전 세계를 누비며 내면의 폭을 확장시키기 위한 활동에 전념했다. 하루에 18시간씩 근무한 적도 많았다. 무엇보다 교사라는 직업의 특성상 아이들의 다양성을 존중할 수 있어야 하기 때문에 끊임없이 생각을 해야 했다. 사색의 즐거움을 알게 된 것도 그 무렵이 아니었을까 싶다. 사색의 즐거움, 그것은 평생 간직해야 할 소중한 습관이며 나를 만들어가는 훈련의 시간이라는 사실을 한 번도 의심해본 적 없다.

그렇다 보니 결혼 전부터 아내에게 신신당부한 것 중 하나가 서재였다. 아무리 어렵게 살더라도, 서재만은 절대 없앨 수 없다고 못을 박았다. 원룸에 살면 그 나름대로 집 전체를 서재로 만들 것이고, 투룸에 살면 서재와 안방으로 나눌 것이다, 하는 식이었다. 그만큼 서재는 내게 중요한 의미를 가져다주는 공간이었다.

그리고 20대 중반부터 다양한 활동을 하면서 많은 사람들을 만났다. 그중에는 삶에서 깊은 존경심을 불러일으키는 은사님들도 많았다. 마음이 깊고 순수한, 그래서 무슨 이야기를 해도 들어줄 수 있을 것만 같은 분들을 만날 때면 마음에서 큰 위로와 감사가 채워지는 것을 느낄 수 있었다.

그분들에게는 공통점이 있었다. 당연한 이야기지만, 모두 자신들의 서재가 있었다. 서재의 모양은 모두 달랐다. 어떤 분은 한 분야에 집중적으로 파고들어 공부하는 성향이 있어서 벽 전체가 책으로 둘러싸인 모양새를 갖추고 있는가 하면, 어떤 분은 잔잔하고 아름다운 그림만 두어 개 벽에 걸어두고 묵상하는 것을 즐기셨다. 가로길이가 족히 3미터는 됨직한 커다란 책상에 일간/주간/월간 계획표를 아주 세밀하게 기록해서 정리해두는 분도 계셨고, 커다란 테이블을 가운데 놓고 토론하며 이야기를 나누는 것을 좋아하는 분도 계셨다. 서재를 대하는 그들의 모습은 모두 달랐지만, 마음의 결은 보통사람들과 비교할 수 없을 정도로 깊고 주밀했다. 격리된 공간에서 만들어지는 내면의 힘이 몰라보게 깊은 수준으로까지 인간의 격을 높일 수 있다는 사실을 깨달은 뒤, 서재는 내게 가장 큰 위로와 안식을 제공해주는 공간으로 차츰 인식되기 시작했다.

서재는 영혼을 정결케 하는 공간이다. 무엇보다 책장 이상의 가치를 내포하고 있는 순수의 상징이라고 이야기할 수 있다. 어머니의 품과 같은 곳이며, 마음의 두려움을 벗어던지고 새로운 용기를 덧입을 수 있는 신성한 곳이다. 적어도 내겐, 서재가 그런 공간이 있다. 뜨거운 심장, 차가운 머리는 예술가뿐만 아니라 도약을 꿈꾸는, 모든 인간을 위한 필수 불가결한 조건이다. 서재는 그것을 만드는 데 최적화된 용광로와 같은 공간이다.

서재에서는 모든 것이 가능하다. 가령 당신이 몽당연필 하나로 전쟁에 참전한 20대 젊은 청년의 애증이 담긴 망발의 한을 글로 풀어내고자 한다면, 서재는 그것이 가능하도록 당신의 마음에 두터운 용기와 강인한 정신력을 불어넣어 준다. 혹 당신이 감당할 수 없는 슬픔과 두려움을 만나서 도무지 앞이 보이지 않는다고 느낄 때면, 서재는 다시 훌훌 털고 일어나서 호탕한 웃음을 지을 수 있는 묵상의 기회도 제공해줄 수 있다. 그야말로 인간의 내면을 가장 아름답고 깨끗한 단계로까지 내려놓을 수 있도록 돕는, 물두멍과 같은 공간인 셈이다.

서재라는 공간 그 자체는 별로 중요하지 않다. 내면의 세계가 만들어지고 있다는 것을 느낄만한 시간, 혹은 그 느낌이 기화되어 사라지지 않도록 지속적으로 마음을 붙들어줄 수 있는 공간이라면 충분히 서재로서의 역할을 감당할 수 있다고 믿는다. 버스 안이든, 지하철 안이든 상관없이 어디든 서재가 될 수 있다. 카르티에 브레송(Henri Cartier-Bresson)은 카메라 없이 눈으로 사진을 찍는데(「세기의 눈」 18p, 피에르 아술린, 을유 문화사), 왜 서재를 찬양하는 사람에게는 버스 안이 서재가 될 수 없단 말인가. '큰일에 착수할 경우에는 기회를 만들어내는 것보다도 눈앞의 기회를 이용하기 위해 힘써야 한다.'고 이야기한 라 로시푸코(François VI, Duc de La Rochefoucauld)의 말처럼, 서재는 기회의 공간이지 보기 좋은 건물이나 잘 꾸민 공간만을 의미하는 것은 아닌 것이다.

　서재는 작가를 위한 공간이 아니다. 독서하고 글을 쓰기 위한 공간은 더더욱 아니다. 성장하는 인간으로서의 삶을 살기 위해 노력하는 모든 사람을 위해 필요한 공간이다. 독서를 즐기는 사람이 아니더라도, 글을 쓰는 사람이 아니더라도, 작가나 사진가가 아니더라도, 서재는 필요하다. 나는 서재에서 무역회사를 창업했다가 실패했고, 흔해 빠진 교육 전단지를 만들었고, 앞으로 어떻게 살아야 할지 막막해하면서 눈물을 흘렸고, 수없이 거절을 받으면서 출간 원고를 썼다. 그렇다 보니 하루의 대부분을 할애하는 나의 서재는 고고한 인문학자나 초대형 베스트셀러 작가가 원고를 집필하는, 달콤한 종이 냄새가 나는 그럴듯한 서재와는 거리가 멀다. 너저분하고 정리되지 않은 이면지가 잔뜩 쌓여있는, 수백 권의 책이 그 어떤 배열의 원칙도 없이 마구잡이로 꽂혀있는 카오스의 공간이다. 그럼에도 불구하고 이 서재가 내게 너무도 소중한 공간인 것은, 이곳에서 보낸 수많은 시간들이 매일 조금씩 나를 성장하게 한다는 놀라운 사실 때문이다.

그렇다고 해서 서재가 모든 문제를 해결할 수 있는 번뜩이는 지혜나, 남들이 생각지도 못했던 위대한 결과물만을 제공해주는 시간의 방과 같은 존재는 아니다. 책이야말로 어디까지나 타인의 경험을 체계적으로 정리해서 문서화한 뒤 엮은 종이 꾸러미에 지나지 않는가. 그렇기에 사색이나 독서만으로 인생에서 만나는 크고 작은 문제들을 완벽하게 처리할 수 있는 능력이 생기는 것은 아니다. 기업가 정신, 리더십, 전문성, 품위, 겸비한 마음을 얻기 위한 과정에서 사색과 독서가 도움이 될 수는 있지만, 전부라고 이야기하기엔 어폐가 있다. 타고 난 자질과 능력, 살면서 만들어진 가치관, 절망밖에 보이지 않는 상황에서도 뚝심을 갖고 조금씩 발걸음을 내디딘 사람들에게서 만들어진 마음의 진폭은 무척 좁고 파동도 크지 않다. 서재에서 보내는 시간만으로는 만들어질 수 없는 마음의 품격이다. 책에서 얻을 수 없는 마음의 세계들도 분명히 존재한다.

그럼에도 불구하고, 서재는 나에게 없어서는 안 되는 소중한 공간이다. 사색의 즐거움을 알게 해준 공간이기 때문이다. 결혼 초기에 서재에서 주로 했던 일은 스탠드 등만 켜놓고 눈을 감은 채 조용히 묵상하는 것이었다. 늦은 밤, 혹은 새벽 이른 시간에 서재에 가만히 앉아있으면 느껴지는 적막감은 말로 형용할 수 없을 만큼 좋았다. 그렇게 감사하고 행복할 수가 없었다. 그 묵상하는 습관은 지금도 변함이 없다. 틈만 나면 서재에 가만히 앉아서 생각하는 시간을 가진다. 인생에서 가장 사랑하는 시간들 중 하나가 서재에서의 시간이다.

나는 서재가 좋다. 서재에 있는 동안만큼은, 내 마음이 감사함과 소망으로 가득했기 때문이다. 실패로 인한 고통 때문에 밤잠을 설칠 때도, 눈물로 기도를 드릴 때도, 감사일지를 적는 모든 순간에도 서재는 내 곁에 있었고, 가장 큰 위로와 포근한 안식처를 제공해주었다. 행복 가운데 잠들고 소망스런 마음으로 아침을 맞이하는 즐거움을 선사해준 것은 카오스의 공간처럼 보이는, 탈고 중인 원고가 수북이 쌓여있는 서재 바닥이었고, 고로의 할머니가 주신 200만 원으로 장만한 오래된 책상이었다. 그것들은 모두 내가 지독히도 사랑하는 우리 집 서재에 있었다.

4
생각의 속도

> 인생은 우리가 하루종일 생각하는 것으로 이루어져 있다.
> －랄프 왈도 에머슨

책을 가까이하는 습관을 들이고 난 뒤에 달라진 것은 여러 가지가 있지만, 가장 큰 변화는 만나는 사람들이 달라졌다는 점이다. 종종 연락을 주고받는 지인들 중에는 생각의 폭이 깊고 유연한 사고를 가진 분들이 많다. 나는 그들의 지적인 탁월함을 무척이나 존경하며, 그들과 대화하고 마음을 나누는 동안 '이들과 엮인 관계 속에서 실로 대단한 것들이 만들어지고 있다.'는 사실에 큰 감동을 받고는 한다. 내가 똑똑한 사람의 겸손을 좋아하는 이유다.

언젠가 똑똑한 사람들의 공통점에 대한 설문조사를 읽은 적이 있다. 다양한 공통점이 있었는데, 가장 공감이 되는 내용을 크게 3가지로 나눌 수 있었다.

첫 번째 공통점은 '자신이 모른다는 사실을 이해한다.'라는 것이었다. 똑똑한 사람들은 모르는 것에 대해 "잘 모르겠습니다." 하고 이야기하는 공통점이 있었다. 반면에 그렇지 않은 사람들의 대부분은 자신의 인지능력에 대해 상당히 과대평가를 하고 있다는 것도 알게 되었다.

생김새는 불사신들과 같으나 말에 있어서 우아함과 거리가 먼 사람들이 있으니, 그대의 생김새는 돋보여 신들도 더 훌륭하게 만들 수 없겠으나 지혜가 빈약하여 도리에 맞지 않는 말로 나의 가슴 속 마음을 흥분시키는도다.
　-'오디세이아' 파이아케스족의 나라에서 에우리알로스와 오디세우스의 대화 중

두 번째 공통점은 '다른 사람들의 생각과 기분을 헤아린다.'라는 것이었다.

솔직하게 내 의견을 이야기하고, 사람들과 진솔한 대화를 나누는 것은 민주주의 국가에서 살아가는 모든 인간에게 주어진 특권이자 권리다. 그런데 그 특권이자 권리를 전혀 잘못 이해하는 사람

도 상당히 많다. 세대 차이라고 불리는 것이 사실은 세대 차이가 아니라 생각의 속도 차이인 것을 이해하는 사람이라면 민주주의 국가에서 주어진 자유를 함부로 사용하진 않을 텐데, 하는 생각이 들 때가 많다.

독서를 가까이하지 않은 사람은 인간관계에도 어려움을 겪는다. 아무리 좋은 영어교재를 택해서 공부한다고 해도 다양한 분야의 독서를 통해 어휘력과 독해력이 뒷받침되어있는 사람과 비교해봤을 때 결코 더 나은 수준의 영어 실력을 갖출 수 없듯이, 양질의 독서를 통해 독해력을 키운 사람은 그렇지 않은 사람에 비해 생각의 속도가 훨씬 앞서 나가기 마련이다. 독해력과 어휘력은 눈에 보이지 않는 능력이다. 그러나 질문, 대답, 행동에서 자연스럽게 드러난다. 당연히 인간관계와도 직결된다. 평소에 인지하지 못했을 뿐, 독해력과 어휘력은 인간의 지적인 능력 혹은 리더십의 존재 유무에도 크고 작은 영향을 미치기 때문이다.

사람은 자신의 무지에 비례하여 거만하다.
―에드워드 리튼

종종 상대방의 기분을 헤아리지 않고 이야기하는 사람들을 만난다. 그들 중 대다수는 책을 가까이하지 않는다. 질문과 경청이 습관화되어 있지 않은 사람들 대다수가 책을 가까이하지 않는다는 공통점을 갖고 있다는 걸 생각해 본다면, 똑똑한 사람들의 특징에 대해 진중하게 묵상해볼 수 있는 기회가 될 것이라 믿는다.

두 번째 공통점과 동일선상에 있는 세 번째 공통점은 경청의 능력이다.

경청은 단순히 듣는 자세만 이야기하는 것이 아니라 마음을 분석할 수 있는 능력을 의미한다. 그렇기에 분석을 필요로 하는 듣기의 기술이라고 이야기할 수 있다.

성리학의 철학적 개념 가운데 사단칠정(四端七情)이라는 말이 있다. 인간의 4가지 본성과 7가지 감정을 의미하는데, 그중에서 사단(四端)에 해당되는 측은지심, 수오지심, 사양지심, 시비지심은 인간이 기본적으로 가지고 있는 도덕적 지식을 의미한다.

측은지심 : 불쌍히 여겨서 언짢아하는 마음
수오지심 : 불의를 부끄러워하고 착하지 못함을 미워하는 마음
사양지심 : 사양할 줄 아는 마음
시비지심 : 시비를 가릴 줄 아는 마음

인간관계에서 발생하는 대부분의 문제는 사단(四端)의 부재 때문이다. 사단(四端)은 인간의 본성이지만, 마음을 분석하고 이해할 수

있는 경청이 뒷받침되지 않으면 결코 성장하지 않는 도덕적 지식이기도 하다. 독서의 장점이 여기에 있다. 독서는 오직 경청과 질문의 경험만을 제공한다.

미 육군 원수이자 제3대 국방장관을 역임한 조지 마셜(George Catlett Marshall)은 "어리석은 질문은 없다. 어리석은 대답만 있을 뿐이다."라는 역사적인 말을 남겼다. 세상에, 어리석은 질문은 없다니! 전설 속의 인물조차 '그 어떤 질문도 어리석은 행동이 아니다.' 하고 이야기하고 있다! 이보다 아름다운 문장이 어디 있을까? 물론 어리석은 질문은 많다. 세상엔 일반인들이 상상조차 할 수 없는 독특한 정신세계를 가진 사람들이 셀 수 없이 많다. 그럼에도 불구하고 질문은 그 자체만으로도 어떤 방식으로든지 생각할 여지를 남겨준다는 점에서 깊은 의미가 있다.

독서는 질문과 경청을 지속적으로 반복해야만 하는 지적인 활동이다. 그렇기에 어리석은 질문도 시간이 지날수록 깊이 있는 질문으로 변화시키고, 질문의 깊이에 따라 조금씩 깊이 있는 답을 알려준다. 그리고 답에 대한 경청은 독자의 몫이다. 질문과 경청의 깊이가 남다르다고 느껴지는 사람을 만난 적이 있다면, '지금 무슨 책을 읽고 있는지' 물어보기 바란다.

인생은 짧고 예술은 길다.

'누가 만든 말인지는 모르지만, 참 훌륭한 표현이다.'라고 생각했다. 현대 의학의 아버지 히포크라테스Hippocleides가 남긴 최고의 명언 중 하나인 이 명구는 그리스어로 쓰인 짧은 시였는데 이후 라틴어, 영어로 번역되면서 결국 하나의 짧은 문구로 변형되었다. 그리스어 원문과 영어 번역본, 그리고 한글 번역본은 다음과 같다.

Ὁ βίος βραχύς,

ἡ δὲ τέχνη μακρή,

ὁ δὲ καιρὸς ὀξύς,

ἡ δὲ πεῖρα σφαλερή,

ἡ δὲ κρίσις χαλεπή.

"Life is short and art long, opportunity fleeting, experience perilous, and decision difficult. The physician must not only be prepared to do what is right, but also to make the patient, the attendants, and externals to cooperate"

"인생은 짧고 예술은 길며, 기회는 순식간에 지나간다. 경험(실험)은 매우 위험하고, 결정은 어렵다. 의사는 자신이 보기에 올바른 일을 해야 하는 것 뿐만 아니라, 환자와 조수와 외적 요소들의 협조를 이끌어낼 준비가 되어 있어야만 한다."

 인생은 짧다. 시간의 기준을 어디에 두느냐에 따라 달라지지만, 빠르게 흘러가는 인생이라는 시간 속에 예술적 가치를 더할 수 있는 사람들을 주변에 두는 것은 잘 사는 것보다 더 중요한 선택인지도 모른다. 나의 일거수일투족을 비난하고 힐난하며 수군수군하는 사람들, 돈 관계가 깨끗하지 않은 사람들, 술 담배를 권하는 사람들, 말이 많아 탈도 많은 사람들, 그런 사람들은 우리 주변에 많다. 그들과 가까이하며 인생을 허비하고 싶은가, 아니면 훌륭한 진리와 가치를 추구하며 의미 있는 일에 시간을 쏟는 사람들과 평생을 함께 하고 싶은가?

 함께 밥을 먹고, 대화를 나누고, 사업상 이야기를 나누는 사람들도 내 주위에 있다. 연령대는 모두 다르지만, 그들은 내 친구들이다. 나이가 많은 친구, 나이가 어린 친구, 비슷한 또래의 친구도 있다. 마음 깊은 곳에서 우러나오는 진실된 존경심으로 그들을 대한다. 사회적 위치뿐만 아니라, 그들이 가진 겸비한 태도와 놀라우리만치 뛰어난 능력이 나로 하여금 상당한 동기부여와 삶에 대한 애착을 불러일으키기 때문이다.
 하지만 나의 진짜 친구들은 주로 책에 있다. 진짜 친구들 중에는 오래전에 죽은 친구도 있고, 아직 살아서 전 세계에 훌륭한 영향력을 전파하는 친구도 있다. 지그 지글러, 피터 드러커, 카네기, 나폴레온 힐, 투퀴디데스, 나폴레옹, 브라이언 트레이시, 찰스 디킨스, 로버트 치알디니, 호메로스, 예수 그리스도, 헨리 데이비드 소로우가 내 진짜 친구들이다. 그들은 내게 용기를 주고, 자신감과 격려를 아끼지 않으며, 나의 실수와 연약함을 너그럽게 포용해준다. 그 속에서 상당히 큰 힘과 믿음을 얻는다. 독서가 내게 준 것은 지적인 쾌락을 통한 자기만족이 아니라 생각의 속도와 방향성이 같은 사람들과의 훌륭한 관계 형성이었다.

나이가 들수록 인간관계가 조금씩 축소되어가는 것을 느낀다. 대부분 상당한 애서가들이며, 생각의 방향이 같다는 점에서 묘한 동질감을 느낀다. 그만큼 그들과 나누는 대화 역시 깊이가 있기에, 종종 놀랄만한 영감을 얻는다. 나는 그들에게서 풍기는 따뜻한 겸손과 친절이 좋다. 그리고 그들의 자세, 그들과의 관계가 결국 풍요로운 나를 만들어간다는 사실을 마음 깊이 사랑한다.

2부

책 쓰기와 글쓰기

김강윤

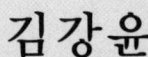

소방관, 해군특수전전단(UDT/SEAL)부사관 복무, 전) 부산소방재난본부 특수구조단 팀장, 현) 부산소방학교 구조분야 현장교수, 숭실대학교 중소기업경영대학원 재학 중(독서경영전공), 한국해양수산연수원 해양안전 강사
현) 교육청 인가 한국평생교육원 책쓰기 강사
　　　　　　한국인재개발원 책쓰기 강사
　　　　　　한국상담협회 책쓰기 강사

저서: 레스큐(리더북스), 불길을 걷는 소방관(크루)

1
왜 쓰려고 하는가

전문적인 작가란 대부분 글 쓰는 것을 포기하지 않은 아마추어들이었다.

−리처드 버크

반성문

코로나가 시작되기 한 달 전이었던 2019년 12월의 어느 날이었다. 야간 근무 중이었던 나에게 서울에서 사진작가로 일하고 있는 고향 친구가 전화를 걸어왔다. 서로 워낙 격 없는 사이라 안부 인사도 없이 바로 본론을 이야기했다. 친구의 목소리는 흥분되어 있었다.

"강윤아! 너 글 한번 써봐라!"

"글? 무슨 글? 내가 무슨 글을 써?"

한밤중에 대뜸 전화해서 갑자기 글을 써보라고 하니 이 무슨 황당한 말인가 싶어 친구가 술에 취했는지 묻기도 했다. 하지만 친구의 말은 진지했다.

"아니…. 그러니까 우리 고등학교 다닐 때 너 반성문 잘 썼잖아. 기억나지? 그러니까 글 한번 써봐. 아는 분께서 인터넷 언론사를 운영하는데 거기에 칼럼 같은 거를 올려 보란 말이야. 소방관이니까 거기서 겪는 일을 써보면 좋지 않겠냐?"

난 잠시 말을 잊었다. 잠시 침묵하다가 그러겠노라고 했다. 희한하게도 고민을 오래 하지 않고 대답했다. 무엇에 이끌리듯 친구의 제안을 선뜻 받아들인 것이다. 친구는 고등학교 시절 이야기를 꺼냈는데 그게 무엇을 말하는지 잘 알고 있었다. 그리고 곧이어 인터넷 언론사 대표라는 분과도 통화했다.

"별거 없습니다. 소방관님께서 평소 일하며 겪는 에피소드를 짧게 써주시면 됩니다. 말씀 듣기로는 필력이 좋으시다니 기대됩니다."

글을 쓴다. 그것도 인터넷 매체에 말이다. 심장이 두근거렸다. 글이라 해봤자 일하면서 업무상 만드는 공문서와 책 읽고 정리해둔 서평 몇 줄, 그리고 그럭저럭 쓰고 있는 일기가 전부였다. 하겠노라고 대답해놓고 할 수 있을까 하는 걱정과 함께 갑자기 후회가 밀려온다. 하지만 결정은 났다. 당장 다음 주부터 글을 보내기로 했다. 그렇다면 친구가 말한 고등학교 시절 반성문이 무엇이란 말인가? 난 그 시절 내가 쓴 반성문을 다시 꺼내어 생각했다.

나에게 전화를 한 친구의 이름은 '현호'다. 덩치가 크고 재미있는 성격의 현호는 나와 함께 고등학교 시절을 함께 보낸 절친이다. 고등학교 3학년이었던 어느 날, 나와 현호 그리고 명규라고 하는 친구 셋이서 학교 화장실에서 담배를 피우고 있었다. 조그마한 화장실 한구석에서 88담배 한 개비씩을 입에 물고 모락모락 피어나는 담배 연기를 바라보며 신나게 빨아 재끼고 있었다. 화장실을 사용하러 들어온 같은 또래 친구들이 눈을 힐끗거렸지만, 문제 될 거 없었다. 나와 현호 명규 그리고 몇몇 친구들은 늘상 쉬는 시간에 하는 짓(?)이었다.

"야 이놈의 새끼들!!"

학생주임이다. 별명이 생각나진 않지만 독하고 무서운 선생님이었다. '학생주임'은 우리가 담배를 피우고 있던 3층 화장실을 급습했다. 우린 담배를 입에 문 채로 눈만 동그랗게 뜨고 학생주임을 바라보고 있었다. 곧이어서 학생주임의 손에 들려 있던 당구 큐가 내 머리를 강타했다.

"교무실로 따라와!"

나와 현호, 명규는 입속에 머금고 있던 담배 연기를 콧구멍으로 슬그머니 뿜어내며 학생주임의 뒤를 따랐다. 그러면서도 서로의 얼굴을 바라보고 연신 큰일 났다고 나지막하게 읊조렸다. 교무실에 도착해서 학생주임의 당구 큐 세례를 서너 번 더 겪은 후에야 상황이 심각함을 깨달았다. 학생주임은 우리에게 반성문 세 장을 써내라는 중형을 내렸다. 그리고 반성문의 내용을 심각히 고려한 후 행정처분을 내릴 것인지 말 것인지를 고민해보겠노라고 말했다. 우린 담배를 피우는 학생이었지만 막 나가는 학생은 아니다. 규칙을 위반했으니 벌을 받아야 함을 알았다. 학생주임의 말에 우리 셋은 몇 번씩 고개를 더 조아린 후에 교실로 돌아왔다. 그리고 반성문에 관한 이야기가 시작했다.

"아! 미치겠네. 한 장도 아니고 세 장을 어떻게 쓰란 거야?!"

"난 한 줄도 쓰기 힘들어! 환장하겠네. 차라리 빠따를 맞는 게 낫지!"

두 친구는 연신 한탄을 쏟아냈다. 반성문 쓰기가 그렇게도 싫었나 보다. 난 말이 없었다. 책상에 엉덩이만 살짝 걸친 채 팔짱을 끼고 턱을 당긴 채 친구들의 볼멘소리를 듣던 중 말했다.

"내가 쓸게. 내가 다 써줄게."

내 말을 들은 두 녀석의 표정이 어느새 밝아져 있었다. 반성문을 다 써준다니 녀석들의 근심은 봄날 아지랑이 피듯이 사라졌을 것이다. 난 자신 있었다. 까짓 거 못 할 것도 없었다. 두 말없이 공책을 폈다. A4 용지가 없으니 공책에 써서 잘라낼 요량이었다. 점심시간에 글을 쓰려고 마음먹었다. 현호가 매점에서 사다 준 컵라면 하나로 대충 끼니를 때운 후 자리에 앉았다. 점심시간이면 늘 체육관에서 친구들이랑 농구를 했는데 이날은 아니 될 일이다. 나름 경건한 마음과 굳은 각오로 공책을 폈다. 볼펜보다 샤프 펜을 들었다. 100원짜리 모나미 볼펜은 볼펜 똥이 많이 생겨 중간 중간 뒤처리(?)를 해야 해서 긴 글쓰기가 영 불편했다. 그리고 쓰다가 고칠 일도 있을 테니 샤프 펜이 낫다. 드디어 글을 쓰기 시작했다.

'반성문'

지금으로 보자면 16포인트쯤 되는 글자 크기로 공책 중앙 제일 윗부분에 제목을 썼다. 그리고 우측 두 칸 아래쯤에 3학년 몇 반 누구누구라며 소속과 이름을 적었다. 이내 비장한 표정으로 내용을 적기 시작했다.

'죽을죄를 지었습니다. 학생주임 선생님. 한 번만 용서해주십시오.'

반성문의 첫 문장이 시작되었고 이후 눈물 없이 볼 수 없는 참회의 글이 만들어졌다. 난 무엇에 홀린 듯 미친 듯이 써갔다. 한 장, 두 장…. 어느새 세 장이 완성되었다. 난 내가 쓴 글을 다시 읽었다. 오타가 눈에 띄었고 바로 수정했다. 더러는 문맥이 이상해 보여 고쳤다. 친구들의 유혹을 이기지 못하고 함께 피웠다는 문장은 한참을 고심한 끝에 마음에 들지 않아 통째로 들어냈다. 대략의 퇴고가 끝난 후 다음 반성문을 시작했다. 비슷한 듯 다른 글을 만들어야 했다. 그렇게 나를 포함해서 총 세 명이 써내야 할 반성문 아홉 장을 1시간 만에 완성했다. 난 호기롭게 현호와 명규를 불렀다.

"와, 죽인다."

현호와 명규는 점심시간 1시간 만에 반성문이 완성된 것도 놀랄 일이었지만 그 내용에 더 감탄했다. 구구절절이 녹아든 깊은 참회의 모습과 진심으로 용서를 구하는 유려한 문장에 녀석들은 감동했다. 난 으쓱한 모습으로 친구들을 바라봤다. 하지만 여기서 좋아질 일이 아니었다. 6교시 마치고 다 같이 학생주임한테 가자고 했다. 어쨌든 학생주임이 반성문을 보고 우리의 죄를 사해야 했기 때문에 같이 가서 그 자리에서 최종 판결을 들어야 했다.

"이거 정말 너희가 쓴 거 맞아?"

학생주임은 다리를 꼬고 의자에 앉아 눈을 슬그머니 위로 치켜 뜨며 낮은 목소리로 우리에게 물었다. 우린 자신 있게 그렇다고 대답했다. 학생주임의 표정이 묘했다. 길지 않은 시간이었지만 말 없는 학생주임의 표정에 심장이 쿵쾅거렸다. 학생주임은 이내 우리에게 말했다.

"잘 썼네. 잘 썼어. 반성문의 내용이 진심인 듯 보이니 이번엔 용서해줄게. 대신 다음에 걸리면 국물도 없을 줄 알아. 알겠어?"

셋은 큰 소리로 '고맙습니다.'를 외치며 90도로 인사를 했다. 그러면서도 속으로 쾌재를 부르며 교무실을 나왔다. 서로를 바라보며 기쁘게 웃었다. 조용한 복도가 우리의 웃음소리로 들썩였다. 그리고 옥상으로 갔다. 이 환희를 그냥 넘기기 아쉬워 기쁨의 담배 한 개비를 진하게 피웠다. 난 두 녀석에게 영웅이 되었다.

베끼어 쓰기

　20년이 지난 학창시절의 에피소드다. 현호는 이날의 기억을 나에게 들이밀며 글쓰기를 권했다. 나 역시 뚜렷이 기억한다. 내가 쓴 글이 누군가에게 읽히며 인정받았던 첫 기억이기 때문이다. 그리고 그때 글을 쓰며 가진 감정도 분명하게 떠올랐다. 내가 반성문을 쓰며 느낀 감정은 오직 하나였다. '반드시 학생주임을 감동하게 하리라!' 당시 읽고 있었던 '조선왕조 5백 년'이라는 대하소설은 반성문을 쓰는 데 큰 도움이 되었다. 신하가 임금에게 올리는 수많은 상소가 나오는데 머릿속에 그런 상소의 글귀가 어렴풋이 남아 반성문에 투영되었기 때문이다. 어쨌든 그렇다. 내가 쓰는 글에는 뚜렷하고도 간절한 목표가 있었다. 신하가 목숨 걸고 임금을 설득시키기 위해 올리는 상소문처럼 말이다. 나 역시 학생주임의 마음을 뒤흔드는 글이 필요했다. 그것은 강력한 글쓰기 무기임과 동시에 왜 글을 써야 하는지에 대한 명확한 대답이었다. 굳이 수십 년 전의 이야기를 길게 소개한 이유가 그렇다. 글을 쓰고 싶다면 왜 글을 쓰려고 하는지 자기 자신에게 솔직하게 물어봐야 한다.

　지금 이런 글쓰기의 목표가 얼마나 중요한 것인지 새삼 깨닫는다. 몇 해 전부터 쓰기 시작한 일기도 그렇다. 하루의 일과를 두서없이 적어내는 글, 나밖에 볼 수 없는 일기도 나는 분명히 써야 하는 이유와 목표를 가지고 시작했다. 자기반성과 삶의 기록이 이유였다. 혼자 쓰고 혼자 보는 글이라고 생각 없이 쓸 일이 아니었다. 일기를 통해 내 삶을 바꾸고 싶다는 욕망이 있었다. 허술하고 두서없는 글이 매일 이어졌지만, 글은 목표에 다가가고 있음을 느꼈다.

글을 쓰기 힘들다는 것은 왜 글을 써야 하는지 아무런 이유를 찾지 못하니 그런 것일 수 있다. 가끔 그냥 쓴다든가 대충 쓰자는 말을 하는 예비 작가나 글쓰기 강사를 본다. 아니다. 그럴 수 없다. 왜 써야 하는지 스스로 알지 못한다면 글은 써질 수 없다. 쓴다 해도 글이 아니다. 공무원인 내가 한 장도 채 되지 않는 짧은 공문서를 만들 때도 반드시 이유가 있고 문서가 이루고자 하는 목표를 생각한다. 때론 상급자에게 보고하는 단순한 보고용 문서일 테지만 때론 중요한 기획을 하고 그에 따른 허락을 얻기 위한 간절한 기획용 문서이기도 하다. 생각이 손가락을 움직이는 물리적 힘을 거쳐 하얀 종이에 펼쳐지는 귀한 과정은 반드시 왜 그런 행위를 해야 하는지에 대한 이유가 뒷받침되어야 한다는 것이 글쓰기에 대한 나의 가장 중요한 생각이다.

그렇다면 글을 쓰기 위한 이유나 목적을 찾기 위한 연습도 가능한 것인가? 물론 가능하다. 그러한 방법을 겪어보았다. 내가 겪은 글쓰기 연습 중에 나름 시도한 것이 베끼어 쓰기다. 너무 긴 글은 힘들고 너무 짧은 글은 심심하니 고만고만한 길이의 신문 칼럼을 매일 하나씩 베끼어 쓴 적이 있다. 이런 베끼어 쓰기는 내 글이 아니어서 글쓰기 연습의 효용성에 대한 의심이 들기도 한다. 하지만 효과가 있다고 생각한다. 그러한 이유 중의 하나가 베끼어 쓰는 순간에 스스로가 글쓴이로 빙의 되어 그가 왜 이러한 글을 썼을까 하는 근원적인 질문을 자기 자신에게 끊임없이 던졌기 때문이다. 길지 않은 신문 칼럼이나 짧은 에세이를 읽다 보면 글쓴이의 의도를 파악하기가 어렵지 않다. 기승전결이 있고 어디가 되었든(대체로 결말 부분에 나오긴 하지만) 글을 쓰는 목적이 드러나기 마련인데 그것을 찾아내는 순간, 묘한 희열을 느낀다. 그렇게 우선 한 번 읽은 후에 베끼어 쓰기 시작한다. 베끼어 쓰는 누군가의 글이 마치 세상에서 내가 처음 쓰는 글처럼 생각하기도 한다. 이것은 내가 글이 가진 내용을 오롯이 받아들였음을 의미한다.

결국, 글을 읽을 때도 과연 내가 읽는 글은 무엇을 위해 쓰였는가를 곱씹어봐야 한다. 수백 페이지의 책을 읽다 보면 가끔 책의 단편적인 내용에만 매몰되어 글 전체가 주는 메시지를 잃어버리는 경우가 있다. 이런 독서도 그 자체만으로는 나쁘진 않겠지만 스스로 글을 써내려는 사람이라면 타인의 글을 읽을 때 반드시 글이 주는 큰 주제를 찾아낼 줄 알아야 한다. 그렇다 보니 분량이 많은 책보다도 한두 페이지 남짓한 신문 칼럼이나 짧은 에세이가 읽고 쓰는 연습하기에 좋다.

어디 글쓰기만 그렇겠는가? 매일 살아가는 삶 자체가 목적이 있어야 한다. 개인으로 보자면 이루고자 하는 삶의 목표를 정하고 행동하는 이와 그렇지 않은 사람을 비교해 보면 알 것이다. 먹고, 자고, 싸고, 숨 쉬는 본능적 행위만 하자고 사는 사람은 없다. 삶을 가치 있게 살고 또, 이루고자 하는 목표에 다가가기 위해 움직이는 것이 건강한 삶의 모습이다. 글쓰기도 그와 다르지 않다. 왜 글을 써야 하는지 이유를 명확히 하고, 글을 써야 할 목적을 확립해야 진짜 글이 써진다. 내가 말하고자 하는 메시지가 분명할 때 글쓴이의 눈에 글감도 보일 것이며 문장이 바로 설 것이다. 온 힘을 다해 써낸 나의 첫 책이 대중 앞에 보이고 나서 얼마 되지 않아 난 한동안 글쓰기 슬럼프에 빠지게 된다. 이유는 바로 내가 도대체 왜 글을 써야 하는지 스스로 답하지 못했기 때문이다. 아무리 생각하고 찾아봐도 내가 글을 쓸 이유와 목표를 찾을 수 없었다. 먹고 살 일이야 소방관이라는 본업이 있기에 해결될 일이었다. 고된 글쓰기 작업을 해가며 글을 써서 내가 가지는 것이 무엇인가를 나에게 물었을 때 난 선뜻 답을 하지 못했다. 고등학교 시절 반성문을 통해 학생주임을 설득하는 일 같은 강력한 동기부여를 찾지 못했다. 이렇듯 글을 써야 하는 이유가 없다면 스스로 써 내려가기란 여간해서 쉽지 않다.

지금은 누군가에게 내가 읽고 썼던 일들을 이야기해주기 위해서라는 목적이 이 글을 쓰게 만들었다. 그러한 이유로 또 글을 쓴다. 이 글을 쓰는 이유가 생겼기에 다시 노트북 앞에 앉은 것이다. 단순히 남들이 글을 쓰니까, 남들처럼 책을 쓰고 싶어서라는 이유가 아닌 나를 움직이게 하는 무언가가 있어야 한다. 도저히 무엇을 써야 할지 모르겠다고 하소연하는 작가 지망생들이 많은 것으로 안다. 어쩌면 그들이 고민하는 것은 '무엇'이 아니라 '왜'라는 것일 수도 있다. 사다리를 타고 높은 곳에 오르려면 가장 아래에 있는 첫 번째 가로대를 밟아야 올라갈 수 있다. 저 위에 있는 높은 가로대에 먼저 손을 뻗어서야 사다리를 타고 올라갈 수 없다. 왜 글을 써야 하는지 생각해 봐야 한다. 그런 근본에서부터 시작해야 글이 시작된다. 그런 후에야 수개월 동안 이어질 수 있는 매우 힘든 글쓰기 작업을 꿋꿋이 이겨낼 힘이 생긴다. 써야 할 이유가 있다면 어떻게 해서든지 써내기 때문이다. 읽었다면 써봐야 한다. 말인즉 읽기에 목적과 이유가 있듯이 쓰기에도 그러해야 한다는 것이다. 글을 쓰고 싶은가? 왜 써야 하는지 당장 말해보라. 난 반성문부터 시작했다.

2
오늘이 쓰는 날이다

미루겠다는 것은 쓰지 않겠다는 것이다.

-테드 쿠저

행동의 힘

글은 손으로 쓰지만, 글의 내용은 생각에서 나온다. 글을 쓰려는 생각 범위는 매우 광활한데 글에 필요한 이야기를 만들어 낼 수도 있고, 지난 기억이나 경험을 되새기며 풀어쓸 수도 있다. 글은 엉덩이로 쓴다고 한 유명 작가의 말이 있다. 이 말에 지극히 동의한다. 그만큼 앉아서 일단 뭐라도 써야 함을 강조한 말이기도 하지만 쓰고자 하는 글에 대해 깊고 오래 생각하라는 뜻이기도 하다.

딴에는 글이라는 것이 소위 '일필휘지(一筆揮之)'로 뚝딱 나와 버렸으면 얼마나 좋겠냐고 또 '생각'해보지만 그럴 리 만무하다는 것은 이 글을 읽는 분들이라면 누구나 깊이 공감할 것이다.

학창시절, 다가오는 중간고사나 기말고사를 앞두고 이번에는 소기의 목적을 기필코 달성해 보겠노라며 굳은 각오를 다진 경험이 있다. 시험 날짜가 정해지고 대략 한 달 남짓 남았을 때 비장한 마음으로 공부를 계획한다. 우선 방의 책상을 깨끗하게 정리하고 형형색색의 필기도구를 가지런히 갖춘 다음 잉크 냄새 폴폴 나는 새로 산 참고서와 문제집을 국, 영, 수 순서대로 옆에 쌓아놓는다. 그런 후 어떻게 목적을 달성할 것인가에 대한 깊은 고민이 담긴 공부 계획 작성에 들어간다. 과목별로 목표하는 점수를 정하고 참고서와 문제집을 번갈아 뒤집어가며 날짜별로 어디까지 공부하겠노라고 목표량을 정한다. 이때쯤이면 이미 계획했던 목적의 절반은 성공한 셈인 듯 보인다. 그리고 깊은 뿌듯함이 몰려온다. 자! 그럼 공부를 시작해보자. 하루, 이틀…. 거기까지다. 공부라는 것이 어디 계획만으로 될 일이겠는가? 거창한 계획과 원대한 포부도 결국 행동이 뒷받침되어야 하는데 학창시절 나의 공부는 늘 계획과 행동의 어긋남으로 점철되어 있었다. 당연히 성적은 목표했던 만큼 단 한 번도 나온 적이 없다.

글쓰기도 이와 같지 않을까 한다. 결국 뭐라도 끄적거려야 글이

나온다. 글이라는 결과물은 손가락이 움직이는 행동의 소산이다. 머릿속에 떠오르는 글귀가 팔과 손의 근육을 움직이게 해야 한다. 그럼으로써 하얀 종이 위에 글이 써진다. 그래서 이런 생각을 어떻게 글로 옮기는가가 가장 중요하다. 글쓰기에 능수능란한 작가가 아니고서야 초보 작가들의 가장 힘든 점이 이런 것이다. 그렇다 보니 주제나 목차를 정하고도 글이 나오지 않는 경우가 많다. 큰 틀에서 생각은 해봤는데 막상 쓰려니 무엇을 쓸지 모르는 일이 생기는 것이다. 이럴 땐 참 난감하다. 그렇다면 이렇게 해보는 것이 어떨까? 생각보다 행동을 먼저 하는 것!

그렇다. 이쯤 되면 알아야 한다. 글을 쓴다는 것은 일상적이어야 한다. 쓰고자 마음먹었다면 매일 무언가를 쓴 글이 책이 된다. 때론 깊은 생각이 행동을 잠식한다. 이루겠노라는 강박에 사로잡혀 생각의 범위가 좁아진다. 그냥 쉽게 그리고 일상적으로 봐야 할 주제들이 눈에 띄지 않는다.

얼마 전 이발을 하러 갔는데 '바버샵'이라는 곳에 가서 머리를 했다. 실내 장식이나 머리를 해주는 젊은 남자 미용사를 보니 어릴 적 우리 동네 이발소가 생각났다. 때마침 기고 글 하나 쓸 일이 있어 이발소라는 주제로 어린 시절도 추억하며 한 꼭지 만들어냈다. 본업이 글 쓰는 사람이 아닌 나로서는 먹고사는 일에 쫓겨 글 써내기가 여간 힘든 일이 아니다. 이번에는 이런 주제로 한번 써보겠노라고 매일 생각만 하는데 한 번도 그렇게 해서 글이 완성된 일이 없다. 마음먹고 해보겠노라고 정해놓고 하는 일이 더 힘겹게 느껴지는 이유도 이와 비슷하지 않을까 한다. 글쓰기도 그렇다. 특히 글의 주제는 희한하게도 일상에서 자주 발견된다. 이은대 작가의 에세이 '일상과 문장 사이'라는 책을 보면 딱 그렇다. 등산하다가, 밥을 먹다가, 길을 가다가, 목욕하다가, 똥을 누다가 등등 그가 살아가는 하루의 일이 소중한 글로 등장한다. 글을 만들어내는 재주야 작가라는 일을 하는 사람이라 그렇다 치더라도 굳이 억지로 만들어내는 주제가 아니라 살며 살아가며 겪는 순간순간이 보석처럼 글이 된다. 어쩌면 생각이라는 놈이 온종일 일목요연하게 정리되어 나타나지 않는 뇌의 특성 때문에 그런 거 같기도 하다. 어쨌든 글로 드러내고자 하는 내 생각은 정해진 틀에서는 나오지 않는다. 말하고 움직이고 보고 느껴야 글감이 모이더란 말이다.

글쓰기 연습

무엇을 어떻게 쓸 것인가는 처음 글을 쓰고자 하는 초보 작가들에게 몹시 힘든 일이다. 나 역시 그랬고 지금도 그렇다. 이럴 땐 자신의 기억과 경험이 가장 큰 글감이 된다. 내가 살아온 길, 내가 겪었던 지난 경험 그리고 스스로 잘하는 특정 분야가 분명 좋은 글감이 될 수 있다. 남보다 더 많이 알고, 더 잘 기억하고 있다는 것은 결국 생각이 풍부하다는 것일 수 있으니 말이다. 그런데 그러한 기억과 경험이 아무리 많다고 한들 막상 글을 쓰려고 하면 생각이 나지 않으니 그것이 문제다. 이것은 쓰려는 주제와 내 생각이 연계가 잘되지 않아서 그런 것인데 글 쓰는 사람이라면 이런 부분을 정확히 잡아내는 재주가 있어야 한다. 그런 재주가 일순간 생긴다면 얼마나 좋겠느냐마는 그렇지 않으니 연습을 해야 한다. 어떻게 연습을 해야 하는지 나만의 방법을 한번 보자.

첫 번째 방법은 메모다. 생각만 해도 귀찮은가? 이해한다. 메모라는 것이 말이야 쉽지 그렇지 않다. 사실 메모 자체가 힘들다기보다 언제 어느 때 무엇을 어떻게 메모해야 하는지 정확히 알아내기가 힘들다는 것이 맞겠다. 무슨 일을 겪을 때마다 죄다 메모할 수도 없고, 메모하지 않고 넘어가자니 뭔가 아쉽다. 메모하려는 순간 쓰려는 글의 주제와 어울리는지 잠시 헷갈리다 보면 이내 무엇을 메모해야 할지조차 까먹는다. 그래서 구분을 하는 거다. 오전, 오후로 나누는 것이 좋겠다. 더할 것도 없고 덜할 것도 없다. 오전에 하나, 오후에 하나만 메모하자. 무엇이든 좋다. 어떤 도구를 사용해도 상관없다. 나는 예전엔 작은 메모 수첩을 사용했다가 최근에는 휴대전화 앱을 사용한다. 휴대전화는 언제나 손에 들려 있으니 좋은 메모장이 된다. 휴대전화의 글쓰기가 번거롭다면 휴대전화 카메라를 이용하여 사진으로 기록하면 된다. 사물이든 좋은 글귀든 사진을 찍고 사진에 대한 한 줄 정도의 메모면 충분하다.

    메모한 것이 당장 글감으로 쓰인다는 생각은 버려라. 이렇게 행동하는 것만으로도 의미 있는 행동이다. 그냥 글을 쓰기 위한 연습이라고 보면 좋겠다. 메모하기 위해 유심히 관찰하고 그에 대한 자기만의 생각을 창의적으로 적어내는 것만으로도 좋은 글쓰기 연습이다. 훗날, 메모한 기록은 기록대로 좋은 글감이 될 것이고, 메모하기 위한 행동이 매일 쌓이다 보면 글 쓰는 힘도 길러진다. 단상(斷想)이라는 말도 있지 않은가. 짧고 간단한 순간의 생각을 스스로 적어내는 연습을 꾸준히 하는 습관을 들이면 그만이다. 뭔가 대단한 기록을 하자는 것이 아니라 글감을 보는 안목을 기르고 한 문장을 소중하게 써내는 글쓰기 체력을 기를 수 있는 일이다.

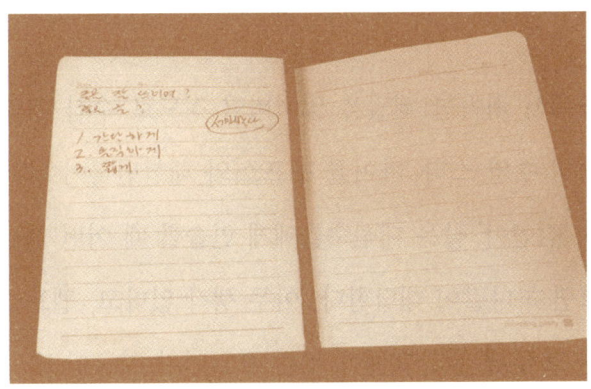

필자의 메모장

두 번째 방법은 걷기다. 걷기란 오감을 발달시키고 기초 체력을 키워주는 좋은 운동이다. 그렇다면 걷기가 글쓰기와 무슨 연관이 있을까? 굳이 따지자면 '체력'이다. 쓰고자 하는 사람이면 글을 쓰기 위한 단단한 몸을 길러야 한다. 포괄적으로 보자면 운동이 필요하다는 말일 수도 있다. 글감을 찾는 생각을 기르는 연습에도 걷기가 좋다고 본다. 나는 몸을 움직이는 것에 있어서는 일가견이 있다. 해군 특수부대에서 6년을 복무하며 몸을 극한까지 몰아가 봤다. 사람의 몸이 느끼는 가장 심한 자극을 느껴봤다고 자부한다. 수십 킬로그램의 군장을 메고 매일 산을 뛰었고, 맨몸으로 수 킬로미터의 바다를 수영하기도 했다. 형언하기 힘든 육체적 고통을 겪으며 과연 무슨 생각을 했을까? 나는 단호하게 말할 수 있다.

아.무.생.각.없.었.다.

올림픽에서 획득한 메달을 잃어버릴 정도로 수십 개의 메달을 따낸 미국의 수영 스타 '마이클 펠프스'와 대한민국이 낳은 세계적 피겨 스타 '김연아' 같은 대선수들에게 연습할 때 어떤 생각을 하느냐고 물으면 하나같이 대답한다. 아무 생각 없다고. 펠프스는 연습을 얼마나 몰두했는지 오늘이 무슨 요일인지 지금이 몇 시인지도 모른다고 하고 김연아는 위와 같은 질문을 한 기자에게 어이없다는 표정으로 '생각은 무슨 생각을 해요?'라며 답했다.

여기에 답이 있다. 의아한가? 글 쓰는 생각을 하라고 해놓고 생각이 없다는 예를 들다니 말이다. 반대로 보자. 비워야 한다는 뜻이다. 신체의 반복 행동은 생각의 정리를 가져온다. 근육의 움직임과 피부의 촉감 그리고 다음 행동에 대한 대비 등 육체적 움직임에 모든 오감이 집중되기에 머릿속은 오로지 그것만 생각한다. 그러다 보니 소위 잡생각이 자리 잡을 틈이 없다. 이것은 글을 쓰기 위한 사전 준비에 상당한 도움이 된다. 인생사 비워야 채우는 법이다.

나는 이 위대한 자연의 법칙을 글쓰기 연습에 적용했고 지금도 그러고 있다.

오해는 말자. 내가 겪은 특수부대의 훈련처럼, 펠프스처럼, 김연아처럼 운동하자는 것이 아니다. 적어도 30분 이상 오롯이 자신의 육체에 집중하는 시간을 가져보고 그런 행위를 통해 지끈거리는 머릿속의 생각을 비워보자는 것이다. 그렇게 비워진 뇌는 산뜻하고 신선한 생각으로 채워진다. 그래서 걷기가 좋다. 힘들지도 어렵지도 않다. 시간도 적당히 보낼 수 있고 장소도 크게 구애받지 않는다. 발을 내디디며 앞쪽과 뒤꿈치에 느껴지는 땅의 느낌에 집중해보자. 한 발 내디딜 때 전해오는 장딴지와 허벅지 근육의 움직임을 알아차려 보자. 살짝 숨이 가빠지며 내가 살기 위해 들이마시는 공기의 소중함을 알아볼 필요도 있다. 근사한 근육의 발달과 화려한 동작의 움직임은 없지만 몸의 모든 감각이 그저 걷는 것에 집중되고 두서없이 마구 떠오르던 생각이 고요해지는 것만 알게 된다면 그것만으로도 충분하다. 장 자크 루소, 빅토르 세갈렌, 랭보, 마츠오 바쇼 등 위대한 문학가인 이들은 걷는 것을 즐겼으며 걷기를 통해 겪는 다양한 경험들을 사랑했다.

어디 그뿐이랴. 건강은 덤이다. 난 첫 책의 초고를 2달여에 거쳐 쓰는데 적어도 4kg 이상이 빠지는 경험을 했다. 딱히 운동을 많이 한 것도 아니고 식단을 조절한 것도 아닌데 상당한 체력소모를 겪었다. 그만큼 글쓰기는 힘들다. 뇌는 우리 몸에서 가장 많은 에너지를 소모한다. 우리가 매일 들이마시는 공기 속의 산소는 사람의 생명을 유지하는 가장 중요한 기체인데 당연히 산소는 뇌에 가장 많이 공급되어야 한다. 그만큼 체력은 곧 글쓰기와 연관된다. 그러니 걷자. 에너지가 있어야 글을 쓴다. 좋다. 꼭 걷기만을 강요하지 않겠다. 무엇이든 몸을 움직여라. 분명 도움이 된다.

세 번째는 보여주기다. 내가 쓴 글을 남에게 보여줘야 한다. 뭐라도 좋다. 두렵기도 하고 부끄럽기도 하지만 내보여야 한다. 내보이는 방법이야 널리고 널렸다. 대표적인 것이 블로그나 SNS다. 일기장을 선생님께 제출하듯, 써내놓고 두근거리며 반응을 기다려보자. 좋은 댓글이나 반응이 대부분이기도 하다. SNS 공간이 어차피 품앗이 같은 게 있기 때문이다. 아무 반응이 없다고 한들 어떠랴. 처음부터 하트가 널릴 수는 없는 일이다. 포기하지 말고 올려야 한다. 그렇게 올린 글을 스스로 읽고 또 읽어보자. 그러다 보면 자기가 쓴 글에 고칠 점이 눈에 띄고 글을 수정하는 능력도 길러진다. 글 하나 올려놓고 누가 읽을까 설레는 마음을 느껴보는 것도 좋다. 실시간으로 확인되는 조회 수나 좋아요, 공감 클릭 같은 반응을 기다리는 재미도 있다. 유명 인플루언서처럼 어마 무시한 반응은 없겠지만 내 글을 단 한 사람이라도 읽었다는 것에 그저 감사할 뿐이며 감사함은 또 다른 글을 쓰기 위한 소중한 원동력이 된다. 동병상련도 있다. 이 땅 위에 나같이 글쓰기 초보가 얼마나 많은지 알게 된다. 서로에게 건네는 격려의 댓글은 오늘도 글쓰기에 고되었던 시간을 깨끗이 잊게 해준다.

그리고 다른 아마추어 작가들의 글도 차츰 눈에 보이기 시작한다. 앞에서 품앗이라고 했다. 가서 읽어라. 그리고 반응해줘라. 건성은 안 된다. 진심을 담아 글에 대한 솔직한 심정을 짧게 알려줘야 한다. 이 또한 연습이다. 가르치는 사람이 더 많이 배운다. 다만 문맥이 어떻고, 비문이 저렇고 하는 전문적인 지적은 할 필요 없다. 그냥 내가 읽어보니 이런 느낌이구나 정도, 그리고 좋은 글을 잘 읽었다는 정도의 감사 인사를 나누자. 내 글에 용기 얻고 감사함을 느낀 다른 이는 당신의 글에도 그리고 또 다른 누군가의 글에도 같은 용기와 감사를 나눌 것이니, 이것이 요즘 말하는 선한 영향력 아니겠는가? 하지만 너무 반응에 민감해질 필요는 없다. 타인의 글에도 너무 집착하며 평을 남길 일도 아니다. 문제는 진심이다. 짧고 보잘것없는 글이라도 정성을 다해 올리고 다시 찾아 읽고 고쳐가며 글을 읽어주는 이름 모를 누군가에게 마음속으로 진심으로 감사한다면 그것만으로 족해야 한다. 나는 1년 넘게 쓴 블로그 글을 모아 책을 냈고, 지금도 물론 블로그와 인스타그램을 통해 일상과 생각 그리고 진심을 담아내고 있다. 보잘것없는 글이지만 그렇게 글은 기록되고 보이며 또 다른 '책'이 되고 있다.

　가끔, 아주 가끔 내 글을 보고 칭찬해주는 말을 듣다 보면 부끄럽고 민망해 어디론가 숨고 싶어진다. 그럴만한 재주도 없거니와 그런 말 들을 정도의 실력도 아니기 때문이다. 하지만 굳이 대답하라고 한다면 쓰고 싶으니까 쓴다고 말하고 싶다. 대단한 글쓰기 기술을 배운 적도 없고, 타고난 재주라고는 쥐꼬리만큼도 없다. 암만 생각해도 썼으니 지금도 쓰고 있다. 김빠지는 소리라고 느끼겠지만 사실이다. 그렇게 써내기 위해 작은 것을 메모하든지, 걸으며 생각을 비워내기도 하고, 남보라고 SNS에 올린다. 이것이 대단한 기술이라고 보지는 않는다. 지금이라도 쓰자. 매일 사는 오늘이 글 쓰는 날이다.

3
글쓰기 연습장 SNS

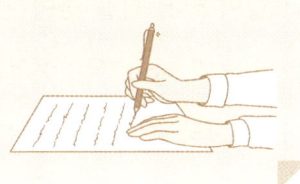

글을 쓰면서 우리는 더 이상 자신에게 머물 필요가 없다.

―구스타브 플로베르

휴대전화에 남기기

요즘 걷거나 등산을 한다. 내가 사는 동네는 말이 부산이지 번화가와는 수십 킬로미터나 떨어진 외곽의 작은 신도시다. 주변이 온통 산으로 둘러싸여 있고 동쪽으로 차로 십여 분만 가면 바다도 있다. 물 좋고 공기 좋으니 번잡한 거 싫어하는 성격상 사는 데 이만한 곳이 없다. 원래는 인근에 있는 수영장에 가서 물살을 가르며 하던 수영이 유일한 운동이었는데 코로나 시국에는 수영장 운영이

뜸했었다. 그래서 동네 앞 하천 길을 걷기도 하고, 높지 않은 동네 앞산을 오르기도 한다. 좋아하는 수영을 못 한 아쉬움이 처음에는 꽤 컸다. 격렬하게 물살을 가르며 한바탕 수영을 하고 나면 몸도 단단해지고 기분까지 상쾌해지는데, 걷거나 산을 오르는 일은 수영이라는 운동을 십수 년 해온 나에게는 꽤 낯설었다. 속도감이 일단 떨어졌다. 팔을 뻗어 손으로 물을 잡아당기고 발을 차며 물장구를 일으켜 나아가는 수영은 속도로 시작해서 속도로 끝나는 운동이다. 전국 각지에서 열렸던 마스터스 수영대회에 출전하며 나름 입상까지 해본 내가 그런 속도를 누릴 수 없으니 보통 좀이 쑤시는 게 아니었다. 하지만, 어쩌랴? 당장 할 수 있는 운동은 산을 오르거나 걷거나 아니면 뛰는 일뿐인 것을.

궁하면 통한다고 했던가? 걸으면서, 산을 오르면서 조금씩 나름의 매력과 새로운 기분을 느끼기 시작했다. 바로 생각이었다. 복잡하고 엉킨 머릿속이 정리되고 새로운 아이디어가 스멀스멀 떠오르는 경험을 겪기 시작했다. 수영하며 온몸의 근육이 꿈틀대는 기분만 느끼다가 걸으면서는 생각이 정리되고 때론 상상의 나래를 펼치며 사고의 파장을 넓혀갔다. 뭐가 더 좋고 안 좋고를 논하기 전에 이 새로운 느낌을 놓치기 싫었다. 그래서 메모를 하거나 기록을 해야 했다. 그때 문득 주머니 속의 물건이 생각났다. 바로 휴대전화다. 우선 밝힌다. 난 나의 하나밖에 없는 딸아이에게 늘 휴대전화를 적게 들여다보라는 잔소리를 해댄다. 인간의 생각이 작은 기계 안에 갇혀 버리는 것 같이 보이기 때문이다. 머무는 시선이 더 넓고 더 큰 자연으로 가기를 바라는 마음에 내 아이만큼은 휴대전화를 적게 보기를 바라는 마음이다. 하지만 지금 언급하고자 하는 휴대전화에 관한 이야기는 다른 관점이다. 글쓰기 연습장이 될 수도 있다는 나의 경험을 말하기 위함이다. 걷고 오르면서 느끼는 감정, 보이는 풍경에 관한 생각의 순기능을 온전히 사용하고자 하는 마음을 고스란히 휴대전화에 옮긴다. 걷거나 산을 오를 때만큼 누가 뭐라든 휴대전화의 기능을 충분히 활용한다.

형형색색 주변의 식물과 파랗거나 회색이거나 하는 하늘의 색은 그냥 글로 적기엔 나의 표현력에 한계가 있다. 그럴 땐 휴대전화의 카메라 기능을 활용해 풍경을 고스란히 담는다. 사진으로 남은 자연을 다시 들여다보며 그때의 감정을 또 글로 옮긴다. 맑고, 밝은 날만 남기지 않는다. 비가 오거나 바람이 부는 날도 찍을 거리가 많다. 그렇게 옮겨 담은 내 생각, 마음을 조금 다듬어 SNS에 올린다. 처음엔 이런 행동이 무슨 청승일까 하는 생각도 했다. 마흔 중반의 덩치 큰 남자가 산을 오르다 말고 나무 밑동에 걸터앉아 고개를 숙인 채 손가락을 쉼 없이 움직이는 모습이 내가 생각해도 웃기긴 하다.

어느 순간 휴대전화를 글 쓰는 나만의 연습장으로 활용해보기로 했다. 일상을 살면서 가지게 된 사사로운 감정부터 사물을 보고 느낀 마음속의 느낌, 책을 읽다가 보게 된 감명 깊은 문장, 사람과의 대화 중 기록하고 싶은 조언 등 쓸거리는 넘치고 넘쳤다. 거기에다가 산 정상에 올라서 본 일출, 걷다가 나온 길 끝의 바다, 그리고 문득 올려다본 하늘의 구름까지. 내 눈에 보이는 자연을 담아 글을 덧붙여 SNS에 올렸다. 새로운 경험이었다. 노트북 앞에 앉아 하얗게 비어 있는 화면에 글을 채우려 할 때와는 전혀 다른 느낌이었다. 당장 기분과 느낌을 적어야 하기에 어느 때보다 순간의 감정에 충실할 수 있다. 그런 감정이 달아날까 봐 빠르게 적는다. 그러다 보면 글의 깊이가 조금 얕아지는 듯도 하지만, 대신 생각의 속도는 빠르다. 날것 그대로의 글이 뚝딱 나온다. 두어 번 더 들여다보긴 하지만 딱히 쓴 글을 고치진 않는다. 기껏 백자도 안 되는 글을 그렇게 만들어내 금세 찍은 사진과 함께 SNS에 올린다. 책 한 권 써낸 기분에 비할 바는 아니겠지만 짧은 시간에 함축된 의미를 내포한 나만의 글 한 꼭지가 번듯이 눈앞에 펼쳐지니 이 또한 보통 뿌듯한 일이 아니다. 그런 글을 읽고 또 읽는다. 혹여 더 고칠 곳이 보이면 아쉽긴 하다. 그렇다고 굳이 고치지도 않는다. 그 마음 그대로 간직하고 다음에 더 잘 쓰자 하고 그냥 둔다.

기록이 역사고 역사가 곧 기록이니 그렇게 나의 역사를 기록했다는 자부심까지 느낀다. 특히 다양한 SNS 채널 중 인스타그램을 애용한다. 인스타그램의 기능이 단문형식의 글과 10장 이내의 사진 등 순간의 느낌과 감정을 옮기는 데 최적화되어 있기 때문이다. 아래 사진은 내가 올린 인스타그램 게시물의 중에 하나다. 늦은 오후 혼자서 작은 뒷산에 올라 떨어지는 해 위로 콩알 같은 달이 떠 있는 모습을 보고 매일 사라졌다가 다시 생기는 것들에 대한 감흥을 얼른 적어내 올린 글이다. 사진의 색감 역시 인스타그램에 있는 보정 기능을 이용해 해와 달의 대비를 극대화했는데 스스로 매우 만족했던 사진이었고 글 역시 쓰고 나서 한 글자도 손 보지 않을 만큼 좋았던 기억이 난다. 글을 잘 썼다기보다 내 감정에 충실했기에 이 글이 어느 때보다 좋았다. 거기에 내 글과 연관된 신문 칼럼의 글 한 문장도 첨부했다. 이런 문장은 평소 메모를 통해 저장해 놓은 것이다. 문득 떠오른 글이긴 하지만 사고의 영역 어딘가에 저장된 기억을 더듬어 당장 글과 함께 엮어 올린다. 이렇게 하면 글에 대한 신뢰도와 완성도가 높아진다. 짧지만 나름대로 품격 있는 글이 된다.

해 질 녘 동네 뒷산에 올라 찍은 사진과 함께 쓴 글을 인스타그램에 올렸다.

보이는 글의 가치

　보잘것없는 글을 읽어주는 사람들이 있다는 것 역시 SNS의 가장 큰 매력이다. 그것도 실시간으로 반응을 볼 수 있어 이거야말로 또 다른 출판의 세계가 아니겠는가 싶다. 물론 싫은 소리 하는 사람이 잘 없다 보니 마치 대단한 작가쯤 되는 듯 건방진 착각에 빠지기도 한다. 하지만 다른 누군가의 SNS 글도 보게 되는데 그럴 때마다 나 역시 감탄하는 것 보니 내 글이 그리 부끄러워 보이진 않는다. 글에 가끔 작은 댓글이라도 달리면 그렇게 감개무량할 수가 없다. 마치 깊은 속내를 털어 내놓고 진심으로 공감해주는 친구를 마주한 느낌이다. '맞다, 맞아.'라고 내 말에 손뼉 쳐주며 동조해주니 기분이 좋아 새어 나오는 웃음을 겨우 참는다. 이렇게 피드백이 또박또박 나오는 걸 보고 있자면 쓸 맛이 절로 난다. 글에 대한 칭찬만큼 글 쓰는 동기부여를 확실히 해주는 것이 또 있을까? 칭찬은 고래도 춤추게 하고 누구나 작가로 만들기도 하나 보다. SNS라는 공간의 특성상 서로 공감하는 주제가 많이 공유되는 만큼 나 역시 다른 글쓴이의 글을 자주 접하게 된다. 이것도 글쓰기 실력을 기르는 데 도움 된다. 똑같지는 않겠지만 비슷한 마음을 가진 사람들이 SNS의 공간에 많다. 그들의 글을 읽다 보면 감탄하고 또 감탄한다. 긴 글이 아니더라도, 유려한 문장이 아니더라도, 자극적인 단어를 쓰지 않더라도 SNS의 특성을 십분 활용한 주옥같은 글을 읽다 보면 쓰기 위한 자극도 되고 배우지 않더라도 자연스럽게 익히게 되어 쓰기 실력도 늘게 된다. 작성자의 허락을 받아 나의 SNS에 공유하며 문장의 힘을 다시 느낀다. 책 한 권의 글은 수십만 자의 글이 모여 만들어지는데 결국 그 안에서 사람의 마음 깊숙이 닿는 문장은 몇 개 되지 않을 것이다. SNS의 길지 않은 짧고 강렬한 글이 그런 역할을 한다. 강한 전파력을 타고 순식간에 수백, 수천 명이 읽게 되는데 그렇게 서로가 연결되고 영감을 주고받는 과정을 거친다. 그러는 동안 글쓰기 실력은 조금씩 늘게 된다.

하지만 SNS의 순기능만 봐서는 안 된다. 너무 타인의 시선을 의식한 채 글쓰기 본연의 순수함을 잃을 수도 있다. 쉽게 진실하게 쓸 법도 한데 굳이 미사여구를 집어넣어 글에 너무 힘을 주는 경우가 있다. 그럴수록 더욱 쉽고 간략하게 써야 한다. 자신을 돋보이게 하려고 너무 어렵게 글을 만들어내려고 한다면 오히려 역효과가 난다. 특히 과도하게 인용을 한다든지, 너무 심각하거나 모호한 문구를 쓰면 읽는 사람이 질리거나 고개를 갸우뚱할 것이다. 또 다른 한 가지는 SNS의 글에 너무 매몰되어서는 안 된다는 것이다. 이 말은 결국 SNS는 말 그대로 연습장일 뿐 진짜 글은 공식적인 창작의 공간 즉 책을 써낸다는 마음으로 해내야 한다. 물론 SNS의 글도 소중하게 엮으면 멋진 책으로 만들 수 있다. 말인즉 SNS 역시 읽고 쓰는 본연의 순수함에 기초해야 한다. 순간순간 임기응변식으로 쓰는 습관이 고착되면 정작 깊고 진지함이 떨어져 나중에 제대로 된 글을 써보자고 할 때 한계에 부딪힐 수도 있다. 특히 한 권의 책을 출간해보고자 하는 초보 작가들의 경우 SNS의 쉽게 쓰기와 빠른 반응에 매료되어 정작 본질적인 글쓰기를 등한시할 수도 있는데 이런 점을 주의해야 한다.

대한민국 국민 중 휴대전화를 가진 사람의 90%가 SNS를 한다. 활용하는 목적이 다 같진 않겠지만 글을 쓰고자 하는 사람들에게는 이곳은 매우 좋은 연습장이라는 것을 다시 한번 말하고 싶다. 긴 글이 아니더라도 좋고, 퇴고를 거친 정제된 글이 아니라도 좋다. 그저 쓰기의 감정에 충실해 나만의 글이 만들어지고 타인에게 내보임으로써 글에 대한 자신감을 가지는 좋은 기능을 분명히 말해주고 싶다. 꼭 누군가에게 보이지 않더라도 좋다. 비공개로 해서 나만의 글쓰기 기록 그리고 나만의 글쓰기 역사를 만들어나가는 것 역시 SNS의 좋은 기능이다. 20대 시절 '싸이월드'라는 전 국민에게 선풍적 인기를 끈 인터넷 가상공간이 있었는데 운영하던 회사가 관리를 포기하는 바람에 그곳에 올린 글과 사진을 모두 잃어버리게 되었다. 세월이 흘러 그냥 그렇게 잊혀 가던 싸이월드가 다시 서비스된다는 소식을 들었다. 지금 다시 보면 손발이 오그라들

법한 글과 사진이 난무할 터인데 다시 나오게 된다면 반드시 되찾아 보리라 여기는 마음이 있는 이유는 바로 나만의 기억과 추억이 그곳에 있어서가 아니겠는가? 글쓰기 역시 일종의 기록이고 추억이다. 자신의 이름이 떡하니 박힌 책 한 권 내보는 것도 매우 값진 글쓰기의 결과물이겠지만 일상의 소소함이 진하게 배어 나오는 소셜 네트워크의 기록 역시 훗날 무엇과도 바꿀 수 없는 글쓰기 유산이 될 수 있다고 굳게 믿는다.

4
그럼에도 써야 하는 이유

> 글쓰기와 인생의 본질은 똑같다. 뭔가를 발견하는 항해라는 점에서 특히 그렇다.
>
> —헨리 밀러

말과 글

말하기를 좋아했다. 초등학교 때부터 선생님이 질문이라도 하면 알든 모르든 손들고 먼저 말했다. 학급회의 같은 것을 할 때면 틈나는 대로 내 의견을 발표했다. 시키지 않아도 내 생각을 펼치는 것이 좋았다. 지금도 그렇다. 직장생활하면서 동료들과 무슨 이야기든 즐긴다. 회의할 때도 뒤에 물러나 있지 않는다. 때론 논쟁이 되기도 하지만 말하는 것 자체가 좋아서 그렇지 싸우자는 것은 아니다. 소방관이 되고 나서 후배들을 교육하는 소방학교 교관 시절이 그래서 내겐 가장 좋은 시절이었다. 아침부터 오후 늦게까지 마음껏 말할 수 있었다. 누군가를 가르치기 위해 내 기억과 경험을 원 없이 말했다. 그런 이야기를 듣고 호응해주는 누군가가 있다는 것이 너무 좋았다.

말을 잘하는 것은 아니다. 좋아해서 말하는 것이니 잘한다고 할 수는 없다. 잘한다는 기준도 모르겠거니와 괜히 말이 많다고만 비치는 듯도 하여 어떨 땐 입을 닫기도 한다. 하지만 그것도 잠시다. 다시 입은 열린다. 글을 쓰기 시작하며 비슷한 경험을 했다. 생각은 입이 아니라 손끝으로 나오기 시작했을 뿐 마음이 표현된다는 것은 같았다. 다른 게 있다면 말은 사라지지만 글은 남는다는 것이었다. 말은 그때뿐이었지만 글은 영원히 남는다. 요즘은 말을 녹음해서 다시 듣기도 하지만 말과 글이 남기는 그 무엇은 확연히 다르다. 둘 다 나를 표현하는 중요한 수단이다. 글을 쓰려는 사람에게 뭐가 더 좋고, 더 쓸모 있는지는 잘 모르겠다. 하지만 중요한 것은 말이든 글이든 한번 나오면 주워 담기 힘들다는 것은 같다. 그래도 굳이 고르라면 글이다. 이유는 역설적이게도 '말은 남을 위해서라면 글은 자신을 위해 서기 때문이다.'라고 말하고⋯ 아니 쓰고 싶다.

말은 글보다 전달력이 더 좋다. 말하는 이의 표정과 목소리 그리고 말하고 있는 환경이 듣는 이로 하여금 쉽게 감화를 일으킨다. 링컨의 게티즈버그 연설이 그랬고, 처칠이 하원에서 한 연설도 그렇다. 길지도 않은 몇 가지 문장으로 세상을 바꾼 링컨의 연설은 전쟁이라는 처절한 환경과 더불어, 말할 때의 단호한 표정과 몸짓이 그의 말을 더 돋보이게 했다. 혀가 짧아 말하는 게 절대 즐겁지 않았던 처칠은 더하다. 그는 연설을 위해 예행연습까지 해가며 몇 주를 준비해서 자신의 말이 강한 설득력이 있도록 만들었다. 이처럼 말은 외부로 드러나는 것에 더 어울린다. 즉 타인에게 전달되는 힘이 좋다.

글은 조금 다르다. 물론 전달력이 말보다 못하지 않다. 굳이 따지자면 지속성이 더 있다. 섬세하고 진지하다. 즉흥적이지 않고 고칠 수도 있다. 심금을 울리는 명문장은 수천 년이 지난 지금도 여전히 감동을 준다. 충무공의 난중일기나 제갈량의 출사표는 시대를 뛰어넘는 글이다. 말보다 오래 남으니 해석도 더 깊다. 말을 하는 사람보다 글을 쓰는 사람이 더 많은 시간을 준비하는 데 투자한다. 이것이 말과 가장 큰 차이다. 이러한 숙고의 시간은 글을 쓰는 사람을 성장하게 한다. 글이 말보다 더 자신을 위한 것이라는 이유가 여기에 있다. 말과 글. 둘 다 남에게 들려지고 보이지만 자신을 위한 것은 말보다 글이라 할 수 있다.

그러다 보니 말과 글을 다 잘하는 사람이 드물다. 말은 청산유수인데 글로 표현하라고 하면 얼굴이 사색이 되는 사람이 많다. 문서로 보고하기보다 직접 가서 말로 보고하는 것을 더 편하게 하는 직장 선배들을 더러 봐왔는데 대게 이러한 부류다. 이와 반대로 말보다 글을 더 선호하는 사람도 있다. 말하려니 민망하거나 겁이 난다. 그럴 땐 쪽지나 휴대전화 문자, 요즘은 카카오톡으로 자기 생각을 전달한다. 대통령 연설비서관 출신의 '대통령의 글쓰기' 저자 강원국 작가도 말보다 글이 더 편하다고 했다. 모임이나 회식 같은 자리에서 한 명씩 돌아가며 말해보라고 시킬 때가 가장 싫었다고 한다.

이렇듯 둘 다 잘하기가 쉽지 않다. 나 역시 글이 낫다. 까다로운 직장 상사에게 뭔가를 전해야 할 때 말보다 글이 좋다. 그런데 대부분 사람은 글이 더 힘들다고 한다. 말도 잘 못 하는데 글은 더 어렵단다. 말은 매일 매 순간 하는 거지만 글은 그렇지 않으니 그렇다.

그런데도 글을 써야 하는 이유를 여기서 찾아야 한다. 이 글을 읽는 사람들은 지금이라도 당장 주변을 둘러보고 글을 쓰는 사람이 과연 몇이나 있나 한번 찾아보기 바란다. 말하기 부끄럽게도 읽는 이도 별로 없을 테고, 쓰는 이는 더욱 없을 것이다. 그렇다 보니 글을 쓰는 행위 자체가 돋보일 수밖에 없다.

말은 사라진다고 했다. 유명인사의 말이 매체를 통해 기록되지 않는 이상 평범한 사람들의 일상의 언어가 기록되긴 쉽지 않다. 하지만 글은 다르다. 누구나 자신의 삶을 기록할 수 있다. PC나 휴대전화 같은 도구는 쓰는 행위를 쉽게 돕는다. 가장 흔한 것이 일기다. 누구를 위해서도 다른 목적이 아니더라도 오롯이 자신을 위해 날마다 기록할 수 있다. 그렇게 역사가 만들어진다. 충무공이나 제갈량까지는 아니더라도 인생의 소중한 기억이 그렇게 만들어지는 것이다. 이것이 바로 글의 힘이다. 더 나아가 글은 성찰을 가져다 준다. 이 또한 말과 큰 차이점이다. 말은 때론 위험하다. 타인에게 뜻하지 않게 상처를 남길 수도 있다. 공격적이다. 글도 그렇긴 하지만 조금 다르다. 말은 뱉는 순간 되돌릴 수 없으니 불안하다. 글은 공격적으로 썼더라도 다시금 읽으며 순화할 수 있다. 자기가 쓴 글을 읽으며 내 안으로 표현되니 있는 그대로 자신을 투영한다. 내 글은 나를 비추는 거울처럼 자신을 반성하게 한다. 그렇게 더 나은 삶을 만든다.

글의 힘

기록은 무섭다. 중세시대 서양에서는 글을 아는 자가 권력을 가졌다. 종교가 세상을 지배하던 그 시절 종교의 교리를 기록한 책, 즉 성경을 읽는 자만이 세상을 지배했다. 까막눈의 백성은 오로지 읽을 줄 아는 자들의 말만 믿었다. 지금도 다르지 않다. 글이라는 것은, 나와 다른 사람에게 큰 영향을 미칠 수 있는 가장 강력한 매개체다. 매일같이 쏟아지는 무수한 책 중에 사람의 생각을 바꾸고 더 나아가 인생을 바꾸는 책이 있다. 넘쳐나는 자기계발서 같은 책은 여전히 베스트셀러에 이름을 올린다. 부자 되는 법을 알려주는 책이 요즘 가장 많이 팔린다고도 한다. 말로 해도 될 일이지만 글이 주는 신뢰성은 말보다 더 크기 때문에 책은 사람의 가치관과 생각을 바꾸는 중요한 도구다. 이렇다 보니 누구나 글로써 자기 생각을 펼치는 세상이 되었다. 글을 써서 책을 낸다는 것은 책의 판매와는 별개로 그런 글을 써낸 사람에 대한 믿음으로 이어진다. 책이라는 결과물을 만들어내기 위해 준비하고 노력한 글쓴이의 시간과 정성을 신뢰하는 것이다. 자기만족으로 책을 내는 사람도 그래서 요즘 많다. 글은 이렇듯 나와 남, 모두를 위한다.

글은 자신을 위한 것이라는 근거를 여기서 더 찾을 수 있다. 남에게 보이려고 글을 쓰는 순간 무서운 책임감에 휩싸인다. 어찌 안 그렇겠는가? 내 글이 타인의 삶에 끼칠 영향을 생각한다면 절대 허투루 글을 쓸 수 없다. 전문적인 글이라면 끊임없이 오류를 찾아야 할 것이고, 자신의 경험이나 주관적인 글이라 해도 읽는 사람의 처지를 결코, 무시할 수 없다. 글쓴이의 고통은 그래서 글을 쓰는 내도록 크다. 하지만 그만큼 자신도 성장한다. 열 번 배우느니

한 번 가르치는 것이 낫다는 이야기를 여기에 빗댈 수 있다. 나 역시 그랬다. 대단한 독서가는 아니었지만, 열심히 책을 읽을 때보다 직접 책을 한 권 써보니 더 큰 깨달음을 얻었다고 생각하고 있다. 책 한 권에 들어갈 수만 자의 글을 만들어내며 겪는 인내의 시간은 세상 무엇과도 바꿀 수 없는 극기의 시간이었다. 몇 번의 임계점을 넘어서야만 책 한 권이 겨우 만들어지는 과정을 겪어보니 글을 읽어주는 단 한 사람이라도 그렇게 고마울 수가 없다. 그 후, 내가 읽으려는 책도 지은이의 글쓰기에 대한 노력이 전해져 읽는 내내 감사함을 느낀다.

어디선가 들었다. 자기계발의 끝판은 글쓰기라고. 과연 그렇다면 글을 쓴다는 것이 특출한 능력을 갖춘 사람들만의 전유물일 것인가? 그렇지 않다. 누구나 쓸 수 있다. 글쓰기가 쉽다는 뜻이 아니다. 앞서 말하기와도 비교했지만 난 솔직히 말하기보다는 쉽다고 생각한다. 순간순간 떠오르는 머릿속의 생각을 아무리 준비하고 연습한다 해도 즉석 해서 조리 있게 말한다는 것은 쉽지 않다. 하지만 글은 연습할 수 있다. 이런 글쓰기 관련된 책들이 시중에 즐비하다. 말하기 연습 책은 아직 못 봤다. 어딘가에 있을지도 모르겠지만 말이다. 이렇듯 앞서간 사람들의 글쓰기 비결만 잘 따라 해도 글은 쓸 수 있다. 적절한 모방과 연습은 훌륭한 창조가 된다. 적어도 글은 그렇다. 글은 엉덩이로 쓴다는 말도 있다. 그만큼 꾸준히 연습한 만큼 결과가 나온다는 뜻이다. 덧붙여 글은 손으로 쓴다고도 말하고 싶다. 당연한 것 아니겠는가? 글은 손끝을 놀려야 만들어진다. 역시 쓰면 쓸수록 는다는 뜻이다. 마치 은행이자의 복리 현상처럼 어제 한 장 써봤다면 오늘은 두 장을 쓸 능력이 생긴다. 무엇을 어떻게 쓸까 하는 고민은 접어두자. 왜 써야 하는지만 생각하자. 중요한 것은 의지다. 그와 함께 강력한 동기부여가 있어야 한다. 그런 동기부여를 두루뭉술하지만 이렇게 말하고 싶다.

'자신을 위해 써라.'

남 보자고 쓰려고 해봤자 고민만 커진다. 그렇게 하면 말하는 것과 크게 다르지 않다. 당장 누가 내 글을 보고 있는 것 같아 쓰기 민망해진다. 많은 사람이 글 쓰는 나를 빤히 지켜보고 있는 것 같아 부끄러워진다. 하지만 자기를 위한 글, 나만의 글을 쓴다고 생각하면 괜찮다. 당신의 글에는 세상 사람 아무도 관심 없다고 생각하고 써라. 그래야 지금 바로 써진다. 그래야 용기가 생긴다. 초보 작가들의 착각 중에 가장 큰 착각이 누가 볼까 두려운 생각이다. 하지만 그런 거 없다. 아무도 안 보니 그냥 쓰기나 해라. 그렇다면 무슨 동기로 쓰냐고? 말했다. 자신을 위해 쓰라고. 쓰려는 내용이 무엇이든 간에 자신을 위한 글이라 여겨야 한다. 내가 마음에 들어야 하고, 내가 읽어서 흐뭇해야 좋은 글이다. 자신감은 그렇게 키워지고 그래야 길고 긴 글쓰기의 동력이 사그라지지 않는다.

이 글도 그렇게 썼다. 지금 다시 본다면 이상하고 고쳐야 할 부분이 수두룩하게 나오겠지만 처음 두드리는 자판의 글은 어디까지나 나만의 세상에서 나와야 한다. 글쓰기가 여전히 두려운가? 아직도 마음만 작가인가? 그래도 써라. 세상 누구도 아닌 당신의 글을!

이은영

성균관대학교 일반대학원(박사)
현) 성균관대학교 초빙교수, 성균관대학교 인문학연구원 선임연구원, 등단 수필가
　　교육청 인가 한국평생교육원 책쓰기 강사
　　　　　　한국인재개발원 책쓰기 강사
　　　　　　한국상담협회 책쓰기 강사

경력 : 성균관대학교 강의 경력(11년째)
　　수필 "14억과 아리랑", "뽑기의 추억", "군밤 네 알" 등 100여 편(발표작 80여 편)
　　KBS 8.15 광복절 특집 다큐멘터리 자료 검증 및 메인 출연
　　　1. 2016년 "발굴추적 서간도의 망명자들"
　　　2. 2017년 "독립운동의 비밀병기 암호"

강의내용 : 교양 한문, 한시(漢詩), 송상도의 "기려수필"을 통한 일제강점기 역사와 독립운동가들에 대한 이해력 향상, 한국 독립운동가들이 사용한 암호 등

저서 : 1. 『요동의 학이 되어 –일제강점기 서간도 망명 우국지사 이건승, 안효제, 노상익, 노상직, 예대희, 조정규, 안창제를 중심으로–』(단독저서)
　　2. 『한국 독립운동과 암호』(단독저서)
　　3. 『장인환 평전 –미주에서 쏘아 올린 자유전쟁의 주역–』(단독저서)
　　4. 『대한망국사열전』(공동저서)
　　5. 『철로 위에 선 근대지식인』(공동저서)
　　6. 『영남의 3·1운동과 만주의 꿈』(공동저서)

수상 : 1. 『요동의 학이 되어 –일제강점기 서간도 망명 우국지사 이건승, 안효제, 노상익, 노상직, 예대희, 조정규, 안창제를 중심으로–』(2017년도 대한민국학술원 우수학술도서 선정)
　　2. '백발공도(白髮公道), 그 노년의 시간'(2016년도 교수신문 학술에세이 공모전 당선)
　　3. '말조심〈2016.01.13.게재〉'
　　　'마음 씻기〈2016.05.10.게재〉'
　　　'사치함에 대한 경계〈2016.09.13.게재〉'
　　　'아첨자와 간쟁자〈2016.11.08.게재〉'(2016년도 한국고전번역원 공모전 당선작 총4편)

1 앵무새 흉내는 이제 그만!

말과 글

글을 쓴다는 것은 정말 어려운 일이다. 어려워도 보통 어려운 일이 아니다. 그래서 옛사람들은 심혈을 기울여 글을 쓰고 난 후에도 계속 다듬으며 수정을 했다. 그러다 끝내 마음에 들지 않으면 도예공들이 가마에서 갓 나온 자신의 작품을 제 손으로 주저 없이 깨버리듯, 작가들은 미련 없이 자신의 원고를 폐기해 버렸다. 그것은 그만큼 자신이 쓴 작품에 정성을 들이는 것이요, 부족한 글을 남에게 보이지 않으려는 일종의 자존심을 지키는 예식 같은 것이었다.

그렇다면 글을 쓰는 것은 정말 어려운 일일까? 결단코 그렇지 않다. 글자를 아는 사람이라면 누구나 글을 쓸 수 있다. 그렇다면 글은 어떻게 쓰면 될까? 어려울 거 하나 없다. 글이란 솔직하게 쓰면 된다. 추우면 춥다고 쓰고, 더우면 덥다고 쓰면 된다. 슬프면 슬프다고 쓰고, 기쁘면 기쁘다고 쓰면 된다. 경험하지 못한 추위를 언급하며 춥다고 쓰기 때문에 글쓰기가 어려운 것이다. 느껴보지 않은 슬픔을 언급하며 슬프다고 쓰기 때문에 글쓰기가 어려운 것이다. 결국 경험하지 않고 쓴 글은 글을 읽는 독자들로부터 공감을 받기가 쉽지 않다. 그래서 외면을 당하는 것이다.

정직하게 자신이 경험하며 느낀 것을 그대로 글로 옮기면 된다. 경험은 글쓰기의 중요한 요소이다. 글쓰기는 경험을 바탕으로 쓸 때라야 쓰기도 쉽다. 그래서 가지 않은 달나라 이야기를 글로 적으려니 힘든 것이고, 경험해보지 못한 범죄 소설을 글로 쓰기 때문에 힘든 것이다. 그러나 세상의 모든 일을 경험해볼 수는 없다. 그럴 경우를 대비해 가보지 않은 달나라 이야기를 글로 쓰려는 작가는 달과 관련한 책을 엄청나게 읽기도 하고, 달 전문가를 찾아가기도 한다. 경험해보지 못한 범죄 소설을 글로 쓰기 위해서 작가는 다른 작가의 범죄 소설을 읽기도 하고, 진짜 범죄자를 만나보기도 하고, 범죄자 검거 경력이 많은 베테랑 형사를 만나서 이야기를 듣기도 한다. 차선책으로 간접경험을 선택하는 것이다.

우리는 원고를 쓴 후 퇴고(推敲)를 한다는 말을 한다. 익히 알다시피 '퇴고'란 글의 자구(字句)를 고민하며 수차례 고치는 것을 뜻한다. 그런데 그 말의 어원이 재미있지 않은가?

중국의 가도(賈島)라는 시인이 과거를 보러 가던 어느 날 '새는 못가 나무에 깃들고, 중은 달빛 아래 문을 두드리네.'라는 시구가 떠올랐다. 여기서 가도가 '두드리네'라고 쓴 글자를 처음에는 '민다'는 뜻의 '퇴(推)'자를 썼다. 그러다 다시 '두드린다'는 뜻을 가진 '고(敲)'자로 바꿀까를 고민하고 있었다. 이즈음 가도는 당나라의 대문장가인 한유(韓愈)를 만났다. 가도가 한유에게 시구에 쓸 글자 때문에 고민임을 털어놓았다. 그러자 한유는 가도에게 '고(敲)'자를 쓰도록 했다. 이때 한유가 가도에게 덧붙인 말이 있다. 경험하지 않은 것을 글귀로 쓰자니 이런 고민을 하는 것이라고 한 것이다. 한유가 가도에게 이런 말을 한 이유는 가도가 직접 달빛 아래에서 누군가의 집 문 앞에 서 보았다면 그 집 문을 밀었을지, 두드렸을지를 경험했을 것이고, 그렇다면 하등 고민할 필요가 없는 글자 선택이라는 뜻이다.

경험한 글을 쓸 때 그 옛날 선현이나 당대 유명인의 말을 인용해서 쓰는 것은 독자들을 설득하거나 공감을 요할 때 매우 요긴하게 사용된다. 그래서 많은 작가들이 다른 사람의 글을 인용한다. 그러나 말끝마다 아무개가 이러저러하다는 말을 했다거나, 아무개가 그러저러하다는 말을 했다면서 작품 하나에 많은 사람의 말을 인용하는 것 또한 그리 잘 쓴 글은 아니다. 유명인의 말을 모두 옳은 것으로 생각하고 받아들이는 것 또한 조심해야 한다. 백 퍼센트에 달하는 참 진리도 없고, 영 퍼센트까지 추락하는 참 거짓도 없기 때문이다. 그렇기 때문에 자신이 경험한 일을 쓰되, 경험할 때 느낀 그 느낌을 솔직하게 쓰면 된다. 그리고 독자를 설득하기 위해 타인의 말을 인용하는 것은 최소한으로 해야 한다. 한 편의 글에서 너무 많은 인용글이 있으면 그건 앵무새의 흉내를 내는 것에 불과하기 때문이다. 남의 흉내나 내는 앵무새가 되고 싶은가? 그건 아닐 것이다.

경험한 것을 솔직하게 글을 써야 하는 것을 알았다면 여기서 한 발 더 나아가 어떤 자세로 글을 써야 하는가에 대한 문제를 생각해야 한다. 글을 쓰면서 내가 쓴 글을 읽고 누가 흉을 보면 어쩌나 하는 마음 자세를 갖는다면 이미 남의 평가에 따른 글을 짓겠다는 마음이다. 결국 처음부터 좋은 글이라는 평가가 받고 싶은 것이지, 진짜 좋은 글을 쓰려는 마음은 없었다고 봐야 한다.

우리는 서점에서 수많은 책을 보다 가끔 어리둥절할 때 있다. 노벨 문학상을 받았다고 하는 유명한 책도 어딘가 모르게 읽기가 어려울 때가 있다. 물론 내가 노벨 문학상을 받을 정도의 수준 높은 작품에 대한 이해력이 부족하기 때문일 것이다. 또 그 노벨 문학상을 받은 작품에 문외한이기 때문일 것이다. 그러나 베스트셀러 매대에 있는 책을 손에 들면 술술 익히는 것도 사실이다. 그렇다고 매대에 놓인 베스트셀러 작품은 술술 읽히고, 노벨 문학상을 받은 작품은 일반 독자들이 이해하기 쉽지 않은가? 꼭 그런 것은 아닐 것이다.

그렇다면 베스트셀러라는 책들은 진정한 베스트셀러일까? 가수들이 음반 발매를 한 후, 사재기했다가 망신을 당하는 경우를 종종 본다. 그런 것처럼 서점에서 베스트셀러 매대에 있는 작품들이 모두 진짜 베스트셀러가 아닐 수도 있다. 그중에는 힘 있는 출판사의 입김이 작용한 것들도 제법 있을 것이기 때문이다. 그러나 일반 사람들의 심리는 베스트셀러라니까 읽어볼 만하다고 여기고, 또 읽어보니 뭔가 훌륭한 글인 듯 여기는 것도 사실이다.

그에 맞춰 글쓰기에서라면 어떨까? 역시나 같은 맥락에서 이야기할 수 있다. 작가가 아끼는 글과 독자들이 사랑하는 글이 언제나 일치하는 것은 아니다. 당나라 현종과 양귀비 사이에서 벌어진 로맨스의 슬픈 결말을 '장한가'로 읊은 당나라의 시인 백거이가 이런 말을 했다. 자신이 아끼는 작품은 사회의 문제점을 지적하거나 백성들의 고통을 고발한 사회시인데, 독자들이 좋아하는 작품은 장한가 같은 통속적인 작품이라고 말이다.

그렇다고 글을 쓰는 모든 사람이 노벨 문학상을 탈 만한 수준의 작품처럼 써야 한다는 것은 아니다. 그냥 자신이 경험한 것을 솔직하게 쓰면 된다. 그리고 남의 평가를 앞서 생각하지 말고, 내 자식에게 읽혀도 부끄럽지 않은 글을 쓰면 된다.

글에서는 글을 쓴 사람의 인품이 풍겨 나온다. 그 이유는 자신의 경험을 글로 쓴 것이기 때문이다. 그렇기 때문에 쓴 글의 내용은 반듯한데 알고 보니 사생활이 정반대로 추악한 작가들의 작품을 우리는 거짓이라고 한다. 이처럼 글과 행실이 다른 사람을 보면 인상이 찌푸려진다.

명심하자. 글을 씀에 있어서나 생을 살아감에 있어서나 최선은 '정직'이다.

글을 쓰는 사람들은 누구보다 정직하게 살아야 하고, 자신이 경험한 것을 사실 그대로 솔직하게 쓰면 된다. 그러니 앵무새의 흉내는 이제 그만 내도록 하자.

2
내가 만족하면 그뿐

나는 글을 쓰고 나면 스스로 늘 부족함을 느낀다. 그러니 나도 만족하지 못하는 글을 누구에게 읽으라고 권유할 수 있겠는가? 결단코 그럴 처지가 못 된다. 하여 지금 일반인들에게 다소 이름이 생소한 구한말의 이건창(李建昌, 1852~1898)이 쓴 글의 일부를 소개하고자 한다.

이건창은 강화도 출신으로 조선 500년 최연소 문과 급제자이자 암행어사를 두 차례나 지낸 인물이다. 특히 그는 암행어사 시절 어떠한 이끗과 권력에도 굴하지 않아 '강직불요(剛直不撓)의 이건창'으로 불리던 양심가이다.

물이 너무 맑으면 물고기가 살 수 없고, 사람이 너무 맑으면 얼어먹을 떡고물이 없어 주변에 사람이 없다. 이건창은 딱 그런 인물이다. 그는 암행어사 시절 당대 실세 중 한 사람으로 가렴주구의 대명사인 고부군수 조병갑의 사촌이자, 영의정을 지낸 조두순의 조카 조병식을 탄핵했다가 모함을 받아 유배를 다녀오기도 했다. 그 후 이건창은 언로가 막힌 조정에서 더 이상 자신이 할 일이 없다는 것을 알고 관직에서 멀어졌다. 고종은 이건창을 당대 어려운 현안문제를 풀어낼 최적임자로 생각하고 다시 등용하고자 하였으나 이건창은 단호히 거절했다. 그러자 고종은 이건창에게 관직에 나오지 않으면 유배를 보내겠다며 관직에 나오든지 유배를 가든지 둘 중 하나를 선택하라고 다그쳤다. 이때 이건창은 일말의 주저함도 없이 유배의 길을 택했다.

이처럼 원칙주의자인 이건창은 관료로서의 출세보다 조선 최고의 문장가로 이름이 남기를 바라면서 글을 썼다. 그 결과 이건창은 강위(姜瑋)·김택영(金澤榮)·황현(黃玹)과 함께 한말 4대가 중 한 사람으로 우뚝 섰다. 이런 이건창은 조선 최고의 문장가가 되기 위해 스스로 몇 가지 글 쓰는 원칙을 정해놓고 그에 맞는 글쓰기를 평생토록 실천했다.

이건창이 가장 중요하게 여긴 것은 다름 아닌 '내가 만족하면 그뿐'이라는 원칙이었다. 그는 남의 평가에 마음을 쓰지 않았다. 자신이 쓴 글을 온전히 이해해줄 사람을 만나는 것은 너무나 어려운 일임을 알았기 때문이다. 그래서 그는 오직 내가 만족하면 그뿐이라는 원칙을 세우고 글을 썼다.

내가 만족하면 그뿐이라는 그 원칙에 이건창은 부수적으로 네 가지 틀을 만들었다. 첫째, 뚜렷한 주제 의식을 통해 전개되는 논지를 펼칠 것, 둘째, 논지를 전개하되 말을 조화롭고 아름답게 꾸밀 것과 말을 깨끗하고 정밀하게 할 것, 셋째, 세상에서 통용되는 격식에서 벗어나 알맞은 형식으로 자유롭게 문장을 쓸 것, 넷째, 한 작품을 많이 수정하고, 수정을 마친 작품들 가운데에서도 많은 작품을 삭제해 버리는 과정을 통해 몇 작품만 남길 것이 그것이다. 하나하나 살펴보도록 하자.

첫째, 뚜렷한 주제 의식을 통해 논지를 전개 시키라는 것은 다름 아니다. 예를 들어 수필을 쓸 때 신변잡기를 늘어놓으면서 독자들에게 자신의 일과를 전해주겠다는 것인지, 아니면 다양한 물건을 언급하면서 독자들에게 물건에 대한 상식을 전해주겠다는 것인지, 그것도 아니면 자신이 다녀온 곳의 여행지를 소개하면서 독자들에게 한번 가볼 것을 권하겠다는 것인지 등의 주제가 기본적으로 설정되어 있어야 그에 따른 논지를 전개할 수 있다는 이야기이다. 소설의 경우도 마찬가지이다. 예를 들어 범죄 소설을 쓸 때도 형사들의 수사 기법을 주제로 할 것인지, 아니면 범죄자의 심리에 초점을 맞출 것인지, 그것도 아니면 범죄에 대한 경각심을 독자들에게 전달하겠다는 것인지 작가의 주제 의식에 따라 글쓰기가 확연히 달라진다는 이야기이다.

둘째, 논지를 전개할 때 말을 조화롭고 아름답게 꾸밀 것과 말을 깨끗하고 정밀하게 하라는 것은 다름 아니다. 앞뒤 어울리는 말을 조화롭게 쓰고 이왕이면 순화된 말을 쓰라는 것이다. 이것은 단어 선택을 신중히 하라는 뜻이지, 미사여구로 사람들의 눈을 현혹시키라는 것이 아니다. 반복되는 단어를 사용해서 문장에 리듬감을 살리는 것도 좋은 방법이다. 물론 동일한 단어를 반복 사용하는 것은 문장을 지루하게 만드는 요소로 작용할 수도 있기 때문에 신중하게 사용해야 하는 것도 사실이다.

셋째, 세상에서 통용되는 격식에서 벗어나 알맞은 형식으로 자유롭게 문장을 쓰라는 것은 다름 아니다. 논설문을 예로 들어보자. 우리는 논설문을 쓸 때 서론, 본론, 결론 순으로 쓰는 것이 기본 형식이라고 배웠고, 또 그동안 그렇게 써왔다. 그런데 결론을 먼저 쓴 후 본론을 쓰고, 서론을 나중에 쓰면 안 되는 것인가? 편지글을 쓸 때 보통은 문안 인사를 건네고, 편지를 쓴 용건을 쓰고, 마지막에 안부를 당부하는 말로 마무리를 짓는다. 그런데 편지글의 시작이나 끝을 자작시로 시작하고 마무리해도 되는 것 아닌가? 음악을 생각해 보아도 그렇다. 음악에도 유행이 있는 것처럼 글쓰기에도 시대마다 유행하는 풍이 있다. 우리가 흘러간 유행가를 부른다고 그것을 잘못된 것이라고 하는가? 그렇지는 않다. 그렇다면 '오늘날 유행하는 시풍이 어떠하기 때문에 이렇게 쓰면 안 된다, 저렇게 쓰면 잘못된 것이다.'라는 지적은 그만해야 한다. 누군가의 글쓰기 방식이 나와 다르고 유행과 다를 뿐이지, 그것이 틀린 것은 아니다. 즉, 글을 쓴 그 사람만의 개성임을 서로 인정해주면 된다는 뜻이다. 그러니 글 쓰는 형식에 얽매이지 말고 새로운 변화에 과감하게 도전하라는 것이다.

넷째, 한 작품을 많이 수정하고, 수정을 마친 작품들 가운데에서도 많은 작품을 삭제해 버리는 과정을 통해 몇 작품만 남기라는 것은 다름 아니다. 퇴고의 과정을 많이 거치라는 이야기이다. 집안 청소할 때를 생각해 보자. 대충 한 번 쓸고 닦은 것과 수차례 쓸고 닦은 것의 청결은 판이하게 다르다. 구두를 닦을 때를 보아도 안다. 구두약을 바른 후 솔질을 한 번 한 것과 수차례 반복한 것의 광택은 분명 다르다.

이처럼 철저한 과정을 거쳐서 이건창이 빚어낸 주옥같은 작품들이 그의 문집인 '명미당집'에 고스란히 실려 있다. 그러니 그를 조선 500년 최고의 문장가로 꼽지 않으면 누구를 꼽겠는가!

나는 이건창의 글쓰기 수법에 격하게 공감한다. 내가 여기서 감히 이건창의 글쓰기 기법에 한 가지를 보태자면 글을 다 쓰고 난 후에는 반드시 소리 내어 읽어보라는 것이다. 요즘은 한글 파일에 글을 쓰는 경우가 많다. 그런 경우에는 프린트를 해서 읽어볼 것을 권한다. 글을 소리 내어 읽다가 뭔가 리듬이 끊기는 부분이 있으면 그 부분은 다시 수정해야 하는 부분이다.

이건창의 내가 만족하면 그뿐이라는 말이 자칫 오만하게 비칠 수도 있다. 그러나 결코 그런 뜻이 아니라는 것을 이제 우리는 이해했다. 그렇다면 우리 모두 남의 시선에 개의치 말고 내가 만족하면 그뿐인 글을 쓰도록 하자.

3
써라, 무조건 써라. 그러나 쉽게 써라

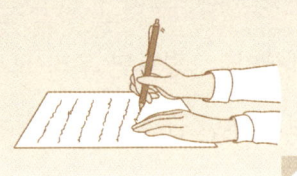

써라, 무조건 써라. 이런 말은 숱하게 들어서 사실 귀에 들어오지도 않는 말이다. 그렇다면 나는 이 이야기를 왜 또 하고 있는 것일까? 강조를 하고 또 해도 지나치지 않기 때문이다.

글을 쓰되 반드시 길게 써야만 되는 것은 아니다. 늘어놓는 것만이 글은 아니기 때문이다. 긴 문장을 줄이는 것 또한 글쓰기이다. 간단한 메모를 남기는 것 또한 글쓰기의 시작이다. 그러므로 메모하는 습관은 쓰기 능력을 키우는 데 큰 힘이 된다. 좋은 글귀를 읽었을 때 출처와 함께 내용을 메모해두면 그것이 바로 글을 쓰는 자산이 된다. 내가 선택해서 메모해놓은 글을 적재적소에 인용하면서 출처를 밝혀준다면 표절에서도 벗어날 수 있으니 이 얼마나 큰 자산인가.

우리는 종종 유명한 작가들이 평소 꾸준하게 일기를 썼다는 사실을 접한다. 그리고 일기의 중요성에 대해 공감한다. 일기를 꾸준히 쓰던 작가의 글이 훗날 크게 빛을 발하는 이유는 다름 아니다. 글을 쓰면서 글을 정리하는 습관이 자연스럽게 들었고, 그에 따라 자신도 모르게 글 쓰는 실력이 축적되었기 때문이다.

그렇다면 글을 쓰기는 쓰되 어떻게 써야 하는가? 글을 쓸 때 주의해야 할 점은 쉽게 써야 한다는 것이다. 간혹 보면 글을 어렵게 쓰는 사람들이 있다. 본인 그리고 주변의 몇몇만 알아보는 용어를 사용하여 글을 쓰는 것이다. 전문가나 식자층만을 대상으로 쓰는 글이라면 모를까, 대중들을 상대로 하는 경우에는 글을 어렵게 써서는 안 된다.

양반전과 허생전을 쓴 연암 박지원의 글이 어려운 줄 아는가? 천만에다. 그냥 술술 읽힌다. 글을 잘 쓰는 사람은 쉬운 용어를 사용해서 글을 쓰기 때문에 독자들이 읽을 때 어려움을 겪지 않는다. 그래서 독자들은 글이 전달하고자 하는 의미만 이해하면 되기 때문에 쉽게 쓰인 글을 좋아하는 것이다.

글을 못 쓰는 사람일수록 글에 어려운 용어 쓰기를 즐겨한다. 본인은 이해하고 썼는지 모르겠지만 독자들은 글에 쓰인 어려운 용어를 이해하느라 정작 작가가 글을 쓴 의도를 파악하는 데 어려움을 겪는다. 이런 경우 사실 글을 쓴 본인 스스로도 그 용어를 제대로 이해하지 못하고 쓰는 일이 다반사이다. 그래서 사용하는 용어가 어려우면 어려울수록 그 글을 읽는 독자들은 점점 더 난감해진다. 세상에 남을 괴롭히려고 글을 쓰는 사람은 없을 것이다. 그렇다면 독자들을 배려하며 글을 쓰는 것이 맞다. 쉬운 글은 식자층도 이해하고 삶이 어려워 제때 배우지 못한 사람들도 쉽게 이해한다. 어려운 글은 식자층은 이해할 수 있을지 모르겠으나 삶이 어려워 제때 배우지 못한 사람들은 이해하기 어렵다. 그래서 글쓴이의 의도와 다르게 종종 오해를 불러일으키기도 한다. 그러니 어려운 용어를 사용해서 쓴 글은 결코 잘 쓴 글이라 할 수 없다.

글을 쓰는 사람이 어려운 용어를 사용해서 자신의 지식을 자랑해 봤자 도토리 키재기이다. 세상에 최고라는 것은 없다. 반드시 그보다 뛰어난 최고가 나오기 때문이다. 올림픽에 출전하는 운동선수들만 봐도 그렇지 않은가? 지난 대회 때의 신기록을 뛰어넘기 위해 수년간 노력해온 신인선수들이 지난 대회 신기록을 뛰어넘는 경우를 종종 본다. 그렇기 때문에 최고 지식인이라는 말은 있을 수 없다. 그러므로 지식 자랑은 다른 데 가서 하고, 글을 쓸 때만큼은 최소한 쉬운 말로 술술 읽히는 글을 써야 한다. 이 또한 글 쓰는 사람이 기본적으로 가지고 있는 독서량과 그에 걸맞은 수준을 갖추었을 때라야 가능한 일이라고 단언한다.

본인이 알고 있는 몇몇 지식이 전부인 양 떠드는 사람이라면 몰라도 진짜 수많은 독서를 통해 본인이 간직한 무기가 많다면 애써 남들이 읽기에 버거운 글을 쓸 이유가 없다. 독자들의 입장을 헤아리는 배려심까지 갖춘 글이야말로 글 쓰는 사람의 능력과 자질과 배려심까지 읽히기 때문에 독자들이 좋아하는 것이다.

나도 누구나 쉽게 읽을 수 있는 글을 쓰려고 노력한다. 그리고 이때 한 가지 예식처럼 갖추는 것이 있다. 바로 음악이다. 나는 글을 쓸 때 쓰고자 하는 내용에 맞는 음악을 틀어놓는다. 밝은 글을 쓸 때는 밝은 음악을, 분위기 있는 글을 쓸 때는 분위기 있는 음악을 틀어놓는다. 슬픈 글을 쓸 때는 물론 슬픈 음악을 듣는다. 글의 내용에 맞는 음악을 들으며 작성한 원고를 읽어보면 글이 리듬을 타고 있다는 것을 느낀다. 다만 음악을 틀 때 가사가 있는 음악은 배제한다. 가사가 안 나오더라도 본래 가사가 있는 음악도 선택하지 않는다. 가사에 마음을 빼앗겨 내가 쓰고자 하는 글을 내 의도대로 완성하기 어렵기 때문이다. 하여 내가 글을 쓸 때 주로 듣는 것은 뉴에이지 음악이다. 클래식을 들을 때는 가벼운 피아노나 현악기 등으로 연주되는 소품 종류를 애용한다.

모두에게 적용되는 이야기는 아니다. 누군가는 시끄러운 가운데 글을 써야 잘 써진다고 한다. 누군가는 시계 초침 소리까지 들리는 적막한 밤에 글을 써야 잘 써진다고 한다. 그러니 자신에게 맞는 방법을 찾아서 글을 쓸 때 적극 활용하면 된다. 아직까지 자신에게 맞는 방법을 찾지 못했다면 다양한 시도를 해보면서 나름 대로 좋은 방법을 찾으면 되는 것이다.

　매일 정해진 시간에 글을 쓰는 것도 큰 도움이 된다. 운동하듯이, 하루 세끼 제시간에 밥을 먹듯이, 고정된 시간에 뉴스가 나오듯이 매일 정해진 시간에 글 쓰는 것을 습관화하면 좋다. 그것이 일기든, 시든, 수필이든, 소설이든 상관없다. 그런데 이것이 습관이 되면 하루라도 글을 쓰지 않으면 어머니가 매일 새벽 정화수를 떠놓는 의식을 빼먹은 날 불안해하시는 것처럼 불안해질 것이다. 그러므로 이 또한 강박 관념에 쫓길 정도로 너무 규칙적으로 쓰라고 권하고 싶지는 않다. 규칙적인 것을 좋아하는 사람도 있지만, 자유분방함을 즐기는 사람도 있으니 역시 자신에게 맞는 방법을 찾으면 된다. 그렇게 자연스럽게 습관이 들다 보면 느는 것이 글쓰기이다.

　글을 쓰는 데 자신이 없는 사람은 처음에 글을 쓸 때 초등학교 1학년 학생이 처음 글씨를 배우는 것처럼 아주 짧은 문장부터 시작하기를 권한다. 그 후 서서히 문장의 길이를 늘려가면 된다. 예를 들어보자.

　"가을이 왔다."
　"찬 바람이 부는 가을이 왔다."

"찬 바람이 부는 가을이 오니 가슴 한편이 시리다."

"찬 바람이 부는 가을이 와 낙엽이 지는 것을 보니 가슴 한편이 시리다."

"찬 바람이 부는 가을이 와 낙엽이 우수수 지는 것을 보니 가슴 한편이 시리다."

"찬 바람이 부는 가을이 와 낙엽이 우수수 지는 것을 보니 지난날 그녀가 생각나 가슴 한편이 시리다."

"찬 바람이 부는 가을이 와 낙엽이 우수수 지는 것을 보니 지난날 나에게 이별 통보를 하고 돌아서던 그녀의 뒷모습이 생각나 가슴 한편이 시리다."

그렇다면 나는 남에게 글 쓰는 방법을 이야기할 만큼 글을 잘 쓰는 사람인가? 돌아보니 부끄럽기 그지없다. 하여 나는 지금부터 다시 글쓰기 연습을 하고자 한다.

4
기심(機心)을 버리고 쓰자

　조선 후기 때의 이름난 학자 성호 이익은 우리나라에 실학을 도입한 인물이다. 이익은 이론으로 갑론을박하는 학문은 그만두고, 사람들의 실생활에 도움이 되는 실용적인 학문에 힘쓸 것과 양반도 생업에 종사할 것 등을 주장했던 실학자이다. 그의 실학사상을 집대성한 인물이 바로 다산 정약용이니, 더 이상 이익에 대한 설명은 필요치 않다. 그런 이익이 쓴 글 가운데 구하는 바가 있어 글을 읽는다는 뜻의 '유구독서(有求讀書)'라는 글이 있다. 그중 첫 구절은 이러하다.
　"구하는 바가 있어 글을 읽는 사람은 아무리 읽어도 소득이 없다."
　과거 공부에 힘을 쓰는 사람들은 입으로는 사서삼경 등의 경전을 잘도 외운다. 그러나 정작 과거를 통과해서 관직에 나아가고 나면 경전의 글귀들은 글귀로만 남아 있을 뿐, 더 이상 자신이 읽은 책의 내용과 일치 하지 않는 행동을 서슴지 않고 행하곤 한다. 그래서 이익은 이를 경계하기 위해 위의 글을 썼다. 오늘날로 바꿔 말하면 마음의 양식으로 삼고 싶어 책을 읽는 것이 아니라 어떠한 목적을 위해서 책을 읽는 것은 자신에게 어떠한 도움도 되지 않는다는 이야기가 되겠다.

대학입시를 위해서 책을 읽고, 승진 시험을 위해서 책을 읽고, 고위 공직자가 되기 위해 책을 읽을 뿐, 정말로 자신을 위해서 책을 읽는 모습을 찾아보기 어려운 것이 오늘날 현실이다. 이렇게 볼 때 이익의 위의 글귀는 여간 공감 가는 내용이 아닌 것이다.

맞는 말이다. 책을 읽는 것도 그렇듯이 열심히 쓰다 보니 무언가가 나를 따라와야지, 글쓰기를 통해서 돈을 벌어야겠다, 명예를 얻겠다, 권세를 누리겠다는 등 무언가를 얻으려고 하면 그 글쓰기는 필패이다. 노래를 정말 잘하는 가수 지망생이 경연장에만 가면 실수를 하는 이유가 바로 이런 것이다. 연습이 부족해서가 아니다. 1등을 하고 말겠다는 욕심이 앞서 실력을 제대로 발휘하지 못하는 것이다. 바로 기심(機心)이 작동했기 때문이다. 기심이란 교활하고 간사하게 속이거나 책략을 꾸미는 마음이라는 뜻의 기계지심(機械之心)의 줄임말이다. 기심의 유래에 대해 잠깐 살펴보도록 하자.

바닷가에 사는 어부가 고기잡이로 생활을 하면서 매일 갈매기랑 놀았다. 어부에게 갈매기를 잡을 마음이 전혀 없다는 것을 알아차린 갈매기가 어부의 배에 다가와서 노닐곤 했기 때문이다. 그럴 때마다 어부는 갈매기에게 자신이 잡은 물고기를 건네주곤 했다. 그러던 어느 날 어부에게 갈매기를 한번 잡아볼까 하는 생각이 들었다. 바로 기심이 작용한 것이다. 어부가 그런 마음을 갖고 바다에 나간 날 이상하게 갈매기는 어부의 배에 내려앉지 않았다. 갈매기가 어부의 안색만 보고도 자신을 해할 것을 알아차리고 날아가 버렸기 때문이다. 그 후 갈매기는 두 번 다시 어부의 배에 내려와 앉지 않았다.

글을 쓰는 사람이라면 누구나 공감이 가는 이야기이다. 내가 글을 쓰고 싶어서 쓸 때와 누군가의 청탁으로 글을 쓸 때의 글이 다르다는 것을 독자들은 몰라도 작가 자신은 분명히 알고 있다. 쓰고 싶어서 쓰는 것이 아니기 때문이다. 청탁을 받으면서 느낀 심리적 압박감이나 미리 제안받은 글 값에 이미 마음이 동요되었기 때문이다.

한마디로 욕심이 화를 부르는 것이다. 글을 쓰는 것이 좋아서 글을 쓰다 좋은 기회가 오면 정말 좋은 일이다. 그러나 글을 써서 무언가를 바라는 글에는 기심이 발동하기 때문에 순수하게 좋은 글이 나올 수 없다. 그러므로 인위적으로 무언가 목적을 위해 글을 쓰려는 사람들을 보면 미사여구로 수식은 화려할지 모르나 글에 진정성이 없으니 과연 독자들은 어떤 마음으로 그 글을 읽겠는가. 결과적으로 독자들의 시간과 비용만 빼앗을 뿐이니 서로에게 무슨 이익이 있겠는가.

책을 읽는 목적이 글을 잘 쓰고자 하는 데 있는 것이 아니고, 마음의 양식을 삼기 위해 읽는 것처럼, 글을 쓰는 목적 또한 무언가를 얻기 위해서가 아니고, 내 마음의 평정심을 유지하기 위해 쓰는 것이다. 마음을 다스리고 몸을 수양하는 방법 가운데 으뜸이 책을 읽고, 글을 쓰는 일이라는 것은 너도 알고 나도 아는 일이니, 재차 언급할 필요도 없다.

원래 글이란 너무 여유로워도 안 써지는 법이다. 사는 게 너무 고달파도 안 써지는 법이다. 당장 내일 끼니가 걱정인 사람이 글을 쓰고자 한들 제대로 써지겠는가? 시간이 많으면 내일 쓰면 된다는 생각이 나를 지배한다. 너무 물질이 풍요로우면 글은 써서 뭐하나 하는 생각이 나를 지배한다. 그래서 적당한 배고픔과 적당한 고달픔이 있어야 나오는 게 바로 좋은 글이다. 하니, 나에게 적당히 글을 쓸 마음이 있음에 감사하자. 나에게 글을 쓸 수 있는 적당한 시간이 주어졌음에 감사하자. 나에게 적당히 글을 쓸 소재가 생겼음에 감사하자.

그리고 글을 쓰자. 사랑하는 사람을 만나면 콩 한 쪽이라도 나

뭐 먹고 싶은 마음이 저절로 생기는 것처럼 순수한 마음으로 글을 쓰자. 수술실에서 오랜 시간 수술을 끝내고 나온 어머니를 보며 안도의 한숨을 내쉬듯 감사한 마음으로 글을 쓰자. 안중근 의사가 이토 히로부미를 저격했을 때처럼 통쾌한 마음으로 글을 쓰자. 죽어도 안 올 것만 같던 군대 제대 시각이 다가온 것처럼 기쁜 마음으로 글을 쓰자. 심한 갈증 끝에 만난 약수를 들이켜듯 시원한 마음으로 글을 쓰자. 기심을 버리고.

이소정

성균관대학교 한국철학사 학사, 석사, 박사(수료)
(현) 글이랑글책연구소 대표
　　연구개발특구협동조합(CIC) 이사
　　창의과학연구원 수석연구원
　　교육청 인가 한국평생교육원 책쓰기 강사
　　　　한국인재개발원 책쓰기 강사
　　　　한국상담협회 책쓰기 강사

(전) 종합콘텐츠미디어그룹 이루다플래닛(주) 콘텐츠기획팀 책임
　　세종국책연구단지 학술출판팀 연구원
　　대전시·세종시 국제사회계열 전문교과 강사
　　참미래교육연구소 연구원

저서:
단독저서: '표류사회: 한국의 여성 인식사', (도) 아이필드
(공저) '기업장례 의전실무', 박영사
　　'책 쓰기를 머뭇거리는 당신에게', 봄풀

1 출간을 위한 글쓰기

책 쓰기 첫걸음, 나의 퍼스널브랜딩 분명히 하기

과녁을 똑바로 봐야 화살이 표적에 적중한다. 목표가 분명해야 적중률이 올라가는 것이다. 이러한 원리는 글을 쓸 때도 마찬가지이다. 글의 목적이 출간인지, 기고인지, 블로그나 브런치용인지, 아니면 업무 보고용인지 프레젠테이션용인지 등에 따라 글의 문체와 성격은 달라진다.

그럼 출간을 위한 글을 쓰기 위해서는 어떤 목표를 우선시해야 할까?

출간을 위한 글쓰기는 자신을 되돌아보고 잘 분석하여 퍼스널브랜딩을 분명히 하는 것부터 시작해야 한다. 왜냐하면, 독자들은 그 분야의 전문가나 탁월한 성과에 관한 이야기를 듣고자 책을 집어 들기 때문이다. 그 분야의 탁월한 강점을 가진 이의 가슴 뛰는 성공담이나 감동과 지혜를 주는 이야기를 읽으며 노하우를 배우고, 해결책이나 새로운 길을 발견하고자 한다.

그러므로 내가 공들여 쓴 책이 서점 매대를 좀 더 오래 지키고, 더 많은 이에게 도움이 되길 바란다면, 남에게 도움이 될 나만의 전문성이나 특별한 스토리가 무엇인지 나부터 분명히 알아야 한다. 나의 전문성이나 특별한 이야기가 빛을 발할 수 있는 분야의 글을 써야 독자에게 더 나은 길을 제시할 수 있고, 독자 역시 내 책에서 필요한 것을 얻어갈 수 있기 때문이다.

글의 범위 정하기

목표한 시간 내에 출간하고자 한다면, 잡학사전같이 넓고 깊은 것보다 최대한 세부적으로 좁힌 주제가 좋다. 혹 좀 더 넓은 범위의 주제를 다루고 싶은 마음이 들어도 출간을 결심했다면 한 번 더 생각해 보는 게 좋다. 광범위하고 두꺼운 책은 작업 시간도 오래 걸릴뿐더러 근래 출간 트렌드와도 맞지 않기 때문이다. 요즘은 인터넷에 접속하면 원하는 정보를 쉽고 빠르게 찾을 수 있다. 능력에 따라 희귀 정보나 비공개 정보도 찾아낼 수 있다. 그렇다 보니 사람들은 필요로 하는 정보만 알려고 하며, 많은 시간을 들이지 않아도 완독할 수 있는 가볍고 술술 읽히는 책을 좋아한다. 전문서적이나, 누구나 이름을 알 만한 대가의 책이 아니라면 분량도 대개 200~300쪽 정도를 유지한다.

예전에 나는 '우리 역사 속 수많은 여성 멘토의 이야기와 여성 위인이 나올 수 있었던 한국의 양성조화적 문화 배경을 소개해보자'라는 취지로 고대부터 근대까지 한국의 주체적인 여성문화의 일면을 밝혀보는 책을 쓴 적이 있다. (표류사회: 한국의 여성 인식사, 2021년 출간, 540p) 하지만 '고대부터 근대까지'라니…. 초기에 설정한 범위가 워낙 방대하다 보니 계획한 목차에 맞게 글을 채워갈수록 분량이 감당 못 할 만큼 늘어만 갔다. 결국 두세 권으로 분권하지 않고 한 권으로 내기 위해 상당 부분을 막판에 삭제해야 했다. 당장 나 자신만 해도 너무 두껍거나 시리즈가 긴 책은 쉽게 손이 가지 않기 때문이다. 처음부터 범위를 세밀하게 잡고 기획을 치밀하게 했다면 많은 시간과 노력을 아낄 수 있었을 것이다. 분량이 좀 적더라도 주제와 전문성이 명확하고 독창적이거나 개성이 있다면 그 책은 분명 가치가 있다.

세부적이고 구체적인 주제 정하기

요즘은 책 외에도 인터넷, 전자책, 유튜브 등 정보를 얻을 다양한 매체가 많다. 이처럼 다양한 매체 중 정보를 얻는 데 가장 많은 시간과 에너지가 드는 것이 바로 인쇄물이다. 그렇다 보니 출판 시장에 나오는 책은 점점 늘지만, 실질적인 판매량은 오히려 줄고 있다. 따라서 출간 후 오래 매대를 지키며 더 많은 독자들을 만나려면 처음부터 전략을 잘 짤 필요가 있다.

책의 색깔을 정하는 가장 중요한 것이 주제다. 주제는 광범위하고 두루뭉술한 것보다 세부적이고 구체적일수록 좋다. 수요가 있는 분야를 잘 타깃팅한 책은 그 분야의 구체적인 정보가 필요한 독자를 공략할 수 있다. 필요로 하는 독자에게 다가가기가 좋고, 주제가 세부적이고 구체적일수록 주제에 희소성이 생겨 가치가 더 빛난다. 예를 들면, 두루뭉술한 '물고기 키우기'보다 '열대어 키우기'나 '해수어 키우기'가 낫고, 그보다는 '초보자를 위한 열대어 길라잡이'나 '집안에서 키우는 소형 해수어' 등이 낫다.

세부 주제를 정할 때는 다음 몇 가지 사항을 생각해야 한다.

첫째, 출간을 통해 얻고자 하는 목표와 출간 이후의 활용 계획을 분명히 한다. 퍼스널브랜딩용인지, 강의용인지, 전공서인지, 인쇄 수익을 위한 것인지 등, 활용 목적이 분명할수록 타깃 대상에 맞는 세부 주제 잡기가 용이하다.

둘째, 현재 그 분야의 시장 동향과 향후 전망 등을 분석해본다. 똑같은 교육이라도 뜨는 분야가 있고 지는 분야가 있다. 뜨는 분야라면 최신 기술이나 전문 정보, 해외 사례 등 희귀 정보로 차별성을 둘 수 있겠다. 지는 분야라면 오히려 틈새시장을 공략해볼 수 있고, 전문지식이 꼭 필요한 부분을 노려볼 수도 있다.

셋째, 타깃 대상의 구체적 니즈를 자신의 진로와 출간 목적에 맞게 잘 녹여 넣을 수 있는 주제를 기획한다. 일단 주제를 정하고 글을 쓰기 시작하면 나중에 방향을 바꾸기는 매우 힘들다. 그러므로 책의 주제를 잡기 위한 분석은 아무리 많은 시간을 들여도 결코 모자라지 않다.

타깃 독자층 설정하기

자신의 전문성을 잘 드러내면서도 시장 전망과 니즈에 맞는 세부 주제를 정했다면, 그 주제의 수요가 가장 많을 타깃 독자층을 설정해본다. 타깃 독자층이 분명해야 글의 문체나 글의 형식, 흐름, 구성 및 편집 등을 상상하면서 글을 쓸 수 있다. 타깃 독자층은 가급적 구체적이고 세밀하게 잡는다. 분야, 연령, 성별, 니즈 등을 세세히 구체화해 보고 대상 폭을 좁혀 특성과 니즈가 분명한 타깃을 잡는 게 좋다. 타깃이 구체적일수록 책이 나아갈 방향성과 목적지가 분명해지므로 글을 원활하게 풀어내는 데 상당한 도움이 된다. 반면 대상 폭이 너무 넓으면 다양한 입맛을 맞추려다가 오히려 이도저도 아닌, 특색 없는 책이 될 수 있으니 주의해야 한다.

예를 들어, 타깃 독자층이 초등학교 학부모 대상이라면 초등학교에서 강연한다고 상상하고 수요와 눈높이에 맞는 자료를 조사하거나 문체 등을 정할 수 있다. 만약 은퇴를 준비하는 중년 남성층이 대상이라면 그들의 니즈와 분위기에 맞는 사례를 모으고 자료를 조사하며 문체를 맞춰볼 수 있다.

어떤 때는 모니터에서 깜빡이는 커서가 나를 재촉하는 시계 초침처럼 느껴질 때가 있다. 빨리 좋은 문장과 아이디어가 떠오르면 좋겠는데 아무것도 생각나지 않는 멍한 상태가 되기도 한다. 이럴 때 눈앞에 타깃 독자층을 대표하는 누군가와 대화한다고 상상하며 말로 풀어가 보면 의외로 글이 쉽게 써진다.

2
글쓰기의 중요 재료, 조각 시간 만들기

시간을 넘는 것은 시간이다

역사를 보다 보면 간혹 아쉬움이 들 때가 있다. 바로 문집이 없는 분들이다.

인생의 많은 시간을 유배지에서 보내던 수백 년 전 인물인 다산 정약용이 우리에게 잘 알려질 수 있었던 이유는 무엇일까? 율곡 이이가 '동방의 공자'로 칭송하던 당대 최고의 천재, 매월당 김시습의 학문과 사상은 왜 율곡만큼 상세히 전해지지 못했을까? 그 이유는 바로 그들의 세계를 알 수 있는 자료나 문집이 얼마나 남아 있느냐의 차이 때문이다. 남명 조식, 북창 정렴과 같이 그 시대를 주름잡던 분들이 잘 알려지지 않은 이유는 문집이 적거나 없어서이다. 그들과 같은 시대를 사셨던 퇴계, 율곡과 같은 분을 우리가 더 잘 아는 것은 문집과 관련 자료가 많아서이다. 문집이 없으면 아무리 요긴하고 중요한 사상이라도 후대에 전해지지 못한다. 그렇기에 그 좋은 가치와 생각이 전해지지도 활용되지도 못한다.

반대로 당시에는 큰 영향력이 없었지만, 남겨진 문집으로 인해 후대에 재평가를 받는 분들도 있다. 그 시대에는 별로 실권을 잡지 못하고 유배지에서 생을 마감했으나 오히려 오늘날 그 가치를 인정받는 정약전(정약용의 형이자 조선시대 어류학서인 '자산어보' 저자)과 같은 이가 좋은 예이다.

이처럼 시간을 넘어 다음 세대로 사상과 학문이 전해지는 것은 누군가의 시간이 담긴 집필 덕분이다. 책 쓰기에 들인 시간의 결과물은 많은 이에게서 더욱 값진 시간으로 거듭난다. 이러한 사실은 바쁜 와중에도 책을 쓰기 위해 시간을 투자할 충분한 이유가 된다.

바쁜 일상 속 시간 쪼개기

현대인들은 모두 바쁘다. 심지어는 유치원을 다니는 아이들까지도 모두 바쁘다. 연령과 역할, 직업 유무와 관계없이 우리는 각자의 사정대로 모두 바쁘다. 하지만 바빠도 책을 쓸 이유와 장점은 충분하고 그래서 많은 사람이 책을 쓰고자 한다. 그러면 바쁜 일상 속에서 글 쓸 시간은 어떻게 만들 수 있을까?

시간은 참 아이러니하다. 시간은 바쁘게 쓸수록 더 많은 시간을 만들어낸다. 시간을 낳는 것이 시간이기 때문이다. 바쁠수록 깨어 있는 시간이 길어지고, 정신이 깨어 있으면 긴장이 되며 몰입이 잘 되어 시간을 더 함축적으로 쓸 수 있다. 지하철 출퇴근 시간에 읽는 20분의 독서가 책상에서 읽는 20분보다 집중이 더 잘되는 경험을 해봤을 것이다. 긴장되고 깨어 있는 시간을 늘리면 몰입할 수 있는 조각 시간을 더 많이 만들어 낼 수 있다. 사실 사람이 온전히 집중하고 몰입을 지속할 수 있는 절대 시간은 그리 길지 않다. 수도자나 특별한 훈련을 한 사람이 아닌 이상, 집중할 수 있는 시간은 일반적으로 30~90분 정도에 불과하다고 한다.

그것은 아무리 멋진 작업실에 있든, 아무리 쾌적하고 환경 좋은 도서관에 있든 마찬가지다. 사람이 집중할 수 있는 시간에는 한계가 있지만, 긴장으로 깨어 있을 때는 집중도가 높아진다. 반면, 편안한 상태에서는 오히려 집중도가 낮아진다. 잘 갖춰진 환경에서 작정하고 일할 때만 제대로 일이 되리라는 생각은 편견이다. 긴장도를 높이면 일과 중 몰입할 수 있는 생산적인 조각 시간을 생각보다 많이 찾아낼 수 있다.

시간이 시간을 만든다

짧은 시간 몰입하는 데서 얻는 성과가 쌓이다 보면 조각 시간의 가치와 활용의 즐거움을 알게 되고, 그러면 시간을 더 집약적으로 사용할 수 있게 된다.

시간은 시간을 낳는다. 내가 시간을 더 잘 쓰기 위해 계획을 짜고, 플래너를 쓰고, 시간 관리에 시간을 투자하는 만큼 사라질 뻔한 시간을 더 많이 활용할 수 있다. 놀이공원에서 그냥 줄을 서면 놀이기구를 한두 개밖에 못 타지만, 시간을 들여 정보를 파악하고 동선을 잘 짜면 같은 시간에 더 많이 탈 수 있는 것과 같다. 계획을 짜고, 효율적인 루틴과 방법을 잘 고안하면, 뜻밖의 조각 시간을 만들 수 있다. 그러므로 바쁠수록 시간을 들여 조각 시간 만드는 법을 생각해야 한다. 그러면 들인 시간 이상으로 활용할 수 있는 시간을 발견해낼 수 있다.

조각 시간을 활용한 글쓰기

본업이 있는데 따로 시간을 내어 글을 쓰기란 쉽지 않다. 전쟁 같은 하루 일과가 끝나면 침대가 손짓하고 땅이 몸을 끌어당기는데, 그런 상황에서 피곤한 몸을 이끌고 글을 쓰는 건 정말 곤욕이다. 여러 가지 이유로 글을 쓸 결심을 하고, 열심히 조각 시간을 만들어도 몰입할 환경이 갖춰지지 않으면 어려운 것이 글쓰기이다. 사실 컨디션이 최상이라도 글쓰기는 어렵다.

그럼 어떻게 하면 조각 시간을 활용해 본업과 병행하며 글을 쓸 수 있을까?

예전에 직장 생활을 하면서도 많은 양의 원고를 써서 출간한 일이 있었다. 한 정부출연연구소 학술출판팀 연구원으로 근무할 때였다. 온종일 연구보고서를 보고, 온갖 통계와 전문용어가 가득한 원고와 씨름하는 게 일이었다. 그래서 퇴근 후에는 모니터는커녕 글자 자체가 보기 싫었다.

내가 선택한 방법은 출퇴근 시간과 점심·저녁 식사 후 산책 시간을 이용한 글쓰기였다. 필요한 자료는 전자책(e-book)으로 구매해 출퇴근 시간에 차 안에서 들었고, 필요한 부분은 바로 캡처해서 주말이면 폴더에 정리해두었다. 점심과 저녁 식사는 최대한 빨리 끝내고 남는 시간에 산책을 나갔다. 보통 회사 점심시간에는 동료들과 식사하며 커피를 마시고 수다를 즐기게 마련이다. 하지만 책 쓰기를 결심하고 나서는 점심식사 후 양해를 구하고 서둘러 산책하러 나갔다. 산책은 책을 쓰기 위한 조각 시간을 만드는 또 다른 방법이었다. 처음엔 점심에 차 한잔 함께 마시지 않고 나가는 나를 의아해하기도 했지만, 나중엔 오히려 주변에서 응원해주었다.

산책하며 글쓰기

산책을 나가 맑은 공기를 마시며 글을 쓰다가 막혔던 부분을 생각하면 평소에는 잘 생각나지 않던 문제도 의외로 술술 풀렸다. 머리를 잘 돌아가게 하려면 적당히 몸을 움직이는 것도 좋은 요령이다. 익숙한 산책로에 들어서면 좀 빨리 걸으면서 걷는 것에만 집중했다. 그러면 머릿속에 가득 찬 복잡한 생각을 가라앉히는 데 큰 도움이 되었다. 그렇게 마음을 비우다 보면, 고민이나 잡생각이 더 이상 떠오르지 않고, 생각하고자 하는 문제에 집중할 수 있었다. 그렇게 계속 집중에 빠져들다 보면 무릎을 칠 만한 좋은 아이디어나 마음에 드는 문장이 떠올랐다. 매일 똑같이 반복하는 루틴을 만들고 실천이 쌓여가면 처음에는 별다른 변화가 없지만, 한 달 두 달 반복하다 보면 산책을 딱 나서는 순간 생각 회로에 불이 번쩍 켜지는 느낌을 받곤 한다. 머릿속에서 '업무 모드'란 스위치가 꺼지고 '사색 모드'라는 스위치가 켜지는 것이다.

걸음에 속도를 높이면 생각의 속도도 빨라진다. 몸이 바빠지면 오히려 마음은 가라앉고, 마음이 가라앉으면 생각을 주시하는 집중력도 좋아지기 때문이다. 그렇게 스쳐 가는 여러 생각 속에서 지금 내가 잡고 있는 글쓰기 주제와 관련한 꼭 필요한 생각을 붙잡는다. 어떨 땐 좋은 구성이 생각나기도 하고, 또 어떨 땐 좋은 문장이

나 맥락이 떠오르기도 한다. 그러면 바로 스마트폰의 녹음기를 켜고 그 순간의 생각을 얼른 녹음한다. 그리고 주말이 되면 녹음한 내용을 텍스트화하여 함께 폴더에 정리해둔다. e-book을 캡처한 파일이나 인터넷 자료를 갈무리한 파일도 함께 정리해둔다.

유명한 철학자나 작가들이 산책을 즐겼다는 데는 이유가 있다. 책상이 아닌 자유로운 곳에서 맑은 공기를 마시며 몸을 빠르게 움직이면 두뇌 활동도 빨라진다. 또 일정한 시간에 익숙한 길을 산책하다 보면 길이 점점 편안해지면서 번잡한 마음도 더 잘 비워진다. 그로 인해 평소에는 떠오르지 않던 생각이 더 잘 떠오르고, 생각의 속도도 빨라져 더 창의적이고 유용한 아이디어가 많아진다.

글은 앉아서 열심히 생각해도 술술 나오지 않을 때가 태반이다. 특히 책을 위한 글쓰기는 더 깊이 있고 참신하며 일반적인 글쓰기보다 더 많은 분량을 요구한다. 분량이 많은 글쓰기는 의외로, 작정하고 앉아서 머리를 쥐어 잡고 생각을 뽑아낼 때보다 이처럼 일상 속에서, 산책 속에서 튀어나온 생각의 조각들을 엮어가는 게 더 깊이 있고 참신할 때가 많다.

물론 주말이 되면 가족들에게 양해를 구하고 몇 시간씩 나만의 시간을 확보하여 집중해서 글을 쓴다. 하지만 그 아이디어의 대부분은 일상 속에서 떠오른 생각 메모들을 기반으로 할 때가 많다.

생각과 글쓰기에도 연습과 숙련이 필요하다

깊이 사색에 몰입할 수 있는 반복된 루틴을 만들고, 짧게라도 생각을 정리하는 시간을 꾸준히 갖는 것, 이것은 참으로 중요하다. 사색하며 무의식적으로 떠올린 생각들은 책상에 앉아서 끙끙거리며 떠올리는 생각보다 훨씬 신선하고 깊이가 있을 때가 많다. 그리고 이처럼 사색에 몰입하는 시간을 만드는 데는 의외로 많은 시간이 필요하지 않다. 점심식사 후, 저녁식사 후, 혹은 출근 전 새벽이나 출퇴근 시 등…. 자신이 매일 반복할 수 있는 일상 중에서 짧은 조각 시간을 만들고, 그 시간만큼은 사색에 풍덩 빠져들겠다는 의지를 가지면 충분하다.

짧은 시간이라도 꾸준히 사색하는 습관을 가지면 생각하는 힘이 커지고 좋은 아이디어를 많이 얻을 수 있다. 사색은 일종의 생각 훈련이다. 사색을 많이 하다 보면 점점 집중 시간이 길어지고 생각이 깊어진다. 사색으로의 몰입, 거기서 솟아나는 생각들만 모아도 깊이 있고 긴 분량의 책 쓰기용 글쓰기가 충분히 가능하다. 꼭 근사한 공간에서 오랜 시간 펜을 들고 책상에 앉아있어야만 근사한 글이 나오는 것은 아니다.

더불어 자신이 정한 시간에는 반드시 책상에 앉아 작업 파일을 열어야 한다. 책 쓰기는 많은 분량의 글쓰기가 모여야 한다. 또한 많은 자료와 사색의 결과가 모여야 한다. 글쓰기가 어느 정도 궤도에 올라 좋은 구성을 잡고 멋진 문장을 써내려면 훈련이 필요하다. 무수한 연습을 통해 생각하는 근육이 발달하고 글쓰기 기술도 숙련돼야 한다. 그러려면 자신과 약속한 시간에는 반드시 책상에 앉아 단 한 줄이라도 쓰는 습관을 꾸준히 들여야 한다. 아무리 시간이 없어도 누구나 조금씩의 조각 시간은 만들 수 있다. 그리고 조각 시간이 쌓이면 놀라운 결과를 만들어낸다. 시간은 모래와 같아서, 애써 움켜쥐지 않으면 흘러가 버리지만, 짧게라도 시간을 붙잡고 조금씩 다듬어가면 멋진 모래성이 된다.

3 일상에서 글쓰기 보물창고 만들기

나 자신부터 분명히 알자

사람은 자신의 얼굴을 스스로 보지 못한다. 거울이 필요한 이유다. 생각도 마찬가지이다. 나는 안다고 생각하지만, 막상 들여다보면 정확하게 알지 못할 때가 많다. 그냥 들어본 것, 대충 아는 것도 다 안다고 착각할 때가 많다. 사람은 의외로 자신에 대해 무지하다. 자신이 무슨 생각을 하는지, 무엇을 얼마나 알고 있는지도 잘 알아차리지 못한다. 그래서 나에 대해 확인해 볼 생각의 거울이 필요하다. 메타인지는 내 생각과 지식을 알아채고, 나 자신을 인지하는 생각의 거울이 되어 준다. 그것은 읽기뿐 아니라 글쓰기에서도 놀라운 힘을 발휘한다. 이 생각의 거울을 잘 활용하면 보다 명확한 글을 쓸 수 있다. 그리고 글이 명확하면 독자는 글을 더 쉽게 이해한다.

메타인지를 작동시키는 가장 좋은 방법은 바로 질문이다. 내가 쓰려는 주제가 무엇인지, 내가 알고 싶은 건 무엇이며 전하고자 하는 메시지는 무엇인지, 그래서 지금 알아야 하는 건 무엇인지, 나부터 분명하게 알아야 한다. 작가도 잘 모르는 글을 독자가 어떻게 알겠는가! 그럼 내가 분명히 알고 있음을 어떻게 확인할 수 있을까? 질문을 떠올려 보면 된다. 질문은 내가 아는 만큼만 던질 수 있는 것이다. 그러므로 종이에 써 내려가는 나의 질문을 보면 내가 얼마나 알고 있고, 무엇을 모르는지 더 잘 파악할 수 있다.

글을 쓰면서 기획해야 할 기본적인 내용들을 내게 질문해 보자. 그리고 그에 대한 답을 한두 줄로 써 보자. 쓰고자 하는 글의 기획이 명확하다면, 어떤 점에 신경 써야 하고, 어떤 점을 더 보충해야 하는지 분명하게 질문할 수 있다. 또한 그 답도 한두 줄 정도로 간단명료하게 요약할 수 있다. 잘 모를 때 말이 길어지는 것처럼, 생각이 불분명하면 답도 길어진다. 내가 요약하지 못하고, 내가 분명히 알지 못한 상태로 쓰는 글은 아무리 길고 그럴싸하게 써도 남들 역시 분명히 이해하지 못한다.

> **글쓰기를 위한 질문 예시**
>
> 해당 글의 주제는 무엇인가?
> 글을 쓰는 동기는 무엇인가?
> 글을 통해 얻고자 하는 목표는 무엇인가?
> 글의 타깃 대상은 구체적으로 어떤 이들이며 어떤 성격의 글을 쓸 것인가?
> 어떤 콘셉트와 기획으로 글을 진행할 것인가?
> 이 글에서 전하고자 하는 핵심 키워드는 무엇인가?
> 논리적 흐름을 어떻게 구성할 것인가?
> 어떤 근거와 사례를 사용할 것인가?
> 이 글의 하이라이트는 어떻게 표현할 것인가?
> 이러한 주제의 다른 글과 차별점은 어떻게 둘 것인가?

이러한 과정을 통해 머릿속 주제가 뚜렷해지고, 내가 알고 싶은 게 무엇인지 분명해지면 주변 모든 정보를 내 글에 활용할 새로운 눈이 뜨인다. 내가 현재 관심 가진 주제가 무언지, 어떤 자료가 필요하고 어떤 부분이 막혀 있는지를 분명히 알기 때문이다. 그러면 스쳐 지나가는 무수한 정보 속에서도 의미를 잡아내고 내게 필요한 정보와 메시지를 발견할 수 있다. 또 자료를 찾다가 오히려 자료의 논지에 휩쓸려 혼란해지거나 글의 논지가 뒤죽박죽되는 일을 막을 수 있다.

질문을 가지고 세상 바라보기

글쓰기 주제를 정하고, 알고자 하는 게 무언지 질문을 분명히 하면 평소 관련 없다고 생각한 곳에서도 새로운 답을 발견할 수 있다. 내 생각을 주시하고 나의 질문과 필요를 관찰하는 것만으로도 그런 변화가 생긴다. 예전에 한국 여성사에 관한 책을 준비할 때의 일이다. 분량이 제법 긴 책이었기 때문에 질문도 많았고 필요한 자료도 많았다. 그래서 잊지 않기 위해 중요한 질문을 작은 포스트잇에 써서 스마트폰 뒷면에 붙이고 다녔다. 그렇게 명확한 질문을 품고 세상을 바라보자 우연히 보이는 큰 관련 없어 보이는 콘텐츠에서도 다양한 영감이 떠오르고 필요한 메시지가 보이기 시작했다. 길가의 카페 문구나 인터넷 뉴스, 심지어는 공익광고 전단지에서도 문제를 풀 열쇠를 발견했다. 그래서 길을 걷다 갑자기 아이디어가 떠올라 스마트폰 녹음기를 켜고 혼자서 열심히 떠들거나, TV를 보다 좋은 자료를 알게 되어 열심히 책상으로 뛰어가 노트를 채워가곤 했다. 머릿속에 글쓰기 주제와 질문이 늘 자리 잡고 있었기에 영 관련이 없어 보이는 분야에서도 좋은 문장과 발견 그리고 아이디어가 계속 튀어나온 것이다. 그렇게 보고 듣는 일상, 어쩌다 들은 강연과 TV 속 다양한 소재가 내가 집중하고 있는 주제를 중심으로 재해석되며 분량을 늘려갔다. 그러다 보니 어느새 서점에 진열된 내 책을 발견할 수 있었다. 이처럼 한 가지 주제와 질문을 가지고 세상을 바라보면 뜻하지 않게 많은 자료와 메시지를 발견하고, 고민하던 문제를 해결할 영감과 아이디어가 어느 순간 솟아오른다.

글쓰기 노트 만들기

많은 기획자나 창작자가 메모하는 습관을 갖고 있다. 좋은 글을 쓰기 위해 메모의 가치는 아무리 강조해도 모자라지 않다. 지나치는 정보를 붙잡아 잘 정리하면 글쓰기 보물창고가 된다. 그러나 잘 정리되지 못한 메모는 자칫 시간만 쏟아붓고 나중에 찾아 쓰지도 못하는 애물단지가 된다. 처음부터 잘 활용할 수 있도록 준비해야 글쓰기 보물창고가 될 수 있다.

글쓰기 주제를 정하고 질문에 대한 답을 찾고자 도서관이나 온라인 서점에서 여러 책을 보다 보면, 비슷한 주제나 내용의 책을 연달아 보게 된다. 자연히 수집하는 자료도 그날 염두에 둔 주제와 관련 있는 자료가 모이게 된다. 글쓰기 노트에는 그날의 주제나 질문을 큰 제목으로 적고, 그 밑에 수집한 내용을 적은 포스트잇이나 복사 내용, 생각 메모 등을 붙여 두면 나중에 기억하기도 좋고 활용하기도 편하다. 노트에 바로 적지 않고 붙여 두는 이유는 활용도를 높이기 위해서이다. 노트에 직접 써 놓으면 필요할 때 다시 베껴 적거나 일일이 찾아보아야 한다. 하지만 포스트잇, 복사한 내용, 생각 메모 등을 작게 정리해 붙여 두면, 필요할 때 다른 곳에 옮겨 붙이기 좋고 틈틈이 읽어보며 관련성 있는 것끼리 모아두기도 편하다.

수집한 자료와 메모 활용도 높이기

글을 더 맛깔나고 풍성하게 하려면 꾸준히 모아온 자료와 평소에 생각을 적어두었던 메모들이 필요하다. 모아둔 자료나 평소 정리해둔 메모를 내용별로 나누고 내용 단락별로 한 줄 요약을 붙여두면 나중에 찾아보기에 좋다. PC 파일에서는 메모 기능을 쓰고, 인쇄물에는 옆에 직접 적거나 포스트잇을 붙인다. 이렇게 해두면 자료의 양이 아무리 많아도 성격을 파악기가 쉽다. 그리고 모아둔 자료를 더 빨리 활용할 수 있게 되어 단시간 내 글을 풍성하게 하는 데 큰 역할을 한다.

만약 독서에 대한 글을 쓴다면, 평소 독서에 관해 모아둔 자료나 생각을 정리한 메모를 내용별로 분류하고 범주에 맞게 모아둔다. 글을 쓸 때 이렇게 비슷한 류끼리 모아 하나의 파일을 만들고, 출력해서 다시 한번 읽어보면서 그때마다 떠오르는 생각들을 다시 손으로 적어둔다. 글이란 읽을 때마다 다른 생각, 다른 경험들이 떠오른다. 그래서 틈틈이 꺼내 보고 그때마다 떠오르는 생각, 관련된 기억이나 예시 등을 추가해서 적어두거나 입력해 놓는다.

글쓰기 노트 만들 때 주의사항

메모는 자료의 성격에 따라 작성 방법이 달라야 한다. 우선 내용이 긴 자료, 중요 기록, 통계 등 옮겨 적기에 시간이 걸리거나 오타가 생기면 안 되는 성격의 자료는 복사하거나 사진을 찍어 둔다. 더불어 차후 인용표기를 하거나 해당 자료를 더 찾아볼 수도 있기에 반드시 서지사항을 표시해 둔다. 정리한 자료에 꼭 남겨두어야 할 서지사항은 ① 도서명, ② 저자 및 역자 정보, ③ 발행처 및 출판사, ④ 발행일, ⑤ 재간행 등의 특이사항이 있다면 몇 판 몇 쇄인지 등도 적어둔다.

독서 중에 발견한 짧은 자료 등은 노트, 포스트잇, 스마트폰 등에 적거나 저장해 둔다. 더불어 생각에 충격을 주거나 새로운 관점을 열어주는 부분, 또는 계속 기억할 만한 새로운 정보가 있는 부분은 꼭 갈무리해 둔다. 그리고 그 뒤에 그때 당시 함께 떠오른 생각, 그 문장에 부연할 만한 나만의 생각이나 문장 등을 덧붙인다. 이때 중요한 것은 저자의 문장과 나만의 생각을 분명히 알아볼 수 있도록 처음부터 분리해서 표시하는 것이다. 나중에 사용할 때 저자의 문장은 인용 처리나 출처 표기를 해야 하므로 헷갈리지 않도록 처음부터 '내 문장'과 분리해두어야 한다.

기록을 위해 미디어 기기를 적극 활용하자

근래 많이 보편화된 전자책(e-book)은 스마트폰이나 테블릿, 노트북 등을 통해 언제 어디서나 수많은 책을 간단히 열어볼 수 있다는 장점이 있다. 정액제를 끊으면 종이책을 사는 것보다 더 저렴한 가격으로 많은 책을 검색해 볼 수 있다. 또 대개의 전자책 프로그램에는 내용 및 키워드 검색 기능이 있어 원하는 내용을 찾아보기 편하고, 연관 도서를 추천하는 기능이 있어 검색 분야를 확장하기에 좋다. 자체에 메모 기능과 저장 기능이 있어서 사용이 숙달되면 나만의 글쓰기 노트 파일을 편하게 만들 수 있다.

검색하다 보면 많이 보게 되는 인터넷 글들은 스마트폰이나 PC 캡처 기능을 활용해 보관해 둔다. 산책이나 사색을 통해, 또는 그냥 지나가는 생각 속에서 얻은 아이디어는 스마트폰이나 메모지 등에 기록해 두었다가 시간 날 때 정리해둔다. 스마트폰의 녹음 기능을 활용하면 음성녹음을 바로 텍스트 파일로 추출할 수 있다. 이처럼 미디어 기기를 적극 활용하면 일상 속에서 더 많은 자료와 아이디어를 더욱 손쉽게 모을 수 있다.

자료를 볼 때 떠오른 생각은 함께 정리해두기

　자료를 정리할 때 염두에 두어야 할 것은 첫째, 자료를 보면서 떠오른 생각, 아이디어, 활용안, 연계 내용 등을 함께 정리해두는 것이다. 생각이 떠오를 때는 '다음에 이 자료를 보면 다시 생각나겠지.'라고 생각할 수 있다. 또 따로 정리해두는 것이 귀찮을 수 있다. 하지만 생각은 잠깐 스쳐 지나가는 바람과 같다. 지금 생각난 것이 다음에 똑같이 생각나리란 보장이 없다. 무수히 좋은 아이디어가 머릿속을 스쳐 가도 지금 이 순간 잡지 못하면, 그것은 흐르는 시간처럼 그냥 흘러가 버린다. '그때 굉장히 중요하다고 생각했는데 뭐였더라?' 하며 끝까지 떠오르지 않는 기억에 답답했던 경험이 누구든 있을 것이다. 찰나에 떠오른 생각을 붙잡아 두는 중요한 열쇠는 첫째도 둘째도 기록이다. 무심결에 지나치는 생각들만 잘 잡아도 쉽게 책을 쓸 수 있다는 것을 생각해 보면 메모는 정말 중요한 습관이다.

4
평소 모아둔 자료와 메모로 맥락 있는 글 구성하기

처음부터 글의 목표와 주제를 분명히 하자

글을 쓸 때 조심하면서도 많이 하는 실수가 있다. 바로 글을 쓰다가 맥락을 놓치는 것이다. 글을 쓰다 한 생각에 꽂혀 그 부분을 신나게 쓰다가 한참 진도가 나간 후에야 문득 '내가 뭘 쓰고 있었지?'라며 당황하게 되는 것이다.

이처럼 글쓰기에 몰입하거나 모아둔 자료를 엮다 보면, 하나의 생각이나 자료에 너무 깊이 빠져 처음과는 다른 방향으로 틀어질 때가 있다. 그런 부분이 많아질수록 독자 입장에선 산만하고 논지를 알 수 없는 글로 느껴진다.

방향성이 분명하고 이해하기 쉬운 글을 쓰려면 다음 세 가지를 염두에 두면 좋다.

첫째, 타깃 독자를 구체적으로 상상해 보고 글을 쓰기 시작한다. 타깃 독자가 어느 분야에 관심을 가진 독자인지, 어떤 성별이나 연령층이 많은지, 대략 삶의 모습은 어떠할지 등을 자세히 분석하고 구체적으로 상상해 본다. 타깃 독자가 구체적일수록 니즈와 특성이 분명해져서 더 전달력 있고 분명한 글을 쓸 수 있다. 글을 통해 전하려는 목적과 대상에 맞는 메시지에 계속 집중할 수 있기 때문이다. 그렇게 상상한 가상의 독자와 마주 앉은 느낌으로 글을 쓰면 글쓰기가 좀 더 수월하고 재밌어진다.

둘째, 이 글을 통해 나와 독자가 얻고자 하는 목표를 분명히 한 후에 글을 쓴다. 처음부터 글을 쓰는 목적과 독자에게 던질 메시지를 분명히 하고 쓰면, 중간에 방향을 잃지 않는다.

셋째, 글을 쓰기 시작할 때, 맨 위의 첫 줄에는 글의 큰 주제와 해당 장의 주제를 써놓고 시작한다. 한 문단을 쓰더라도 목표가 분명해야 다른 자료를 봐도 휘둘리지 않고 내 주제에 맞게 활용할 수 있다.

즉, 내가 무엇을 쓰고자 하는지, 처음부터 주제와 구성이 명확히 하고 글 쓰는 내내 머릿속에서 떠나지 않아야 글이 산으로 가지 않는다.

한 줄 주제로 시작하기

단 1분만이라도 잠시 마음을 가라앉히고 머릿속에서 떠오르는 생각을 들여다보자. 아주 짧은 시간에도 수많은 생각과 감정이 떠오른다. 단 1분이라도 잡생각 없이 한 생각에 오롯이 집중하는 것은 의외로 어렵다. 특히 현대인의 삶과 환경은 어느 때보다 복잡하여 한 가지 맥락을 유지하며 글을 쓰는 것이 생각만큼 쉽지 않다. 그래도 글쓰기는 주제에 맞게 일관된 맥락으로 흐름을 타야 한다. 그래야 읽는 사람도 이해하기가 쉽고 잘 빠져들 수 있다.

그럼 어떻게 하면 일관된 주제로 맥락이 잘 잡힌 글을 쓸 수 있을까?

보통 글의 한 장이나 절과 같이 내용상 최소가 되는 단위를 '꼭지'라 부른다. 한 꼭지가 모여 한 절이 되고, 장이나 챕터가 되며 전체 글이 된다. 꼭지 내 문단은 두괄식 구성일 경우, 대략 '리드문(동기부여나 자극이 되는 문제 제기 또는 인용구)-주제문-근거-자료-마무리-해결방안, 제안 및 제시' 정도로 구성된다. 한 꼭지 안에는 전체를 일관하는 소주제가 있고, 꼭지를 구성하는 문단마다 모두 각기 말하고자 하는 요지가 있다.

어떤 글이든 시작할 때부터 요지가 분명해야 한다. 그래야 쓰는 입장에서는 어떤 논리로 풀어갈지 얼개가 짜이고, 어떤 자료와 예시로 살을 붙여갈지 구성 잡기가 쉽다. 읽는 입장에서도 요지가 분명한 글이 더 쉽게 읽힌다.

한 꼭지를 쓸 때나 혹은 한 문단을 쓰더라도 글의 구성부터 잡고 살을 붙여나가야 한다. 그렇기에 해당 꼭지에서 말하고자 하는 소주제와 결론을 상단에 한두 줄 정도로 써 놓고 글을 쓰기 시작한다. 그리고 소주제에서 결론으로 이어지는 논리적 흐름을 그 밑에 한 줄씩 써 본다. 그러면 단 몇 줄만으로 도입부터 결론까지의 논리적 얼개가 금세 짜진다. 이렇게 만들어진 단 몇 줄에 자료와 살을 붙여간다. 한 줄이 곧 한 문단이 되고, 몇 개의 문단은 곧 한 꼭지가 된다. 이렇게 한 줄 주제에만 집중해서 자료를 모으고 살을 붙여나가면, 처음부터 일관된 흐름을 맞춘 한 줄에서 시작했기에 방향과 맥락이 분명한 글이 나온다. 때문에 원고 쓰는 시간이 길어져도 처음 쓸 때 어떤 생각이었는지 기억이 잘 나지 않거나 혹은 완전히 다른 관점의 자료를 사용하더라도 여간해선 맥락이 흐트러지지 않는다.

글쓰기에 필요한 세 요소

각 문단에 해당하는 한 줄 주제를 잘 연결해 전체 체계를 탄탄히 세워두었더라도 막상 살을 붙이는 작업은 쉽지 않다. 사람은 먹는 대로 살이 찌지만, 글은 자료만 붙인다고 자연스레 살이 붙지 않는다. 어설프게 자료를 붙이다 보면 주제와 자료가 맥락을 잃고 따로 놀거나 산만해지는 난감한 상황이 발생한다. 또 문단에 들어갈 핵심 주제를 잘 잡아놓아도 활용할 근거 자료나 사례가 부족해 애를 먹을 때도 있다. 그래서 글쓰기에는 약간의 뻥튀기 기술이 필요하다.

글을 뻥튀기하려면 세 가지가 필요하다. 마른 옥수수에 약간의 조미료를 치고 열과 압력을 가하면 부드럽고 맛있는 뻥튀기가 된다. 글에도 약간의 조미료와 열, 압력을 가하면 금세 글살이 붙는다. 기존에 모아왔던 자료와 메모는 조미료가 되고 몰입은 압력이, 사고의 깊이와 필력은 열이 된다.

근거 자료나 구체적인 사례는 글을 더 실감 나게 해주고 독자의 이해를 높인다. 또 풍성한 자료는 글살이 된다. 막상 글의 뼈대를 짜놓아도 살을 붙이고 분량을 채우는 건 꽤 시간이 걸리는 일이다. 하지만 평소 모아둔 자료와 좋은 문장, 생각 메모들을 맥락에 맞게 잘 배치하고 연결하면 뻥튀기하듯 금방 글살이 붙는다.

구성을 시뮬레이션하여 글에 열 가하기

모아둔 자료를 활용할 때 어떻게 배치하고 활용하면 좋을까?

구성하고 싶은 자료들을 내용별로 잘라 퍼즐 맞추듯 문단의 위아래로 배열을 옮기며 논리적 맥락을 맞춰본다. 자료를 포스트잇에 정리해두면 이런 작업을 하기에 좋다. 한 줄 요약만 잘라 이리저리 옮겨가며 구성을 잡아보는 방법도 좋다. 어떤 흐름으로 연결할지 집중해서 잘 생각하다 보면 조금 엉뚱해 보이는 자료라도 반전 논리를 만드는 데 활용하거나 폭넓은 해석으로 응용해볼 수 있다.

다음으로 평소 모은 자료와 생각 메모로 글에 열을 가해본다. 원래 짜두었던 글의 전체 구성과 흐름에 맞게 자료의 어울림을 머릿속에서 시뮬레이션해 보는 과정이다. 대략의 구성과 흐름이 잡히면 원래 짜놓았던 기본 구성 틀에 모아둔 자료와 메모를 배치한다.

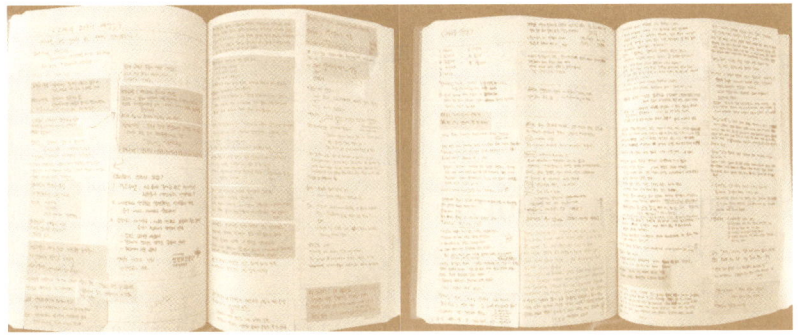

평소 메모해둔 포스트잇을 맥락에 맞게 순서를 잡고 흐름을 잡아본 모습

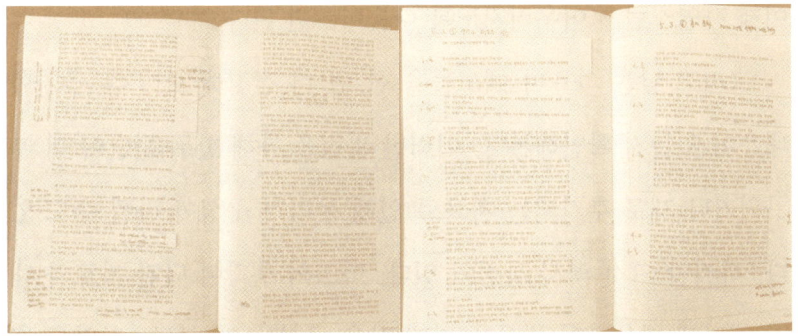

평소 수집해둔 자료와 생각 메모를 맥락에 맞게 순서를 잡아 붙이고 흐름을 잡아본 모습

논리적 흐름에 맞게	소제목: 꼭지 주제와 결론 쓰기	

맥락에 맞게 중심 문장과 자료를 배치해 보기	- 1문단 중심 문장 쓰기
	  관련 자료, 메모 붙이기
	- 2문단 중심 문장 쓰기
	  관련 자료, 메모 붙이기
	- 3문단 중심 문장 쓰기
	  관련 자료, 메모 붙이기
	- 4문단 중심 문장 쓰기
	  관련 자료, 메모 붙이기
	- 5문단 중심 문장 쓰기
	  관련 자료, 메모 붙이기
		→ 이렇게 잡은 구성대로 자료를 연결하고 글에 살을 붙이면 한 꼭지 완성

↓ 글의 얼개 완성		

맥락에 맞게 살붙이기

논리적 순서에 맞게 한 줄 주제를 나열하여 전체 체계를 잡고, 모아둔 자료와 메모에 한 줄 요약을 달아 본문 체계에 덧붙였다면, 이제 자연스럽게 어우러지도록 다듬어주면 된다.

그리고 남은 자료나 메모들을 한 번 더 점검해 보며 혹 추가할 내용이 있는지 확인해본다. 이러한 과정을 통해 한두 문단이 더 추가되거나 새로 추가되는 자료로 인해 논리적 구성이 바뀔 수도 있다. 하지만 그것 역시 장점이 있다. 타인의 생각이 담긴 자료와 내가 예전에 떠올렸던 생각을 현재 잡은 구성에 맞춰보는 작업은 혼자 글을 쓰는 사람이 혼자만의 논리에 매몰되는 것을 막아준다.

무엇이든 쌓아진 시간만큼 깊이와 가치를 발하는 법이다. 자료와 메모는 평소에 시간을 들여 모으고 사색한 결과이다. 글 역시 평소에 쌓아둔 자료와 메모를 통해 근거와 사례가 풍성해지면, 단시간에 쓰더라도 깊이와 가치를 갖는다.

마지막으로 전체적인 구성의 어우러짐과 맥락의 자연스러운 흐름을 확인한다. 길지 않은 시간에 한 꼭지가 완성된다. 이것이 평소에 붙잡아 둔 시간(자료, 메모 등)과 한 줄 주제라는 "문제(사고)의 단순화"가 보여주는 놀라운 효과이다.

사람은 생각이나 고민에 빠지면 의외로 주변을 잘 둘러보지 못한다. 한 생각에 빠지면 좀처럼 다른 방식으로 생각을 전환하는 게 힘들다. 그래서 혼자 생각하는 것보다 여러 사람이 머리를 맞대는 게 훨씬 낫다. 그런데 글쓰기는 대개 혼자서 진행한다. 그만큼 자기만의 생각에 파묻힐 가능성이 크다.

여러 곳에서 모은 다양한 자료들, 그리고 오랜 사색의 시간을 담은 생각 메모들은 아집과 이상에 매몰되는 것을 막아 준다. 또한 메모의 순서 배열을 바꿔봄으로써 원래 생각했던 것과 다른, 조금은 파격적인 흐름도 잡아볼 수도 있다. 파격은 글의 흐름을 더 재미있게 만들어 준다. 고민에 고민을 거듭하다가 잡은 구성보다 순서를 바꿔보다가 우연히 잡은 파격적인 구성이 더 흥미진진할 때도 있다.

몰입으로 글에 압력 가하기

글쓰기에서 가장 중요한 요소를 꼽으라면 단연 '몰입의 시간'일 것이다. 짧은 시간이라도 몰입을 하면 중요한 작업을 효율적으로 해낼 수 있다. 구성 잡기, 자료 분석, 아이디어 창출 등 주로 생각을 많이 해야 하는 작업들은 몰입과 집중을 할 때 좋은 결과를 보여준다. 이런 작업이 늘어날수록 글은 깊이와 깊은 울림을 갖는다.

한편으로는 바쁘게 살아가는 생존의 틈바구니에서 대체 언제 몰입의 시간을 만드냐고 반문할 수도 있겠다. 사실 가만히만 있어도 정신없는 것이 현대사회이다. 세상은 너무나 빠르고 복잡하며, 조용히 사색할 잠시의 시간을 만드는 것조차 쉬운 일이 아니다. 하지만 몰입은 꼭 거창하게 책상 앞에 앉거나 준비를 다 갖췄을 때만 되는 것은 아니다. 조각 시간이나 조금은 번잡한 환경이라도 마음가짐과 의지에 따라 몰입은 가능하다. 몰입은 고도의 집중 상태로 가는 반복된 연습과 훈련의 결과이기 때문이다. 조금씩이라도 몰입해서 쓸 수 있는 시간을 만들고 기록하다 보면, 짧은 조각 시간 속에서도 더 쉽게 몰입하는 자신을 발견하게 될 것이다.

세상에 무엇 하나도 연습과 노력 없이 숙달되는 것은 없다. 글쓰기 역시 연습과 노력으로 점점 숙련해가야 할 길고 긴 길인 듯하다.

하지만 길고 긴 글쓰기의 여정 끝에는 고생 끝에 낙원과도 같은 자신만의 소중한 책 한 권이 나와 있을 것이니 이 정도면 괜찮은 투자라 할 만하지 않을까?

> **평소 모아둔 글쓰기 노트 자료를 활용해 간단하게 글 쓰는 방법**
>
> 1. 꼭지의 큰 주제와 결론을 상단에 한 줄로 써본다.
> 2. 논리적 맥락과 흐름에 맞게 각 문단의 중심 문장을 한 줄로 써서 구성을 잡아본다.
> 3. 글쓰기 노트에 모아둔 자료들을 같은 내용끼리 모아 본다.
> 4. 각 문단의 중심 문장 아래에 해당하는 자료들을 붙여넣어 본다.
> 5. 붙여둔 자료를 위아래로 옮겨보며 전체적인 구성과 흐름을 자연스럽게 맞춰본다.
> 6. 내용을 연결하고 살을 붙인다.
> 7. 전체적으로 퇴고를 한다.

5
더 쉽게 전문적인 글을 쓰는 방법

공공데이터 활용하기

개인이 하기 어려운 조사나 통계 결과들을 얻고 싶다면 어떻게 하면 좋을까?

예를 들어 'TV 등 미디어에서 송출되는 콘텐츠들의 성차별적 사례에 관해 구체적으로 알고 싶다'거나, '한국어능력시험의 국적별 지원자 수가 궁금하다'거나, '전국 대학별 기숙사비를 한 번에 알고 싶다'면?

이런 광범위한 자료 조사를 개인이 할 수는 없다. 하지만 글을 쓰다 보면 가끔은 전문적인 통계 자료나 수치 등을 근거나 사례로 제시하고 싶을 때가 있다. 그럴 때는 어떻게 해야 할까?

국가에서 관리하는 많은 데이터와 공공기관들이 각 기관의 전문성을 살려 생산한 양질의 정보는 공익을 위해 무료로 공개하고 있다. 바로 그런 공공데이터를 찾아보고 활용하면 된다. 공공데이터를 활용하면 더 수준 높고 정확한 근거 자료를 제시할 수 있다. 또한 더욱 폭넓은 논리와 사례를 발굴하여 좋은 아이디어를 얻고 좀 더 양질의 글쓰기를 할 수 있다.

자주 활용할 만한 대표적인 공공데이터 누리집을 소개하자면 다음과 같다.

'통계포털 (https://kosis.kr/)'

인구, 물가 등 우리 생활과 밀접한 통계 자료를 얻고 싶다면 대표적으로 통계청에서 운영하는 통계포털에 가면 된다. 다양한 통계 자료뿐 아니라 여러 가지 표시 사항이나 변수를 변경해볼 수 있는 옵션이 있어 통계자료를 다양하게 살펴볼 수 있다.

'공공데이터포털 (https://www.data.go.kr/)'

전국의 공공기관들이 생성하는 공공데이터와 자료를 한데 모은 곳이다. 각 공공기관이 보유한 공공데이터 목록과 공익을 위해 국민에게 개방하는 공적 정보가 모여 있다. 우리나라 공공기관에서 취득, 생산한 모든 데이터를 총 16개 분류로 나누어 파일, 오픈API, 시각화 등 여러 방식으로 제공한다. 16개 분야는 대략 다음과 같다.

번호	대분류	세부 분류
1	공공행정	국정홍보, 일반행정, 국가통계, 국민권익·인권, 국정운영, 지방행정·재정지원, 공정거래, 법제, 정부자원관리, 정부조달
2	과학기술	방송통신, 과학기술진흥, 우정, 과학기술연구
3	교통물류	항공·공항, 도로, 물류 등 기타, 철도, 해운·항만
4	국토관리	산업단지, 주택, 수자원, 지역 및 도시
5	사회복지	노인·청소년, 보육·가족 및 여성, 사회복지 일반, 취약계층지원, 공적연금, 기초생활보장
6	산업고용	통상, 산업기술지원, 산업진흥·고도화, 에너지 및 자원개발, 고용노동, 산업·중소기업 일반, 원자력 기술
7	식품건강	식품의약안전
8	재난안전	경찰, 안전관리, 해경
9	재정금융	금융, 기획재정, 산업금융, 재정·금융, 무역 및 투자 유치, 세제
10	통일외교안보	방위력 개선, 보훈, 전력유지, 병무행정, 통일, 병력운영, 외교
11	환경기상	대기, 폐기물, 상하수도·수질, 자연, 해양환경, 환경일반
12	교육	고등교육, 교육일반, 유아 및 초·중등교육, 평생·직업교육
13	농축수산	농업·농촌, 해양수산·어촌, 임업·산촌
14	문화관광	문화체육관광 일반, 관광, 문화예술, 문화재, 체육
15	법률	법률 및 검찰
16	보건의료	건강보험, 보건의료

그 외에는 관련 분야의 공공기관 홈페이지에 들어가서 공개된 데이터를 검색해 보면 된다.

'학술연구정보서비스(www.riss.kr)'

이런 데이터 외에도 전문적인 학술자료가 필요할 때는 '학술연구정보서비스'를 활용하면 된다.

전국 대학의 석박사 학위 논문과 학술지를 통해 쏟아져 나오는 학술논문, 그리고 관련 기관의 연구보고서와 단행본 등을 한 번에 검색해 볼 수 있다. 학위논문은 무료이지만, 학술지에 게재된 학술논문 중에는 유료 논문도 꽤 있다. 학술연구정보서비스의 유료 논문은 집 근처 공공도서관(국립대학도서관, 국립·시립 도서관 등)에서 무료로 다운받을 수 있다. 공공도서관은 대부분 협약이 맺어져 있기 때문이다. 만약 집 근처에 공공도서관이 없거나 갈 상황이 안 된다면? 그런 경우는 논문 제목을 복사해 구글 스콜라에서 다시 한번 검색해 보길 추천한다. 간혹 유료 논문도 무료로 다운받을 수 있는 경우가 있다.

'국가정책연구포털(www.nkis.re.kr)'

경제·인문사회연구회와 소관 국책연구기관에서 발행한 논문도 모두 무료로 제공받을 수 있다. 각 연구기관이 막대한 예산을 받아 진행한 연구보고서들을 무료로 열람하거나 다운받을 수 있다.

'SDC 통계데이터센터(https://data.kostat.go.kr)'

행정통계자료와 민간자료를 한 번에 검색해 볼 수 있으며, 다양한 키워드로 빅데이터와 마이크로데이터를 활용해볼 수 있다.

'국가법령정보센터(www.law.go.kr)'

우리나라 모든 법령정보를 확인할 수 있다. 최신법령, 자치법규, 행정규칙, 판례, 해석사례, 별표·서식을 검색해 볼 수 있다. 공공기관과 국립대학교 등의 규정과 규정본문, 부칙도 열람할 볼 수 있다. 중앙부처 및 자치단체별 관련 현행법령, 자치법규, 행정규칙, 판계, 헌재결정례, 법령해석례, 행정심판례, 조약을 한 번에 확인할 수 있다. 그 밖에 누구나 쉽게 다운받아 자체 제작해 보거나 활용할 수 있는 전자법령집도 서비스하고 있다.

'국사편찬위원회(www.history.go.kr)'

삼국시대 문헌부터 승정원일기까지 우리나라 역사 문헌과 관련한 DB를 확인하고자 할 때 활용하면 좋다. 한국사 데이터베이스, 한국역사정보통합시스템, 조선왕조실록, 승정원일기 사이트들과 연계되어 있다. 한국사 관련 학회 소식, 연구 논저 등을 확인할 수 있고, 국사편찬위원회에서 소장한 사료와 국내외 수집 사료를 소장처나 주제별로 확인할 수 있다.

'우리역사넷(http://contents.history.go.kr/front)'

초중고 학생과 교사 및 역사에 관심 있는 대중을 위해 우리 역사를 학습할 수 있는 대중 교양용 역사 교육 자료를 공개하고 있다. 국사편찬위원회의 역사에 대한 관점을 이해할 수 있다. 역사 교과서뿐 아니라 영상, 이미지 자료 등 재미있는 역사 관련 자료가 가득 있다.

'한국사 데이터베이스(https://db.history.go.kr)'

한국사에 관한 주요 자료를 데이터베이스화하여 서비스한다. 통사, 고대(삼국시대 등), 고려시대, 조선시대, 대한제국, 일제강점기, 대한민국의 사료 원문과 해석본 및 관련 자료들이 제공되어 검색·활용할 수 있다. 사료 원문이나 관련 자료 원문을 확인하기에 좋은 사이트이다.

'한국역사정보통합시스템(https://www.koreanhistory.or.kr)'

국내 관련 기관에서 운영하는 한국사 및 한국학 관련 사이트를 통합 검색할 수 있다. 약 20개 기관의 26개 중요 사이트가 연계돼 있다. 한국사에 관한 웬만한 중요 자료와 중요 기관은 모두 이곳을 통해 검색과 연결이 가능하다.

'빅카인즈(https://www.bigkinds.or.kr)'

54개 언론사의 과거 뉴스 검색과 필요한 주제에 관한 빅데이터 분석이 필요할 때 활용하면 좋다. 빅카인즈 안에 '고신문 아카이브'에서는 국립중앙도서관의 '대한민국 신문 아카이브(www.nl.go.kr＞newspaper)'와 연결되어 '대한매일신보' 등 오래된 신문과 잡지 내의 기사도 검색해 볼 수 있다.

'대한민국 정책브리핑(https://www.korea.kr)'

대한민국 정부의 공식 전자정부 누리집으로 대통령실과 정부부처의 정책에 관한 자료를 브리핑하는 곳이다. 정부부처별 최신 정책 자료를 확인하거나 정부부처의 정책 활동에 관한 정보를 확인할 수 있다.

'POINT 정책정보포털(https://policy.nl.go.kr)'

정부의 정책 활동과 정책 관련에 필요한 정보를 서비스한다. 주요 사용 대상은 정부 및 공공기관 공직자이지만 일반 국민도 사용할 수 있다.

정부조직 안내, 17개 대분야별로 관련 도서, 학술지·학술기사, 사전·편람, 보고서·회의자료, 국제기구·자료, 정부기관·정부간행물 관리기관, 외국정부간행물, 통계·법령자료, WEB DB를 서비스한다. 17개 대분야는 '공공질서 및 안전, 과학기술, 교육, 교통 및 물류, 국방, 농림, 문화체육관광, 보건, 사회복지, 산업·통상·중소기업, 일반공공행정, 재정·세제·금융, 지역개발, 통신, 통일·외교, 해양수산, 환경'이다. 또 정책 활동과 관련된 국내 공공기관, 국제기구 등의 자료 및 웹진과 연결하여 자료를 손쉽게 찾아볼 수 있으며, '통계정보, 법령정보, 규격정보'를 확인할 수 있다. 특히 분류별로 관련 용어·약어사전을 검색하고 확인해볼 수 있다.

'공공기관 알리오(공공기관 경영정보 공개시스템) https://www.alio.go.kr/main.do'

　공공기관의 경영에 관한 주요 정보를 공개하여 한눈에 파악할 수 있는 곳이다. 각종 경영공시, 통계, 공공정책자료 등을 확인할 수 있다.

'NCIC 국가교육과정정보센터(http://ncic.go.kr/mobile.mest.br6.list.do)'

　우리나라 교육과정 1차 이전부터 2022 개정 시기까지의 교육과정 원문과 해설서, 평가기준과 관련 법령 등에 관한 자료를 얻을 수 있다. 학교 현장에서 이루어지고 있는 교육과정을 이해하기 위한 기본자료도 확인할 수 있다. 또 세계 교육과정과 지역 교육과정, 우수학교 교육과정 등에 관한 자료도 함께 볼 수 있어 교육 연구에 도움을 받을 수 있다.

'연구개발특구진흥재단(INNOPOLIS)(https://www.innopolis.or.kr)'

　「연구개발특구의 육성에 관한 특별법」 제46조에 의거해 설립된 전국 5개 연구개발특구(대덕, 광주, 대구, 부산, 전북)와 대학·연구소·공기업 등과 연계하는 강소특구, 국제과학비즈니스벨트에 관한 자료와 관련 통계 및 공시물을 확인할 수 있다.

'정부24(https://www.gov.kr)'

대한민국 공식 전자정부 누리집이다. 각종 민원서류를 뗄 수 있는 곳으로도 유명하지만, 정부 정책에 관한 자료들도 공개하고 있다. 정책뉴스, 관련 연구보고서, 간행물, 정책자료 등을 열람 및 다운받을 수 있다. 또 분야별 정책정보, 정부/지자체 조직도, 정부/지자체별 운영누리집, 행정기관위원회, 지자체 소식, 공모전에 관한 정보도 확인할 수 있다.

임 려 원

협성대학교 교육대학원 교육학박사(상담심리 전공), 협성대학교 외래교수, 에듀업평생교육원 운영교수, 모은상담심리연구소 소장, 한국상담심리학회 상담심리사 1급 수퍼바이저, 대학상담센터 수퍼바이저, 교육청 부모교육, 독서치료 강사, 기업상담, 성인상담, 가족상담(부부상담, 청소년상담)

교육청 인가 한국평생교육원 책쓰기 강사
　　　　　　한국인재개발원 책쓰기 강사
　　　　　　한국상담협회 책쓰기 강사

강의내용 : 상담심리사 수련프로그램 진행, 책쓰기, 부모교육, 독서치료

저서 : 이상심리증상별 사례개념화(나눔북)
　　　마음 드라이빙(지식과 감성#)
　　　마음이 머문자리(프로방스)
　　　심리상담사 한끗문제집(다사랑)

1
나는 왜 글쓰기가 힘들까

 글쓰기 시간을 적극적으로 늘리기로 작정하는 순간, 나는 나의 결정에 있어서 양가감정을 느낀다. '내가 잘 쓸 수 있을까?', '내가 하려는 이 행위가 옳은 것일까?', '나중에 후회하면 어떡하지?'라는 생각이 함께 몰려온다. 어릴 적부터 글을 쓰기를 좋아했었던 기억은 있지만 그저 글쓰기를 좋아한다는 것과 글쓰기에 무게를 두고 전념한다는 것에는 차이가 있다. 성인이 된 이후 결혼을 하고 아이들의 엄마가 되었다. 아이가 어릴 때 시작한 상담심리대학원 진학부터 지금에 이르기까지 10년 이상의 시간을 대학원, 상담수련, 전문가자격취득을 위한 과정에 할애하였다. 어린아이들을 둔 엄마임과 동시에 공부하는 학생의 역할을 자처하는 내 모습을 지켜본 지인들은 격려보다는 걱정스런 말을 많이 했다. '왜 그렇게 힘들게 살아.', '엄마의 역할이 더 중요한 거야.' 등 부정적 피드백을 들을 때마다 알 수 없는 죄책감이 밀려왔다. 의기소침해질 때마다 포기하지 않았던 이유는 내 안에서 들려오는 내면의 목소리에 집중했기 때문이다.

글쓰기에 반응하다

상담하고 강의하고 교육을 하는 일도 의미 있지만 글을 쓰고 싶은 내면의 욕구는 끊임없이 일어났다. 글을 쓰고 싶다는 욕구만으로 글쓰기의 행위가 완성되는 것은 아니다. 글쓰기를 통해 결과물이 나와야 하기 때문이다. 과정으로써의 글쓰기가 아니라 결과물로써의 글쓰기에 의미를 두고 책으로 출간하려는 목표를 가진 만큼 부담감은 크다.

'글쓰기를 통해 책도 출간하고 꾸준히 저술 활동을 하고 싶다.'라는 나의 포부에 사람들의 반응은 제각각이다.

'뭣 하러 더 고생을 해. 그 정도면 됐어.', '너무 욕심부리는 거 아냐?', '그냥 이대로도 충분하니까 만족하며 살아.'

이런 말을 들을 때마다 '사람들은 나에게 글쓰기를 왜 그렇게 하고 싶은지 묻지 않지?'라는 궁금증과 함께 서운함이 스쳐 갔다. 그러나 이제는 다른 사람의 기준에 내가 맞춰서 사는 게 의미가 없다는 것을 안다. 사람은 누구나 좋아하는 일을 하면서도 힘들 수도 있다. 즐겁게 시작했던 일이지만 어려움을 느낄 수 있고 심지어 고통스러울 수도 있다. 이런 자연스러운 현상을 고정관념 속에 맞춰 놓고 드러내지 못하게 하는 것 자체가 오류다.

하는 자, 하지 않는 자

글쓰기를 통해 자신을 표현하고자 하는 욕구는 많은 사람들의 공통적인 소망이다. 자기 이름으로 된 책 한 권쯤 갖고 싶고, 글쓰기를 통해 소통하고 싶은 욕구도 있다. 요즘처럼 글쓰기가 유행이었던 때가 있었을까 싶을 만큼 관심을 받고 있기도 하다. 그러나 단언컨대 관심이 많아지는 것과 글쓰기 행위가 되어 결과물로 나오는 것과는 다른 차원이다. 글쓰기를 원하는데 왜 안 되는 걸까? 그 이유에 대해 생각해 보도록 하자.

'나도 하고 싶다.'라는 마음을 먹는 순간 빠른 속도로 뒤따라오는 심리적 언어가 있다. 바로 반대하는 언어이다. '과연 네가 할 수 있겠니?'라는 불신의 말이 큰 울림으로 다가오기 때문에 이내 나의 의욕적인 언어도 힘을 잃게 된다. 글을 쓰고, 책을 쓰고 싶지만 왠지 내게는 그런 일이 일어나지 않을 거 같은 느낌, 지금은 아니고 먼 미래에 일어날 거 같은 느낌, 나 말고 더 재능이 뛰어난 사람들만의 고유 영역인 듯 낯선 느낌이 자신의 욕구를 집어삼키고 만다.

비합리적으로 사고하는 습관 '나는 못 할 거야.'

글쓰기가 두려운 이유를 예를 들어 생각해 보면, '글을 잘 쓰는 사람들이 많은데 내 글쓰기 실력은 형편없다.'라는 생각이다. 해보지도 않고 미리 평가절하하는 패배주의적 신념이다. 신념이라는 건 자신의 견해, 사상을 대하는 태도에 있어서 변함없는 것을 말한다. '나의 현실은 이럴 거야.'라는 비합리적인 믿음이다. 비합리적이라는 의미는 자기 패배적 행동이나 건강하지 못한 감정에 이르게 하는 역기능적, 비논리적, 비현실적인 신념으로 해석된다. 이러한 신념은 일시적으로 불안감을 해소시켜 주거나 자신의 행동에 타당한 이유가 있음을 설득하려고 작용한다. 결국 이러한 시도는 개인의 성장을 방해하는 요인이 된다.

신념은 현실을 바꾼다. 신념이라는 것은 다른 사람, 환경의 영향을 통해 만들어지는 것도 있지만 그렇더라도 그 신념을 받아들인 책임은 자신이 져야 한다.

나는 어떤 믿음을 갖고 있기에 이런 상황을 지속하고 있을까? 이런 삶을 살고 있을까? 이러한 질문은 자신의 성장을 위해 끊임없이 지속해야 한다. 지속적으로 빚에 시달리거나 경제적 어려움에 허덕이는 사람은 이미 그 마음속에 '나는 경제적인 어려움에서 벗어날 수 없을 거야.'라는 신념이 사로잡고 있을 수 있다. 자신보다 더 잘난 사람을 사귀지 못하고 늘 부족한 사람과 관계를 맺는 사람은 '내가 별로이기 때문에 더 좋은 사람을 만나기 힘들 거야.'라는 신념이 자리 잡고 있다.

합리적으로 사고하는 습관 '늘 잘할 수는 없어.'

심리학자 엘리스(A. Ellis)의 합리정서행동치료의 핵심은 개인이 가진 비합리적인 신념(부정적 사고)을 합리적 사고로 수정함으로써 감정이나 행동이 달라질 수 있다는 것이다. 합리적인 사고로의 전환을 위해 사용하는 기법이 소크라테스 대화법이다.

◆ 소크라테스식 대화법: 다양한 질문을 던져 스스로 자기신념의 비합리성을 깨닫는 원리
예) 나의 신념: 나는 글쓰기를 잘할 수 없어.

◆ 논리적 논박: 내가 글쓰기를 못 한다고 생각하는 근거는 무엇인가?
◆ 경험적 논박: 글쓰기를 못 한다고 생각할만한 현실적 근거가 있는가?
◆ 실용적 기능적 논박: 이 신념이 당신의 기분을 좋게 만드는 데 도움이 되는가?
이 신념이 당신의 목적을 달성하는 데 도움이 되는가?

◆ 철학적 논박: 그 신념이 과연 나를 행복하게 하는가? 당신에게 어떤 의미를 지니고 있는가?

◆ 대안적 논박: 좀 더 타당한 대안적 신념은 없는가?

내가 가진 '나는 글쓰기를 잘 할 수 없어.'라는 비합리적 사고는 논박을 통해 합리적으로 수정될 수 있다. 내가 기존에 가진 비합리적 신념인 '나는 글쓰기를 잘할 수 없어.'라는 신념에서 내가 글쓰기를 못한다는 근거를 찾다 보면 내가 글쓰기 전문가에게 검증을 받은 경험도 없을뿐더러, 내가 글쓰기를 못 한다는 사실이 옳다는 경험 또한 충분하지 않다는 사실을 발견할 수 있다. 오히려 내 스스로 창피를 당할까 봐, 잘해 내지 못할까 봐, 지레 겁을 먹고 시도조차 않고 있다는 사실을 확인할 수 있다. 결국 글쓰기를 포기하고 그 행위를 하지 않음으로써 나는 실망할 필요도 없고 실패를 경험하지 않아도 된다는 무의식이 작용하고 있다는 사실이다.

'나는 글쓰기를 잘 할 수 없어.'라는 사고에서 '나는 글쓰기를 못할 수도 있어, 나는 완벽한 글쓰기를 하지 못할 수 있어.'라는 사고의 수정을 통해 글쓰기의 부담감에서 벗어날 수 있다. 일단 부담이 없게 되면 시작할 수 있는 용기가 생긴다. 지나치게 잘하려는 욕심에서 벗어날 수 있기 때문에 나 스스로를 책망할 필요가 없고 나를 탓할 이유가 없게 된다. 궁극적으로 이런 사고의 수정을 통해 새로운 대안을 찾을 수 있다. 글쓰기를 방해했던 방해요인들을 제거하고 나면 오로지 '나만의 글쓰기'만 남는다. 글쓰기가 나에게 어떤 의미인지, 얼마나 간절한 욕구인지 알 수 있다.

나의 신념이 나의 경험이다

부정적 사고가 우리의 삶에 미치는 영향은 적지 않다. 글쓰기에만 영향을 미치는 것은 아니기 때문이다. 자신이 시도하고자 하는 모든 도전에 해당하기 때문이다. 중요한 시험공부를 해야 할 때, 건강을 위해 운동을 시작해야 할 때, 새로운 결정을 내려야 할 때, 새로운 목표를 실행하려는 매 순간, 자신을 옴짝달싹 못 하게 하는 데는 비합리적 신념이 자리 잡고 있다.

사람은 태어나 다양한 환경, 경험에 노출된다. 개인의 경험은 전부 긍정적이지도, 전부 부정적이지도 않다. 흔히 우리는 '저 사람은 긍정적인 사람이다.', '저 사람은 부정적인 사람이다.'라는 말을 자주 사용하며 사람들을 평가하고 있다. 그러나 그 기준도 명확하다고 볼 수 없다. 그저 그들의 경험이 긍정적일 수도 있고 부정적일 수도 있는 것이다. 중요한 사실은 인간은 경험을 통해 자신의 신념을 만들어 낸다는 사실이다. 또한 바꾸어 말하면 나의 신념이 나의 경험을 만들어 낸다는 의미와도 통한다.

개인의 경험을 통해 만들어진 신념과 그 신념으로 다시 경험되어지는 과정은 순환된다. 자신이 인지하지 못하는 사이 자신의 신념이 삶에 미치는 영향이 크다는 점이다. 경험을 통해 만들어진 신념이기도 하지만 신념을 지키기 위해 스스로 그 신념의 노예가 될 수 있다. '나는 왜 자꾸 이렇게 살지?', '왜 변화하고 싶은데 안 되지?'라는 말을 자신도 모르게 습관적으로 하는 사람들은 주의해야 한다. 자신이 갖고 있는 신념을 점검해 보고 그 신념이 합리적 신념인지 살펴보아야 한다.

비합리적 신념을 좀 더 쉽게 발견할 수 있는 방법이 있다. 바로 고정관념이다. 그 고정관념이 쉽게 말해서 비합리적 신념이다. 자신이 글을 쓰지 못할 거라는 생각, 나는 안 될 거라는 생각, 나는 소질이 없다는 생각들이 바로 고정관념이기도 하다. 이런 사고는 나를 절대 변화시킬 수 없다. 오히려 더 옭아매는 힘이 강해질 뿐이다. 결국은 고정관념대로 살아지는 수동적인 사람이 될 뿐이다. 다른 사람과 외부 상황에서 원인을 찾기 전에 내가 가진 사고를 살펴보아야 한다. 지금의 나와는 다른 모습을 기대하는가? 좀 더 성장하는 나를 기대하는가? 그렇다면 지금 당장 당신이 가진 신념, 즉 고정관념부터 체크해 볼 일이다. 누구나 자신이 원하는 바를 이룰 수 있다. 이루는 데까지 가장 큰 방해물은 자신의 고정관념이라는 사실을 잊지 말자.

2
삶이 변하는 글쓰기 – 왜 하필 글쓰기인가

과거 속에서 어슬렁대는 것은 유령이나 하는 짓이다.

―웨인 다이어

　사람은 누구나 성장의 욕구를 가지고 있다. 지금보다는 더 나은 변화를 추구하는 것이다. 자연이 우주의 섭리에 맞게 변화하듯 인간 역시 변화하는 과정이 자연스럽다. '사람은 변할 수 있을까?'라는 질문에 '그렇다.'라고 답변하는 사람은 많지 않다. '사람은 고쳐 쓰는 게 아니지.'라는 말로 관계를 끝내는 경우가 많기 때문이다. '사람은 당연히 변할 수 있다.'라고 말을 하면 '무슨 근거로 그런 말을 하나?', '사람이 변한다는 게 어디 쉬운 줄 아나?'라고 반대 의견을 내는 사람이 많다.

사람들은 '좋은 사람'으로 남기를 원한다. 노력해도 변하지 않고, 좀처럼 나아지지 않는 관계에 지쳐 '그러게, 내가 말했잖아. 사람은 변하지 않아.'라며 상대방에게 모든 책임을 떠넘긴다.

사람의 모든 행동에는 이득이 있다. 어떤 행동을 하는 이면에는 분명 이익이 되는 부분이 있기 때문에 그러한 행동, 선택을 하는 것이다. 그렇다면 변화하지 않으려는 데에도 이유가 있다. 깊게 생각하지 않아도 쉽게 알 수 있는 답은 지금 이대로 사는 게 편하기 때문이다. 그러나 그 편함의 굴레에 머물다가는 결국 버나드 쇼의 묘비명처럼 '우물쭈물하다가 내 이럴 줄 알았지.'로 삶을 마감해야 할지 모른다.

결혼 후 나는 남편에게 말했다. '당신이 ~만 고쳐준다면 나는 소원이 없겠어.'라고 말이다. 나보다는 상대방이 변해주기를 바라는 마음은 누구에게나 있게 마련이다. 상담실에는 다양한 갈등을 호소하는 사람들이 온다. 아이가 문제가 있다며 데려오는 부모, 남편(아내) 때문에 도저히 못 살겠다며 찾아오는 부부 등 인간관계에서 비롯된 어려움이 대부분이다. 한결같이 상대방이 바뀌기를 바라는 마음으로 찾아온다. 그러나 안타깝게도 상대방이 변할 리는 없다. 누군가를 변화시킬 힘은 그 누구에게도 없기 때문이다. 그러나 내 삶을 변화시킬 수 있는 내가 있으니 얼마나 다행인가.

누구나 변화를 추구한다. 무언가를 꾸준히 배우고 성취하기를 원한다. 삶을 성장시키기 위해서는 꾸준한 배움과 동시에 삶에 적용하는 실천력이 필요하다. 지금 당장 바쁘고 시간이 없다고 탓하지 말고 자신에게 있는 자투리 시간을 활용하면 충분하다. 우리가 우러러보는 성공한 사람도 우리와 똑같이 바쁘고 똑같이 한계를 느끼며 산다. 내 삶을 변화시키고 어제와 다른 내일을 살고 싶다면 현재 반복하고 있는 일상을 떨쳐내야 한다. 삶을 성장시키기 위한 방법은 다양하다. 여행, 독서, 취미 생활, 자격증 공부 등 자기계발의 통로는 언제나 열려있다. 그중에서 글쓰기를 통한 변화, 성장, 자아실현에 대해 이야기하려 한다. 내게 강의를 듣는 대학생들과의 글쓰기 과정을 소개하고자 한다. 대학생들의 성장은 강의 시간을 통해서가 아니라 강의를 들은 후 매주 작성하는 자투리 글쓰기 때문이었다.

나를 성장시키는 글쓰기

내가 맡은 과목을 수강하는 학생들은 글쓰기 과제가 있다. 학생들이 매주 강의를 듣고 나서 성찰 일기를 작성하는 것이다. 개강 후 한 달까지는 학생들의 원성이 많다. 너무 귀찮다는 것이다. 매주 강의를 듣고 자신의 생각을 정리해서 글로 적는다는 것이 대학생들에게는 여간 성가신 일이 아닐 수 없다. 나도 안다. 학생들이 싫어하는 일을 시키는 내 입장도 참으로 곤란하기 짝이 없다. 그러함에도 불구하고 매번 글쓰기 작업을 하는 이유는 교수자와의 소통의 장을 마련하기 위함이다. 많은 학생들을 대상으로 강의를 해보면 개별적인 소통에 한계가 있다.

'성찰일기' 글쓰기를 통해 학생 자신과 소통함은 물론 교수자와의 소통이 가능하다. 학생들의 성찰 일기 내용에는 강의내용에서 새롭게 알게 된 내용, 자신에게 적용하고자 하는 내용, 해결되지 않은 어려움에 대한 내용이 담겨있다. 학생 개개인의 글에 피드백을 남기기까지 많은 시간을 할애해야 하지만 그 시간이 주는 긍정적인 힘은 대단하다. 대학수업만으로 채울 수 없는 배움과 감동의 한계를 글쓰기를 통해 보완할 수 있기 때문이다. 학기 초에 학생들의 글쓰기는 매우 형식적이다. 그러나 중후반으로 갈수록 진지해진다. 매주 세심하게 제공하는 피드백과 학생들 자신의 성찰에 대한 글이 어우러져 하나의 문장처럼 연결되어 간다. 결국 내 강의의 주된 목적은 글쓰기를 통한 진실한 만남이다. 이러한 만남 경험을 통해 학생들은 드디어 성장한다.

한 학기를 마치는 학생들의 동의를 얻어 소감문을 첨부한다.

교수님, 이 글을 읽으며 정말 많은 공감과 위로를 받았습니다. 제가 항상 생각하는 문장들, 마음가짐들을 교수님께서 바로 알아봐 주셔서 놀란 한편, 제 마음을 알아봐 주시니 너무 감사했습니다.. 항상 남들이 제 마음을 알아봐주지 않아도 괜찮다고 생각하면서도 한편으로는 누군가 나의 마음을 알아봐 줬으면 했나 봅니다. 교수님께서 적어주신 글을 여러번 읽어보면서 눈시울이 붉어질 정도로 어떤 감정인지 모르겠지만, 저의 마음을 알아봐 주시는 교수님께 너무 감사했습니다. 마치 온라인 친구처럼 한 주 한 주 교수님께서 들려주시는 강의에 대한 소감문을 작성하고, 교수님께서 매주 써주시는 멘트들을 보면서 새로운 것들을 배우고, 깨닫고, 반성하고, 결심하면서 '진정한 나'를 바라보고자 노력한게 전부였는데, 오늘 이 해석글을 보면서 교수님께서는 마치 저를 정말 잘 알고 계시는 분이 저에 대해 설명해 주신 것 같아 너무 감사하고, 뿌듯했습니다. 교수님의 수업을 들으면서 매번 '너무 좋고, 항상 감사합니다'라는 말씀 밖에 드리지 못하는 것 같지만, 저에게 있어 교수님의 수업은 다른 과목들처럼 학점을 채우기 위한 공부가 아니라 힐링받는 힐링하는 중요한 인생공부이자 인생설계라는 생각이 듭니다. 감사합니다 교수님!^_^

-기악과 홍효정-

'미루지 않기' 제가 정한 한문장이 떠오르네요. 한 학기동안 질 높은 강의라 흥미롭고, 유익한 강의내용을 배울수 있게 되어서 영광이있습니다. 매주 과제마다 정성과 애정있는 피드백 남겨주셔서 너무 감사하고 감동이었습니다. 교수님께서 과제마다 정성스러운 피드백을 달아주셔서 과제제출 후에 교수님 피드백이 기다려졌습니다. 또 이렇게 해주시는 교수님은 교수님이 처음이었어서 새롭고, 매주 강의내용이 기대가 되었습니다. 사실 매주 과제가 있는 수업이다보니 부담도 되고, 귀찮을정도 있었는데 지금 생각해보면 가장 기억이 남는 교양과목이 될것 같습니다. 교수님 덕분에 제 마지막 학기 교양과목은 성공적이었습니다. 대면으로 교수님 수업을 듣지못해서 아쉬운 마음입니다. '한 문장 듣기' 과제가 이렇게나 여운이 길게 남을 과제가 될 줄 몰랐는데, 딱 한 줄씩 변화하는 변화하려는 제 모습을 보니, 뿌듯합니다. 한 학기동안 정말 감사했습니다. 교수님께서 추천해주신 명언, 좋은 영인 말씀들 그리고 콘텐츠까지! 잊지않고 기억하겠습니다. 감사합니다 교수님!

사회복지학과 정유리 드림.

나를 표현하는 글쓰기

한국민속증후군의 하나인 '화병(火病)'은 울화병(鬱火病)'이라는 단어의 준말이다. '화병(hwa-byung)'은 DSM(정실질환 진단 및 통계편람, 미국 정신의학회에서 펴낸 것으로 각 정신질환의 구체적인 진단 기준을 서술하여 임상가들이 진단을 내릴 수 있도록 해준다.)에 정식 등재된 질환으로 질투나 노여움 등 분노의 감정이 마음속에서 일어나지만 이 감정을 풀지 못하여 화의 양상으로 폭발하게 되는 경우다.

사람의 마음에는 다양한 감정이 머문다. 부정적인 감정을 오랫동안 마음에 담고 표현하지 못하면 다양한 증상으로 나타나게 된다. 이렇듯 우리나라 사람들은 전통적 유교 문화로 인한 영향, 참는 것이 미덕이라고 여기는 사회적 분위기 등으로 감정을 억누르는 것에 익숙하다. 감정도 해소되지 않으면 습관이 된다. 글쓰기는 이러한 감정표현을 함에 있어서 도움이 된다. 글을 쓰게 되면 자신을 표현하는 법을 배우게 되고 자신의 생각을 밖으로 표현하는 법에 익숙해진다. 자주 하게 되면 익숙해지듯이 익숙해지면 몸에 잘 맞는 옷처럼 자연스럽다.

쓰기 시작하면 생기는 '통찰'

글쓰기를 시작하게 되면 자신과 연결되는 모든 것들이 글쓰기의 재료가 된다. 이전에는 그저 지나쳤던 것들이 보이고, 들리지 않았던 것들이 들리게 된다. 지인들과 대화 중에도 '와! 저런 생각을 글로 옮기면 참 좋겠다.'라는 생각에 온몸에 전율이 흐른다. 대부분의 사람들은 생각하는 것을 싫어한다. 미디어와 SNS의 영향으로 많은 문자에 노출이 되었음에도 오히려 사고력은 낮아졌다. 기기의 보급으로 인한 당연한 현상이라고 치부하기에는 그 피해가 생각보다 훨씬 크다. SNS에서 읽고 쓰는 글자의 양은 많아졌지만 이러한 '글 읽기'와 '글쓰기'는 인스턴트일 뿐이다. 눈으로 읽힌 글자는 소화되지 않은 상태에서 사라지기 때문이다. 생각 속에 머물지 못하고 인지로 끝나게 되는 셈이다. 생각으로 닿지 않은 글과 그 글의 끄트머리에 겨우 매달려 있는 글은 읽어도 공감이 되지 않고 공허하기만 할 뿐이다. 자극적인 세계를 추구하는 사람들을 사로잡은 디지털 세계는 인간을 '디지털 세상 안에 갇힌 가두리 양식장의 고기'로 만든 셈이다. 그 테두리 안에서만이 즐거움을 느낄 수 있고 그 안에만 존재해야 관계가 유지되는 슬픈 현실이다.

'아하! 효과(Aha experience)'는 전에는 미처 이해되지 않았던 문제나 개념이 갑자기 이해되는 경험을 뜻하는 말이다. 다른 말로는

'유레카 효과(Eureka effect)'라고 한다. 이를 통찰력, 직관이라고도 하는데 통찰력은 예전에 풀리지 않았던 문제가 갑자기 분명하고 명확해질 때의 과정을 나타내는 심리학적 용어이다. 글쓰기를 하게 되면 이런 통찰의 순간은 갑자기 나타난다. 해결되지 않아서 속 썩이던 문제가 매끄럽게 해결이 된다. 결국 사물을 바라보는 예리한 관찰력이 긍정적 영향을 불러온다. 이러한 관찰력은 긍정적인 시각을 통해 생겨난다. 대상을 부정적으로 바라보거나 불평한다면 사고는 닫히게 된다. 이러한 통찰경험을 하기 위해서는 우선 막다른 골목까지 다다라야 한다. 결국 글쓰기에 대한 마음이 진심이어야 한다는 말이다. 통찰경험에 이르는 일은 매우 갑작스럽게 일어나는 작업이다. 통찰 능력은 고정적인 틀 안에 갇힌 상태로는 불가능하다. 이러한 노력을 해낸 사람은 '아하! 효과'를 경험하여 통찰의 묘미를 맛볼 수 있다. 통찰력은 글쓰기를 통해 폭넓고 유연한 긍정적 사고의 확장으로 이어진다. 이것이 바로 우리의 삶이 성장할 수밖에 없는 글쓰기의 힘이다.

왜 하필 글쓰기인가

다수의 사람들이 자신의 생각을 글이라는 흔적으로 남기기를 원한다. 작가라는 이름으로 활동하지 않아도 하루도 빠짐없이 우리는 글을 쓰고 있다. 단타용 글, 의사소통용 글, 의미 없이 남기는 글, 목적을 가지고 작성하는 글 등 질적으로 양적으로 그 쓰임새는 다양하다. 글쓰기에 관심이 있는 사람이라면 누구나 '글을 잘 쓰고 싶다.'라는 욕심이 생긴다. 그러나 남들에게 인정받는 글을 쓰고 싶다는 욕망에 종속된다면 며칠 못 가서 글쓰기를 포기하게 될 것이다. 오랫동안 글쓰기가 당신과 친구로 남기 위해서는 욕심의 힘을 빼야 한다. 내면 안에서 본능적으로 끌어 오르는 글쓰기의 본능을 마주해야 한다. 저마다 자신을 잘 표현해낼 수 있는 자기만의 언어를 창조하고 이러한 창조능력을 좇아갈 때 지속적인 글쓰기가 가능하다. 글을 쓰고 나서 타인에게 보여주는 것을 겁내지 말자. 다른 사람들의 피드백을 통해 내 사유의 능력이 확장될 수 있기 때문이다. 글쓰기를 통해 내 생각을 정리하고 깊이 숙고함으로써 '가장 나답게' 존재할 수 있다.

글쓰기를 하기 위해서는 자기만의 루틴이 필요하다. 글쓰기에 전념할 수 있는 시간을 찾고 그 시간만큼은 포기하지 말고 지켜내야 한다. 글쓰기에 집중하다 보면 일상생활에 질서가 잡힌다. 굳이 잡지 않아도 되는 약속, 의미 없는 만남, 무절제한 일정들이 정리된다. 글쓰기를 하다 보면 스토리의 배열이 질서정연하게 구성되는데 이를 바탕으로 타인과의 대화가 매끄럽게 정리되는 효과가 있다. 바로 주제의 맥락을 정확히 짚을 수 있게 되기 때문이다.

가끔 대화를 나누다가 '배가 산으로 간다.'처럼 대화의 흐름이 끊기고 엉뚱한 주제로 넘어가다가 결국 제대로 집중하지 못하는 경우가 있을 것이다. 이러한 사람은 글쓰기도 산만하다. 처음으로 글을 쓰기를 시작하는 사람은 막연하게 느껴져 시도하지 못할 수도 있다. 이런 경우 자신이 관심 가는 분야의 책을 한 권 선택해서 단락별로 주제어를 선택해 보아도 좋다. 주제어가 아니더라도 자신의 마음에 와 닿는 단어나 문장을 선택해서 그 문장을 활용하여 브레인스토밍을 하듯 뻗어나가는 글쓰기를 해도 좋다. 창피해하지 말고 글쓰기를 한 후에는 다른 사람과 교류하며 의견을 주고받으면 도움이 된다. 수정하고 보완하는 과정을 통해 더욱 더 자신이 쓰고자 하는 글의 핵심이 드러나게 되기 때문이다. 한 번에 완성시키기보다는 지속적으로 완성해나가려는 마음가짐이 필요하다.

이러한 과정은 사고의 유연성과도 비슷하다. 또한 겸손한 삶의 태도와도 닮았다. 우리의 삶이 완벽하지 않듯 글도 완벽하지 않아도 된다. 끊임없이 글쓰기를 하는 과정을 통해 표현되지 않은 나를 드러내고 남들과는 나를 발견하는 기회가 된다. 나만이 창조할 수 있는 언어들을 통해 세상과 연결이 되는 기쁨을 누려보자.

내 글은 나를 닮았다

나의 인생을 망치는 것들은 내가 좋아하는 것들이다. 의외의 문장이라 놀랐는가? 놀라지 말고 가만히 들여다보면 문장의 의미를 알 수 있다. 내가 싫어하는 야채, 싫어하는 스쿼트 운동, 싫어하는 공부, 싫어하는 독서와 글쓰기가 당신을 망치는가? 내가 싫어하는 것들은 절대 나를 망치지 않는다. 글쓰기는 누구에게나 권해도 좋은 선물이다. 글쓰기를 통한 자신만의 창작물을 통해 유능감을 느낄 수 있으며 삶을 즐길 수 있다. 단, 당신이 글쓰기의 행위를 멈추지 않는다는 조건에 한해서 그렇다. 당신은 꾸준히 성장할 것이다. 그러니 당신을 닮은 글쓰기를 절대 멈추지 말기 바란다.

3
'말빨'보다 '글빨'이 먹히는 디지털 글쓰기

글쓰기는 글쓰기를 통해서만 배울 수 있다. 바깥에서는 어떤 배움의 길도 없다.

―나탈리 골드버그

미국 온라인 커뮤니티 사이트 '레딧(Reddit)'이라는 사이트에 올라온 질문이다.

'만약 1950대에 살던 사람이 현재로 시간여행을 온다면 현대인들을 보며 가장 이해가 가지 않는 모습은 무엇일까?'

이 질문에는 이런 답변이 달렸다고 한다.

'내 주머니 속에는 인류의 모든 정보에 접근할 수 있는 장비가 있다. 나는 이것으로 고양이 사진을 보고 모르는 사람과 싸운다.'

라는 글인데 흥미로운 답변이 아닐 수 없다. 스마트폰으로 무엇을 하는가 봤더니 고양이 사진을 보고, 아무런 일면식이 없는 지구 저편의 사람들과 말다툼을 한다는 말이다. 온라인 커뮤니티의 부작용을 단적으로 보여주는 씁쓸한 글이 아닐 수 없다.

IT분야 전문가 및 CEO들은 자신과 자신의 소중한 자녀들이 인터넷이나 게임, 스마트폰을 사용함에 있어서 철저한 규칙을 정한다. 스티브 잡스는 최초로 스마트폰을 만든 사람이다. 그러나 자신의 자녀에게는 아이패드와 아이폰을 허용하지 않았다고 한다. 마이크로소프트의 창업주 빌 게이츠는 1년 중에 한 번은 통신이 되지 않는 곳으로 휴가를 떠났다. 페이스북의 창시자 마크 저커버그는 기업홍보 외에는 페이스북을 하지 않는다. 정작 디지털 시대를 주도하는 데 앞장선 이들은 절제된 사용을 하는데 우리는 어떠한가? 24시간 중에서 '잠자는 시간 외에는 사용한다.'라고 해도 지나치지 않다. 과거에는 대면으로 했던 커뮤니케이션이 온라인 미디어를 통해 이루어지는데 익숙해진 만큼 온라인상의 소통에 대한 점검이 필요한 시점이다.

디지털 시대의 현실

급속도로 발전하는 온라인 기술 보급으로 인해 우리의 일상은 편리해지고 있다. 작은 디지털 기기 하나를 이용하여 음식을 주문하고 정보를 검색하고 다양한 문화 콘텐츠까지 누릴 수 있다. '디지털 원주민'이라는 용어는 미국의 교육학자 마크 프렌스 키가 2001년 발표한 논문 '디지털 원주민, 디지털 이민자(Digital Natives, Digital Immigrants)'에서 처음 사용했다. 자연스럽게 디지털 시대를 접한 사람은 컴퓨터, 인터넷, 휴대전화 등의 디지털 기술을 어려서부터 사용하면서 컴퓨터나 인터넷 등을 복잡하고 어려운 기술로 생각하지 않고 그냥 손에 익은 장치 정도로 여기면서 쉽게 활용한다. 과학기술정보통신부가 실시한 디지털 사회 문제 현황 진단을 위한 2021년 실태조사에서 우리나라 유아동 과의존 비율이 28.4%, 청소년의 경우 37%, 성인 23.3%로 조사되었다. 이 결과만 하더라도 청소년기와 연령이 낮은 유아동의 과의존률이 갈수록 높아지고 있다. 최근 10대들의 독해력, 어휘력, 문해력이 약해지는 이유 중 하나가 디지털 기기의 사용 증가로 지적되고 있다. 성인과 청소년 가릴 거 없이 디지털 기기의 사용으로 인한 문제점이 발생한다. 이제는 디지털 소통의 올바른 이해와 적용에 있어서 단기 접근보다는 평생을 통해 다루어져야 한다.

온라인 세계에 익숙해지면 긴 글 읽기가 어려워진다. 짧은 단어, 빠른 채팅에 익숙해져 있기 때문이다. 글이 잘 이해가 안 돼서 여러 번 반복해서 읽어야 하는 난독 증상이 생기며, 글을 읽고 나서도 어떤 내용을 읽었는지 기억을 하지 못한다. 이런 증상이 생기는 이유는 스마트폰처럼 작은 화면을 통해 글을 읽고 쓰는 방식이 습관화되었기 때문이다. 스마트폰의 작은 화면에서 정보를 얻기 위한 시선 처리는 거의 위, 아래로 움직임이 있을 뿐이다. 글의 전체적인 맥락을 보지 않고 대충 읽고 넘어가기 쉽다. 이렇듯 글을 읽을 때도 문제가 드러나지만 제대로 된 글쓰기를 하는 데도 어려움이 생기게 된다. 하루종일 문자라는 것을 작성하며 글을 쓰고 있지만 제대로 된 글쓰기가 안 되는 것과 같은 맥락이다.

짧은 단어를 활용한 소통은 재미있지만 길어지는 글쓰기는 지루하게 여긴다. 디지털 매체를 사용하여 눈으로만 보고 끝나는 활동도 있지만 영상을 보고 댓글을 단다든지, 관심사가 같은 사람들끼리 커뮤니티에서 활동하는 경우도 있다. 짧게는 '좋아요.' 한번 누르고 끝나는 피드백도 있지만 좀 더 성의 있는 반응을 한다면 간단한 댓글을 적기도 한다. 커뮤니티를 적극적으로 참여하기를 원하는 사람의 경우에는 글쓰기의 역량이 더욱 필요하다. 짧고 기계적인 글쓰기(차마 '글쓰기'라는 단어를 여기에 붙이기에는 아깝다는 느낌이다.)는 순간적인 자극과 욕망을 채워주는 역할을 한다. 이런 행위가 반복되다 보면 뇌 자체가 굳어지고 뇌의 기능은 죽어간다. 디지털 매체가 다양한 소통의 장으로 자리 잡고 필수조건이 되어버린 디지털 글쓰기의 중요성을 간과할 수 없다. 팔 굽혀 펴기 운동을 하루종일 한다면 팔 근육이 발달하듯이 매일 사용하는 온라인 콘텐츠를 효과적으로 사용하여 뇌 근육을 향상해야 한다. 이제는 결단이 필요할 때이다.

디지털 시대의 실존적 글쓰기

사람은 자신의 존재를 타인 또는 세상에 드러내려는 욕구가 있다. 존재로서의 가치는 타인에 의해 규정되는 경우가 많기 때문이다. 물론 자기 스스로 자신을 신뢰하는 자아상을 간과하려는 것은 결코 아니다. 타인과 연결되어 있다는 것은 자신의 존재 의미를 강화시키는 중요한 기능을 한다. 한 사람의 역사가 남에게 알려지지 않으면 그는 존재했어도 존재의 느낌이 상실된다. 직접적으로 자신의 존재를 타인에게 드러낼 수 없는 환경에서는 미디어에 노출을 선호하는 것이 당연한 이치다. 나는 과연 나의 인생에 어떤 역사를 남길 것인지에 대해 깊게 생각해 보자. 흔적을 남기지 않는 사람은 미래도 없다.

디지털 글쓰기 어디서 하지

디지털이라는 단어의 뜻은 '자료나 정보 따위를 이진수와 같은 유한 자릿수의 수열로 나타내는 일'이다. 다시 말해서 모호하지 않고 정확하다는 것이 특징이다. 디지털의 형태는 간결하게 표현되기 때문에 자료를 읽는 데 명확하다.

우리는 디지털 시대에 살고 있고 디지털 사고를 해야 하는 시대에 살고 있다. 글쓰기에 있어서도 달라져야 한다. 기존의 아날로그 방식에서 디지털로의 전환을 통해 디지털 시대에서 필요로 하는 방법에 익숙해져야 한다. 우리는 우리가 의식하든 의식하지 않든지 매일 사용하는 페이스북, 블로그, 트위터, 카카오톡, 인스타그램 등을 통해 글쓰기를 하고 있다. 세상은 디지털 콘텐츠를 사용함에 있어서 전혀 낯설지 않은 상황으로 돌아가고 있으며 디지털 원주민들이 그 혜택을 톡톡히 누리는 수혜자다.

디지털 원주민들은 핸드폰이나 태블릿 PC, 노트북을 활용하여 글을 쓴다. 전혀 불편해하지 않으면서 자신의 모든 것을 드러내고 소통한다. 디지털 시대의 글쓰기는 자기표현 방법 중 하나이다. 간단한 키워드 입력을 통해 자신이 원하는 곳으로 이동하며, 살아있는 생명체처럼 유기적으로 움직인다. 우리는 글을 통해 자신을 알리기도 하고 위로를 얻기도 하며 서로의 마음을 주고받는다. 또한 우리의 모든 것들이 나를 전혀 모르는 사람에게 읽히고 공유된다.

디지털 플랫폼 공간

■ 블로그

블로그를 활용하여 글쓰기를 해왔던 역사는 오래되었다. 그러나 현재 특화된 블로그 외에 저품질 블로그가 양적으로 많아지면서 글을 노출시키는 기능보다는 개인적 브랜딩의 도구로 사용되고 있다. 요즘은 글쓰기를 하더라도 짧고 간결하게 올리는 글이 일반적 흐름이기 때문에 블로그의 원래 기능과는 거리감이 느껴질 수 있다. 때문에 새롭게 자신의 글을 노출하고 전문성을 향상하기 위한 공간을 위해서는 자신의 정체성을 확고히 하여 공간 활용을 하는 편이 좋다.

■ 온라인 카페

개인적으로 사용하고 있는 플랫폼이 없는 경우에 타 운영자가 운영하는 카페에 가입하여 자신의 글을 연재해 가는 방법이 있다. 카페지기 입장에서는 게시물이 많을수록 이롭기 때문에 칼럼을 많이 올리는 사람을 마다할 리 없다. 온라인 카페를 활용하다 보면 카페 회원의 규모에 따라 속도감 있는 피드백을 받을 수 있는 장점이 있다. 자신의 글을 점검하고 수정할 수 있는 기회가 된다. 혼자서 카페를 개설하고 운영하는 데에는 상당한 에너지가 소모되기 때문에 개설 여부를 두고 신중히 고민해 볼 필요가 있다. 온라인 카페에서의 활동 기간이 긴 경우, 추후 글쓴이가 개인 플랫폼을 갖게 되었을 때 지지 팬을 확보할 수 있어 도움이 된다.

■ 인스타그램(Instagram)과 페이스북(Facebook)

인스타그램과 페이스북은 긴 글이 아니어도 가볍게 글을 노출하여 소통이 가능하다. 짧은 글을 선호하고 빠르게 바뀌는 주제, 정보를 공유하고자 할 때 유용한 플랫폼이다. 보통은 자신이 쓰고자 하는 주제를 간략히 올리고 사진을 첨부하면서 글을 누적해 나가게 되는데, 끈기 있게 지속하다 보면 상당한 분량의 책 내용이 확보된다. 또한 본격적으로 책이 완성되기 전에 독자들의 반응을 살피거나 피드백을 얻고 사전 평가를 할 수 있어서 좋다. 블로그나 카페보다 훨씬 더 개방되고 확장된 공간으로서의 기능을 갖고 있기 때문에 전문작가가 아닌 경우라도 부담감 없이 자신을 브랜딩할 수 있다.

■ 브런치 스토리(brunch.co.kr)

다음카카오에서 만든 브런치 스토리는 글쓰기 플랫폼이다. 글을 쓰기 위해서는 작가 인증이 필요한데 기존의 출간 작가들에 비해 이력이 없는 작가의 경우에는 심사받는 과정이 길어지는 경우가 있다. 자신의 글을 올리고 글을 통해 소통하고 작품성을 인정받으면 출판 제의도 받을 수 있다. 상당히 많은 사람들이 좋은 글을 접하고 지인들에게 추천하고 있으며 글쓰기 근육을 키우고 싶은 사람이라면 추천할 만하다. 브런치 기능을 활용하면 자신의 글을 지속적으로 올릴 수 있는 매거진을 발행할 수 있는데 노출 기능이 좋기 때문에 글쓰기에 지치는 경우라도 다시 써보고자 하는 욕구를 불러일으킨다. 진입장벽만 해결이 된다면 자신의 색깔을 드러내서 독자층을 확보할 수 있는 최적화된 공간이다. 단순하고 기계적인 글을 반복적으로 사용하기보다 질 좋은 글쓰기로 도전하기 바란다. 글을 쓰면서 생각하고 자신의 의식에 집중하면서 꾸준히 글쓰기를 해보자. 지금 당장은 마음에 들지 않고 미흡하다는 생각을 접고 꾸준히 쓰다 보면 좋은 문장, 내공이 있는 문장을 만날 수 있다.

■ SNS 인플루언서(influencer)

인플루언서는 글이나 말 한마디로 대중을 움직이는 영향력 있는 사람을 말한다. 본인만의 스타일이 있어서 타인에게 영향을 미치게 되는데 유명 연예인이 아니더라도 SNS 사용자 사이에서 인기가 있다. 인플루언서들은 유명 유튜버나 많은 팔로워를 가진 SNS 사용자이기도 하다. 대중들이 활동하는 SNS의 대표적인 예로는 페이스북이 있다. 페이스북을 하는 동시에 인스타그램을 하게 되는 경우 파급 효과는 상상할 수 없을 만큼 크다. SNS로만 사용하던 기능이 이제는 마케팅 수단으로 사용되는데 바로 인플루언서 마케팅이다.

인플루언서를 통한 마케팅 홍보 시장은 기업과 소비자의 입장에서 각광받고 있다. 인플루언서가 미치는 영향력의 크기에 따라 팔로워가 1,000명 이하의 경우 나노 인플루언서(nano_influencer), 팔로워가 1,000명~10,000명 이하의 경우 마이크로 인플루언서(micro_influencer), 팔로워가 10,000명~100,000명 사이의 경우 미드 티어 인루언서(mid_tier_influencer), 팔로워가 100,000명~500,000명 사이일 경우 매크로 인플루언서(macro_influencer), 팔로워가 1,000,000명을 달성하면 메가 인플루언서(mega_influencer)로 분류된다. 이처럼 인플루언서 홍보마케팅 공간에서는 다양한 인플루언서들이 활동하고 있으며 기업이나 브랜드 입장에서는 인플루언서 계층을 신중히 선택하고 공략하는 전략이 필요하다. 글쓰기를 통해 사람과 기업을 움직이는 인플루언서가 된다면 경제적인 가치가 상승될 뿐 아니라 필요로 하는 사람들이 믿고 찾게 될 수밖에 없기 때문에 막강한 파워를 갖게 된다.

온라인에서 글을 쓰는 사람을 3가지 유형으로 나눠볼 수 있다. 미 포머(Me+informer), 인포머(Informer), 마이 포머(My+former)이다. 미 포머는 온라인에 자신에 대한 정보만 올리는 사람으로 전체 이용자의 90%를 차지한다. 자신이 무엇을 먹고, 어디로 이동하고, 누굴 만나는지 실시간으로 올리는 경우이다. 인포머는 삶에 유용한 지식이나 정보를 올리는 경우를 말하는데 정보의 대부분이 새롭지 않아서 상품 가치는 떨어진다. 인포머의 수는 9% 정도이다. 마이 포머는 다른 데서는 찾아볼 수 없는 신선하고 창의적인 정보를 제공하는 1%를 말한다. 이들은 영향력 있는 글쓰기를 통해 어떤 상황이나 문제에 있어서 자기만의 기술이나 노하우, 팁을 가지고 있다.

SNS는 대부분 자기를 부풀리는 나르시시즘 공간이 되어가고 있다. 좀 더 자극적으로, 좀 더 이색적으로 글을 써서 자신의 글이 인기가 있기를 바라는 마음에 끊임없이 노출한다. 표면적으로 드러나는 글쓰기는 한계가 있다. 글쓴이의 진정성 있는 마음이 삭제된 글이 생명력이 있을 리 없다. 좋은 글이 탄생하기 위해서는 사람 냄새가 배어야 한다. 사람의 내면의 가치가 실리고, 사람의 흔적이 느껴지는 글이야말로 의미 있는 글이 될 수 있다.

4. 마음 속삭임 글쓰기

드러난 상처는 더 이상 고통을 주지 않는다.

힘들 때 위로받는 경로는 다양하다. 어떤 이는 좋아하는 음악으로, 어떤 이는 미술작품을 그리며, 어떤 이는 아름다운 춤사위로 위로를 얻는다. 어떤 이는 위로를 받기 위해 사람을 만나고 어떤 이는 위로하는 시간을 갖기 위해 혼자만의 공간으로 찾아든다. 다양한 위로가 있겠지만 글쓰기를 통한 위로, 자그맣게 속삭이는 글쓰기로 마음을 위로할 수 있다. '속삭대다'라는 뜻은 '나지막한 목소리로 가만가만 자꾸 이야기하다.'라는 의미가 담겨있다. 자주 만나는 어릴 적 친구와 속삭이듯 글을 쓰며 자신과 속삭이듯 글을 써 보자. 작고 귀여운 목소리에 간질거릴지, 작은 웃음이 피어날지,

그것도 아니면 작은 눈물이 나려나?

위로하는 글쓰기

위로를 필요로 하는 사람을 사람이 직접 위로할 수 있다면 가장 좋겠지만 몇 가지 조건이 따른다. 사람이 없으면 안 된다는 것이고, 위로의 능력을 가진 사람이어야 한다. 자칫 잘못하면 오히려 상처를 주는 경우가 많기 때문이다. 누구나 경험했을 것이다. 나를 위로한답시고 해주는 말 때문에 오히려 상처가 덧나던 그때가 분명 있었을 것이다.

친정엄마가 몇 해 전 돌아가신 후 친한 이들이 나를 위로하기 위해 모였다. 그들은 나를 위로하기 위해 '많이 슬프겠지만 몸 건강 해치면 안 돼.', '시간이 지나면 괜찮아질 거야.', '우리 나이가 부모님을 보내드릴 나이야, 너만 이런 일 겪는 건 아니니까 잘 털고 일어나.'라는 말을 열심히 하며 위로라는 걸 해주기 바빴다. 그때 나는 전혀 그런 말들이 위로가 되지 않아서 참을 수가 없었다. 오랜 침묵을 지킨 후 내가 그들에게 한 말은 '난 지금 아무 말도 듣고 싶지 않아.'였다. 어떠한 말도 듣고 싶지 않은 나를 위해 누군가 이렇게 열심을 내어 위로를 한다면 얼마나 빗나간 소모전인가. 나를 위로하는 '마음 속삭 글쓰기'는 내가 스스로 내게 하는 것이기 때문에 위험하지 않다. 내가 위로를 받고 싶은 만큼만 위로를 받을 수 있고, 내가 원하는 언어로 위로를 받을 수 있다. 내가 원하는 방법으로 나를 위로할 수 있다는 건 정말 멋진 자가 치유방법이다.

나에게 '미안해' 속삭이기

아이가 보통 3~4살쯤 되면 슬슬 사회생활을 시작한다. 어린이집, 유치원을 다니게 되면서 또래 친구들과의 사귐이 시작되는 것이다. 같은 공간에서 여러 명의 또래 아이들이 머물게 되면 장난감을 서로 갖겠다고 싸우거나 좋아하는 친구랑 놀겠다고 떼를 쓰기도 한다. 그럴 때 교사나 어른들은 화해의 방법을 교육한다. "○○아, 미안해.", "○○아, 다음부터는 친하게 지내자."라고 말하게 시킨다. 좀 더 자라서 초등학교에 다니기 시작하면서는 화해의 방법이 조금 달라진다. 바로 반성문을 쓰는 것이다. 반성문을 써서 앞으로는 다시 잘못된 행동을 하지 않겠다고 다짐을 하거나 친구에게 미안하다고 의미의 사과편지를 쓰기도 한다. 이 또한 반강제적이다. 싫어도 해야 한다. 다행스러운 건지 모르겠지만 우리는 사과하기 싫어도 '미안한 척', '용서를 구하는 척'을 하고 있는지도 모르겠다. 타인과의 관계에서 다툼을 해결하기 위한 방법은 이렇게 학습의 기회가 있다.

아이가 싫어하든 좋아하든 상관없이 집요한 어른들에 의해 아이들은 사과의 행동, 예의에 맞는 반응을 익히게 된다. 그러나 신기하다. 내가 나와 화해하는 법은 아무도 가르쳐 주지 않는다. 어린이집을 가도, 유치원을 가도, 그리고 초등학교, 중학교, 고등학교를 가도 가르쳐 주지 않는다. 그 후 대학을 가면 배우던가? 아니면 대학원을 가서 배우던가? 아니다. 우리는 그 누구로부터도 나와 화해하는 법을 배워보지 못했다. 그래서 늘 이 모양이다. 본 바도 없고 들은 바도 없기 때문에 이 모양이다. 혹시 나만 안 배운 걸까?

당신이 지금까지 살면서 자신에게 미안했던 적이 있었는지 기억해 보자. 지금 이렇게 묻는 내가 어색하기 그지없는 걸 보니 이 작업이 많이 어색하고 낯간지러운 일이 될 듯싶다. 그래도 해보자. 좀 간질거리면 어떠한가. 조용한 시간을 내어 자신에게 집중하고 종이와 펜을 꺼내 보자. '내가 나를 대함에 있어서 가장 미안했던 일이 무엇이 있었을까?'라고 물어보자. 나를 함부로 대하거나 무시했거나 미안하게 대했던 적을 떠올려 보자. 나를 제대로 봐주지 못했던 것에 대해, 나를 막 야단치고 닦달했던 때를 생각해 보자. 진심으로 나 자신에게 용서를 구하는 글을 써보는 것이다. 그리고 앞으로 함부로 대하지 않겠다고 다짐까지 해주면 더 좋다.

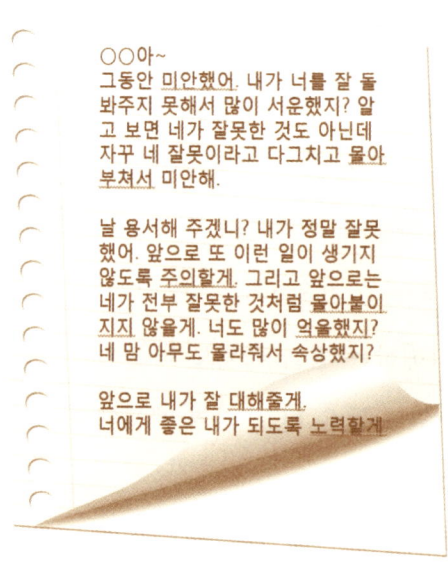

나에게 '고마워' 속삭이기

　치유적 글쓰기에 대한 주제의 단골 메뉴가 바로 '일기 쓰기'이다. 하루를 살아내기가 버겁고 기운이 딸려서, 아무런 힘을 낼 수 없을 때를 대비하여 비타민 음료수 같은 비법으로 등장한 글쓰기 방법이다. 비슷한 이름으로는 감사일기, 긍정 일기, 다짐 일기, 명언 일기, 사랑 일기, 꿈 일기 등 다양한 이름으로 써지고 있지만 어찌 보면 자신에게 '으쌰 으쌰', '아자아자' 해보자는 메시지를 심어주는 기능으로 사용된다. 내부의 고갈된 힘을 채우기 위한 전략적인 글쓰기 방법일 수 있겠다. 그러나 내 내면에 없는 것들을 끄집어내거나, 외부의 힘을 내부로 집어넣는 것보다 선행되어야 하는 과정이 있다. '내 안에 있는 것들에 대한 예의'를 먼저 차리는 단계를 먼저 거쳐야 한다. 나는 지금도 충분히 잘하고 있는 것들이 있고, 열심히 해내고 있고, 지금 이 세상에서 하루하루를 보내고 있는 것만으로도 기특하다고 생각한다. 지금의 나에게 '더 열심히 하자.'라고 하고 싶지 않다. 그저 나는 나에게 자그맣게 속삭여주고 싶다. '네가 있어서 좋다.'고, '너 진짜 괜찮은 사람'이라고 말해주고 싶다. 그뿐이다.

가만 보면 내(당신) 안에 좋은 것들이 많다. 어쩌면 이미 충분하다. 다만 언제부턴가 자꾸만 다른 사람들과 비교하거나, 비교됨으로 인해 내가 가진 것들을 제대로 볼 생각조차 하지 않고 있어서 아직도 몰랐을 뿐이다. 이젠 더 이상 몰랐다고 변명하지 말자. 이제는 나의 변명의 커튼을 젖히고 내 안에 보물상자를 열어 본래부터 있었던 좋은 것들을 소환하자. 이미 잘하고 있는 것들을 불러보자. 나에게 진심으로 고맙다고 말해본 적이 있는가? 없다면 지금 생각해 보아도 좋다. 잠시 눈을 감고 천천히 내게 고마운 것들을 떠올려 보자. 부드러운 목소리로 깨워보자.

"○○야. 너무 고마워. 너도 힘들었을 텐데 잘 견뎌주어서 고마워. 네가 견뎌주어서 나는 ~ 점이 좋았어. 다 네 덕분이야. 네가 그렇게 버텨주지 않았다면 난 정말 오늘 ~했을 거야."라고 말이다. 돌이켜 보면 나에게도 기특한 면이 있게 마련이다. 남들이 몰라주면 어떠한가. 내가 인정해주면 그뿐 아닌가.

○○아~
고마워. 저번에 그런 일이 있었을 때 잘 견뎌주어서 고마워. 그 때 네가 그렇게 잘 버텨주지 못했다면 난 또다시 예전의 실수를 반복 했을지 몰라. 네가 그때 잘 참아주어서 아주 기특해. 그런데 내가 그때는 너의 고마움을 전혀 몰라줬구나. 당연하다고 생각했던 거 같아. 이 시간을 빌려서 다시 고맙다고 이야기하고 싶어.

내가 가끔 실수하고 철없는 행동을 할 때도 있지만 여전히 내 편이 되어주고 나를 위해 뛰어주는 네가 있어서 좋아. 앞으로 우리 함께 열심히 헤쳐나가 보자

'하고 싶은 말 다 해도 좋아' 속삭이기

사람이 어떤 사건에 대한 자연스러운 반응을 참거나 회피하려고 할 때 우리의 몸은 상상할 수 없을 정도로 스트레스로 작용한다. 몸이 말을 한다면 '정말 어이가 없다.'라고 할 것이다. 정작 몸의 주인이 전혀 인식하지 못하다가 한참 후에야 '아, 내가 그때 그렇게 힘들었구나.'라고 뒷북을 때리는 격이기 때문이다. 아마 이러한 알아차림이 되었을 즈음 사건 당사자의 몸과 마음은 심한 상처로 후유증을 앓고 있을 때쯤일 것이다. 그러나 참지 않고 사건이 발생할 때마다 부정적 감정을 적나라하게 드러낼 수도 없는 노릇이다. 아무리 표현이 대세라지만 무분별한 시도는 안 하니만 못한 결과를 초래하기에 조심해야 한다. 이럴 때 스스로 사용할 수 있는

방법이 있는데 '하고 싶은 말 다 해도 좋아.' 하고 속삭이기를 추천한다.

하고 싶은 말을 다 하며 사는 사람은 없다. 그래서도 안 될 일이다. 그러나 하고 싶은 말을 해야 한다면 현명한 방법으로 최대의 효과를 얻어내야 한다. 내 안에서 일어나는 자연스러운 부정적 감정을 매번 교양 있게 표현하려다가는 '화병'에 걸릴 뿐이다. 치유적 글쓰기를 통해 화병을 예방하기 위해서는 내 안의 정서를 다른 내가 바라봐주는 작업이 필요하다. 다른 내가 되어 나를 바라보면서 '아, 그때 내가 그런 생각을 했었지. 그래서 그렇게 힘들었겠네.'라고 스스로 인식하는 것이다. 이 단계를 지나면 마음속에서 생겨나는 언어를 글로 써보는 것이다. 내가 나에게 나지막이 속삭이듯 내가 그때 하고 싶었던 말, 내가 상대에게 하고 싶었던 말, 그때 느꼈던 감정 등을 글로 적어보는 것이다. 종이에 적어도 좋고 우드락에 적어도 좋다. 종이나 우드락에 하고 싶은 말을 다 적고 나면 잘게 찢어도 좋다. 잘게 찢은 조각들을 풀이나 종이 본드를 사용하여 어떤 모양으로든 자유롭게 만들어본 후 제목 붙이기를 해봐도 좋다. 글을 쓰기 시작하는 순간부터 결과물로 만들어져서 새로운 이름이 붙여지는 과정을 통해 그때의 감정이 정화되는 경험을 할 수 있다.

마음 속삭 글쓰기를 하려면 조건이 있다. 그냥 마음 가는 대로 써야 한다. 문장이 이상해도, 단어가 이상해도 신경 쓰지 말자. 이 글은 나만 볼 것이다. 다른 사람 눈치 보거나 신경 쓰며 쓰는 글쓰기가 아니다. 친한 친구에게 한바탕 정신없이 떠들고 나면 속이 후련하듯 그렇게 편하게 맘껏 휘갈겨도 좋다. 마음에 상처가 되는 사건을 경험하게 되면 미해결 과제가 되어 오랫동안 그 사람의 생각을 지배한다. 해소되지 않으면 고착되어 몸과 마음에 흔적을 남긴다. 흔히 말하는 우울증도 그러한 흔적 중의 하나이다. 우리의 감정을 회피하지 말고 표현할 수 있는 글쓰기를 통해 해결해보자. 마음의 상처를 남에게 드러내기란 쉽지 않다. 용기 있게 친구에게 털어놓거나 심리상담을 받을 수도 있다. 더 용기를 낸다면 병원에 가기도 하고 어떤 사람들은 역술가에게 찾아가기도 한다. 이 모든 효과는 남들에게는 털어놓지 못했던 자기 안의 깊숙한 언어들을 속 시원히 풀어냈다는 것인데 이런 방법과 유사한 효과를 얻을 수 있는 방법이 마음 속삭 글쓰기인 것이다.

　남에게 보이기 위한 글쓰기는 전문작가들도 머리 아파한다. 그러나 아무에게도 보여주지 않는 자기에게 속삭이는 글쓰기는 자신의 생각을 그대로 옮기는 과정을 통해 자신의 위치를 정확히 볼 수 있다. 내 마음과 내 상황을 있는 그대로 볼 수 있는 새로운 시력을 갖게 된다. 나를 내가 진정으로 이해할 수 있는, 이 좋은 기회를 당신만은 꼭 잡기 바란다.

전준우

전) 반구대암각화 보존사업단 사무국장, 밀양상권활성화재단 기획팀장, 사회문화정책연구원 평가위원
현) 젬스톤북스 대표
　UJ Logistics 대표
　한국독서경영연구소 대표
　전준우책쓰기아카데미 대표 컨설턴트

교육청 인가 한국평생교육원 책쓰기 강사
　　　　　　 한국인재개발원 책쓰기 강사
　　　　　　 한국상담협회 책쓰기 강사

강의경력 : 학부모 자녀교육 세미나
　　　　　　공기관 인성교육 세미나
　　　　　　해병 2사단 독서법 및 자살예방 세미나
　　　　　　127연대 독서법 및 인성교육 세미나
　　　　　　책쓰기와 글쓰기 세미나 (전준우책쓰기아카데미 주관)
　　　　　　기관단체장 자서전 집필 자문 및 첨삭지도 다수

저서 : 교육의 힘, 탁월한 책쓰기, 초성장독서법 외

1
글쓰기의 가치와 품격

작가란 오늘 아침에 글을 쓴 사람이다.

―로버타 진 브라이언트

'모든 시민이 출판을 통하여 전 국민에게 발언할 수 있는 이 시대에, 인간을 가르치는 재능이나 그들을 감동시키는 천부적 소질을 지닌 자들, 즉 한마디로 작가들은 마치 로마와 아테네의 웅변가들이 민회에 모인 사람들 가운데 있었던 것처럼, 흩어져 있는 민중의 한가운데에 있는 것이다.'

1775년, 프랑스의 정치가 말제르브(Chrétien Guillaume de Lamoignon de Malesherbes)가 아카데미 프랑세즈에 입회할 때 했던 연설문 중 일부다. 그는 연설에서 '인간을 가르치는 재능이나 그들을 감동시키는 천부적 소질을 지닌 자들'이야말로 작가라고 이야기하고 있다.

흔히 저서 출간이나 등단을 통해 세상에 자신의 이름을 알린 사람을 작가라고 이야기한다. 나름의 결과물이 있다는 말이다. 그만큼 생각의 밀도가 깊은 사람이므로 결과물이 없는 사람에 비해 호평과 신뢰를 얻기에도 수월하다. 반면에 책이나 그와 대등한 작품을 출품하고 난 뒤에야 비로소 작가라고 불린다면, 말제르브가 이야기한 '인간을 가르치는 재능이나 그들을 감동시키는 천부적 소질을 지닌 사람들'은 설 자리가 없어진다.

말제르브의 말을 곱씹어 생각해 보면, 작가는 책을 출간해본 경험이 있거나 그에 대응하는 출판물을 발행한 사람을 지칭하는 단어라기보다는 협소하지 않고 깊이 있는 생각을 계속해서 진행시켜 나가는 사람에 더 가깝다. 작가는 일반적인 사람들에 비해 생각과 분석의 크로스체크를 일상화한 사람들인 경우가 더 많다는 말이다.

아는 사람은 많아도 읽어본 사람은 별로 없다는 책이 있다. 제임스 조이스(James Joyce)의 '율리시즈(Ulysses)'. 사실 나도 처음 몇 장밖에 읽어보지 못했다. 인간이 쓴 책에 불과한데 난해해봤자 얼마나 난해하겠는가 싶어 펼치자마자 바로 덮은 뒤 수년간 책장에 꽂아둔 책이다. 난해하다는 말이 '다소 이해하기가 어렵다.'라는 뜻이 아니라, '이해 자체가 불가능하다.'라는 뜻이 될 수도 있다는 것을 그때 처음 알았다. 게다가 초판본의 마지막 문장 끝에는 커다란 점이 마침표로 찍혀있었는데, 수많은 평론가들이 "'율리시즈' 마지막 장의 커다란 마침표가 의미하는 바가 무엇인가."에 대해 열띤 토론을 하기도 했으나 20세기 가장 위대한 작가 중 한 명이라고 불리는 제임스 조이스가 '마침표를 찍은 적이 없으며, 단순히 인쇄 오류였다.'라고 일축해버렸다는 일화를 들은 뒤로는 '율리시즈'에 대한 호감도가 급격히 떨어지기 시작했다. 그러다 보니 '율리시즈'라는 책이 뛰어난 문학적 가치를 갖춘 책으로 인정되기보다는, 극도로 민감하고 폐쇄적인 정신세계를 갖춘 젊은 작가가 아무 의미 없이 제멋대로 나열한 단어의 조합을 묶은 '목침' 정도로밖에 느껴지지 않았다. 오랜 시간이 지나 '오디세이아'와 '일리아스'를 어느 정도 접하고 난 뒤에야 한 번쯤 읽어봄직한 책일지도 모르겠다고 생각할 따름이었다.

그러나 '율리시즈'가 '나에게 있어서 문학작품으로 인정'받게 된 것은 우연히 접한 '율리시즈' 집필 당시 제임스 조이스의 일화 때문이었다. '율리시즈'를 집필하던 중 7개의 단어를 써놓고 절망에 빠져 있는 제임스 조이스를 위로하던 친구에게 '이 단어들을 어떤 순으로 나열해야 가장 훌륭한 나열인지 고민이다.'라고 이야기한 그의 일화는 유명하다. 그는 아주 엄격한 잣대를 기준으로 '율리시즈'를 집필했던 것이다.

책을 쓸 때 단어의 나열이 무어 그리 대단한가 하고 생각하는 사람을 위하여 예를 하나 들어보겠다. 같은 말이지만 다른 말이다. 목적을 가진 글을 써본 사람이라면 아래 예시가 무슨 말인지 이해할 것이다.

1. 밥을 먹었다.
2. 찬물에 밥을 말아먹었다.
3. 그에게 밥은 생존에 불과했다.
4. 허기를 채우느라 허겁지겁 먹었다.
5. 고슬고슬한 밥을 보는 순간, 눈앞이 뿌옇게 흐려졌다.

당신은 어떤 문장을 선택하겠는가?

글을 쓸 때 앞뒤 상황을 유추해보고 가장 적절한 문장을 선택하는 건 당연하다. 문제는 "어떤 게 가장 적절하고 효과적인 문장인가?" 하는 고심을, 작가는 한 문장 한 문장 기록하는 매 순간 반복해야 한다는 점이다.

책을 집필할 때는 일반적으로 5번 정도의 퇴고를 거치고 나면 더 이상 퇴고점을 찾는 게 어렵다. 글쓴이의 수준 내에서 가장 완벽한 문장이 만들어지기 때문이다. 그 이상의 좋은 문장이 나오지 않는다는 것은 글쓴이의 평소 독서역량과 필력, 정보 수집량에 의한 것이 대부분이며, 원고의 종류와 편집부의 재량에 의해 글의 방향과 내용이 다소 달라진다.

　그런데 글쓰기는 조금 다르다. 글쓰기는 책처럼 한정된 주제 안에서 자신의 의견을 주장하는 것이 아니라 다양한 방향성을 갖고 있다는 특수성이 있다. 아무리 많은 퇴고를 거쳐도 문제가 되지 않는다. 책을 완성된 사진집이라고 이야기한다면, 글은 한 장 한 장의 사진이라고 이야기할 수 있다. 글이라는 자체만으로도 하나의 예술성을 띠고 있다는 말이다.

　대학생 시절부터 나는 사진을 찍어왔는데, 취미 경력으로만 20년이 다 되어간다. 그래서 사진을 볼 때 습관적으로 전문가의 사진과 비전문가의 사진을 구별하는 습관이 있다. 사진을 처음 배우는 사람이라면 다양한 화각에서 사진을 촬영하고 싶어서 다양한 렌즈를 구매한다. 모델 촬영에 최적화된 렌즈도 구매하고, 공연용 망원 렌즈도 구매한다. 여력이 있으면 비싼 카메라도 구입한다. 동호회에서 출사도 나가고, 새벽 일출 사진이나 일몰 사진, 새벽 물안개가 올라오는 강가에 고고한 자세로 홀로 서 있는 학다리 사진을 찍기도 한다. 그러다 시간이 지나면 가장 가볍고 편안한 카메라 한 대, 인간의 시각과 가장 일치하는 화각을 가진 50mm 렌즈만 하나 남긴 채 모두 처분한다. 대다수 사진작가들의 일반적인 과정이다.

　결국은 본질의 문제라는 것이다. '사진이란 무엇인가.' 하는 질문은 로버트 카파(Robert Capa)나 유진 스미스(William Eugene Smith),

빈민의 사진가 최민식뿐만 아니라 모든 사진작가들이 가슴속에 품고 있는 위대한 질문이며, 그들 모두 답을 알고 있다. '찰나의 순간'이다.

글쓰기도 사진과 비슷하다. 예술과 미디어에 가장 가까운 분야라는 측면에서도 그러하지만, 영구성의 특징을 가진다는 점에서 본질이 우선시 된다. 사진, 그리고 글에서 화려한 기교는 불필요한 찌꺼기에 불과하다.

글쓰기를 시작할 때 필요한 것들이 있다. 글을 쓰는 사람의 가치와 철학, 그리고 양심이다. 이 모든 것들이 뒷받침되어야 읽을 만한 가치가 있다. 화려한 이론적 지식이나 정보는 한계가 있다. 글쓴이가 글을 논리적으로 풀어내는 동안 반드시 글쓴이의 내면세계가 글에 스며들게 되어있다. 그 외에 필요한 것은 연필과 지우개 뿐이다.

그렇기에 인간의 본질에 대해 다룬 책은 경영의 시초가 되며, 자기계발의 근간이 된다. 소포클레스의 '오이디푸스 왕', 셰익스피어의 '햄릿'과 '맥베스'는 모두 인간 본질에 대해 기록한 책이다. 세기를 뛰어넘어 위대한 작품으로 남을 수 있는 이유다.

물론 고전만이 위대한 작품이라고 말할 순 없다. 개인적으로 말콤 글래드웰의 '아웃 라이어'와 '타인의 해석'을 처음 읽었을 때의 감동을 잊을 수 없다. 잘 쓴 글의 표본이라고 할 수 있을 정도로 훌류한 책이었다. 빼곡하게 밑줄을 긋고 형광펜으로 체크해둘 정도로 생각할 거리가 많았다. 기자로 활동하며 많은 글을 읽고 쓰는 동안 다듬어진 자세와 필력이 아니었을까. 반면 허먼 멜빌(Herman Melville)은 아버지의 사업실패로 어릴 때부터 숱한 고생을 해야 했는데, 그때의 경험이 훗날 세계적인 비극소설 '모비딕'을 집필하는 데 귀중한 밑거름이 되어주었다. 나의 경험과 가치 기준점이 어디에 있느냐에 따라 글의 수준 역시 달라질 수 있다는 점을 알려주는 중요한 예다. 훌륭한 글을 쓰기 위해 꼭 몽블랑 만년필이 필요한 건 아니다.

첫 책을 출간하기 전에 책을 한번 써보겠다고 펜을 부여잡고 하루 종일 끄적거려도 A4용지 한 장 분량을 쓰는 게 불가능했다. 6개월 동안 열심히 노력했는데 다 쓴 자료를 모아보니 분량이 A4용지 90페이지가 채 안 됐다. 그마저도 책으로 엮을 만한 내용이었다기보다는 어쭙잖은 수준의 글이었다. 무척 심란했고, 되려 시간만 낭비하는 것 같아서 두려운 마음도 들었다. 서점에 빼곡하게 꽂혀있는 책은 도대체 누가 쓴 책인지, 그 사람들은 300페이지 분량의 책을 어떻게 쓰는지 도무지 이해가 되지 않았다.

그러다 어느 순간 독서와 글쓰기가 일상생활의 습관으로 자리잡으면서 이전과 비교할 수 없는 속도로 글쓰기에 탄력이 붙기 시작했다. 글쓰기는 학문이나 이론으로 정립되는 기술이 아니라 언어의 문서화라는 점을 깨닫는 순간 엄청난 속도로 성장하기 시작했다. 자연스럽게 글쓰기에 대한 어려움과 두려움도 사라졌다.

나에게 있어서 글쓰기란 취미, 혹은 책을 쓰기 위한 과정 그 이상의 어떤 것이었다. 글을 쓰면서 알게 된 작가분들의 대다수는 공통적인 특징을 갖고 있었다. 상대방을 편안하게 해주는 자세가 습관화되어 있었고, 경청하는 데 능했으며, 조리 있게 이야기하는 능력이 있었다. 나 역시 그분들을 통해 상대방을 배려하는 자세를 배울 수 있었고, 경청하는 방법도 배울 수 있었으며, 나의 의견을 조리 있게 상대방에게 전달하는 기술도 배울 수 있었다. 글쓰기의 기술은 그 자체만으로도 품격을 갖춘 인격체로 거듭나는 데 큰 도움이 되는 것이라는 사실을 몸소 체득할 수 있었던 셈이다.

이처럼 글쓰기를 통해 세상이 좀 더 풍요롭게 느껴지는 것도 사실이다. 그러나 글쓰기는 즐거움으로 시작해야 하며, 끝날 때도 즐거움으로 끝나야 한다. 돈, 명예, 혹은 누군가에게 존경받기 위하여 글을 쓰기 시작한다면 탁한 글이 써지는 것은 당연하다. 존경받는 모든 역사적 영웅들은 말이 아닌 행동으로 본보기가 되었다는 것을 염두에 두어야 할 것이다.

2
집필의 외로움, 인내의 시간

나는 일필휘지를 믿지 않는다.

-최명희

제법 생각이라는 것을 할 만한 시기부터 일기를 써왔다. 수십 권의 일기장을 소장하는 식의 예찬론자는 아니고 시간이 날 때 틈틈이 기록하는 수준이다. 어느 날에는 한 줄을 쓰기도 하고, 어느 날에는 3장 이상 쓰기도 한다. 그리고 그 일기는 매우 솔직하고, 거짓이 없는 나의 내면세계를 담고 있다는 점에서 많은 생각 거리를 제공해주곤 한다.

아래는 2021년 7월 24일 토요일 일기의 일부분이다.

'살면서 가장 중요한 것들에 집중하는 것을 배워야 한다. 건강(Health)이 그중 하나다. 건강의 종류는 다양한데 크게 5H로 나뉜다. 가족의 건강, 경제적 건강, 육체적 건강, 정신적 건강, 영적 건강. 재미있는 사실은 경제적 건강, 육체적 건강, 정신적 건강이 완성되면 가족의 건강은 자연스럽게 만들어진다는 점이다. 육체를 잘 가꾸는 사람은 자연스럽게 강한 정신력을 갖게 되고(정신력이 강한 사람이 육체를 잘 가꾸기도 한다.), 정신력이 건강한 사람이 사회생활도 잘하고, 사회생활을 잘하면 경제생활도 좋아지고, 그러면 당연히 가족과의 소통도 원활할 수밖에 없다.

가족의 건강(불화, 부모님의 건강 악화, 자녀의 잦은 병치레 등)이 좋지 않아서 나머지 3개가 틀어지는 경우도 있다. 하지만 불화를 제외한 가정의 건강 문제가 가족 구성원 중 누군가의 노력 부족으로 말미암았을 가능성은 지극히 적다. 암, 뇌종양, 백혈병과 같은 불치병은 가족력이거나 평소의 식습관과 규칙적이지 않은 생활 패턴으로 말미암았을 가능성이 더 크기 때문이다.

가정의 건강을 위해서 내가 반드시 지키고자 노력하는 것이 몇 가지 있다. 아내와 대화를 많이 나누려고 노력하는 것, 아이 스스로가 이해하지 못하는 실수와 잘못에 대해 즉흥적으로 질책하지 않는 것이다. 가장이 건강하지 않으면, 가정은 무너지기 쉽다. 특히 정신적으로, 육체적으로 건강하지 않다면 더더욱 그렇다. 살아보니 경제적인 부분은(가정마다 차이가 있겠지만) 그리 큰 문제가 되지 않았다. 오래전 조상들처럼 하루 3끼 굶는 일은 없기 때문이다. 하루 3끼 모두 하얀 쌀밥을 먹을 수 있다는 것만으로도 경제적인 부분에서 그리 큰 문제가 되지 않았다. 어떻게든 살길이 생기기 마련이다. 반면에 부모의 정신건강과 육체 건강이 평균치보다 낮다면 많은 어려움이 생긴다. 내가 독서하고, 글을 쓰며 세상의 유혹에 쉽게 끌리지 않는 것도 오직 가족의 건강 때문이다. '나는 오늘 세상을 떠날 수도 있다.' 하는 생각을 오랫동안 갖고 살아왔기 때문에 무리한 운동은 하지 않으며 적절한 선에서 운동을 마친다. 이렇다 할 걱정이나 두려움이 없는 성격 덕분에 불면증은 물론, 우울증도 없다. 잠을 좀 줄였으면 좋겠다 싶을 정도로 잘 자는데, 머리만 대면 잠드는 습관이 어릴 때부터 있었기에 불면증 따위는 걱정하지 않는다.

매일 글을 기록하는 이유는 두 가지다. 첫 번째로는 생각을 정리하는 기술을 익히기 위해서다. 무엇이든지 변화 없이 두면 상하고, 스러지고, 낡으며, 변해가기 마련이다. 글을 쓰는 기술도 마찬가지다. 생각을 글로 표현해낼 수 있다는 것은 상당히 고차원적인 정신적 기술이다. 나는 생각을 글로 정리하지 못해서 어려움을 겪는 사람들을 많이 봐왔다. 생각을 글로 정리할 수 있다는 것은, 극한의 어려움을 만났을 때 그 어려움을 해결할 수 있는 지혜를 가지고 있다는 것과 같다고 생각한다. 헤쳐나가기 어려운 문제들을 만났을 때, 글로 풀어내는 것만으로도 머릿속의 상당 부분이 정리되는 경험들을, 나는 갖고 있기 때문이다.

두 번째로는 역사로서의 기록이다. 역사는 기본적으로 교훈을 담고 있다. 내가 쓰는 글을 나 외에 누가 읽겠는가 싶고 역사라는 거창한 이름을 붙이기에도 다소 거북스러운 감이 있지만, 오랜 시간이 지난 뒤 되돌아보면 오늘 가지고 있었던 생각의 깊이나 마음의 흐름을 훑어보면서 나의 현 위치를 반성할 수 있고, 또 지금 가지고 있는 감사와 소망이 훗날에 찾아올지 모를 두려움과 어려움을 지탱할 수 있는 마음의 나침반이 되어줄 수 있겠다는 기대감이 있어서다. 결국 이 모든 것들이 가족의 건강을 위한 것이다.'

NGO단체 국장으로 재직할 때였다. 전 세계 90개국에서 동시에 진행하는 글로벌 캠프를 준비하느라 2달간 진땀을 뺐다. 행사 마지막 날 저녁, 아내가 교통사고가 났다. 가벼운 접촉사고였지만 아내는 밤새 고열에 시달렸다. 일기는 사고 다음 날 기록한 내용이다.

일기에 불과하므로 '문맥상 오류를 찾아볼 수 없는 완벽한 글'과는 거리가 멀다. 그러나 당시 느꼈던 울적함, 두려움, 걱정, 범퍼가 부서진 것 외에 별다른 외상이나 지장이 없다는 말을 들었을 때의 안도감이 지금도 머릿속에 생생하다. 당시 느꼈던 내면의 감정을 기록한 일기, 일상의 기록물에 불과한 일기가 사실은 '나'라는 이름의 가장 좋은 독자를 위한 글인 셈이다. 결국 나를 위한 기록이라는 점에서, 글쓰기는 살면서 반드시 배워야 하는 일종의 처세술인 것이다.

글이라는 것이 오직 독자를 위한 인내의 시간임을 의미한다면, 일기는 좋은 글과 거리가 멀어진다. 하지만 일기는 혼자 쓰는 글이다. 누가 대신 써줄 수도 없고, 베낄 수도 없다. 가장 진실된 내면의 흐름을 기록한 글이기에, 가장 진실된 글일 수도 있는 것이다. 모든 글이 일기와 같을 필요는 없으나, 일기를 쓰듯 글을 써야 그 울림을 더할 수 있다고 말할 수 있다. 일기는 오직 진실만을 담고 있기에 아주 경박하지도, 그렇다고 마냥 수더분하지도 않다. 글이 진실되어야 하는 이유다.

글을 쓰는 것은 외로움에 익숙해져야 하는 일이기도 하다. 글을 쓰는 것은 다른 활동과 달리 필연적으로 사색의 시간이 필요한 과정이기 때문이다. 독서도 글쓰기와 같이 사색의 시간이 필요한 활동이지만, 활자화된 대상과의 대화라는 점에서 글쓰기와 상충되는 부분이 있다. 그렇기에 심리적인 안정을 위하여 카페나 도서관 같은 공간에서 글을 쓸 수는 있어도 주변 사람들과 내면의 시간을 공유할 수는 없다. 어느 지인은 새벽 2시 반에서 4시 사이에 서재에서 글을 쓰는데, 그 시간에는 누구의 방해도 받지 않기 때문에 수월하게 글을 쓴다고 한다. 내가 주로 글을 쓰는 곳도 서재이지만, 꼭 서재에서 글을 써야만 하는 이유도 없고 서재에서만 쓸 수도 없다. 소설을 쓰는 장소는 주로 아들이 다니는 어린이집 앞에 위치한 편의점 테이블이었는데, 수필이나 에세이와 달리 생동감 있는 글의 구성을 짜기 위해 현실이 시야에서 벗어나지 않도록 습관화하는 게 좋겠다는 판단 때문이었다. 십수 년 전 나로 하여금 배우의 삶을 살게 해준 연출가 선생님은 비가 오는 날을 좋아했는데, 요절한 그분을 위해 비가 오는 날에만 '배우론' 원고를 쓰곤 했다. 그런 날에는 편의점이든, 카페든, 서재든 상관없었다.

소설은 원고지에만 쓴다. 지독한 악필이기 때문이다.
평범한 글쓰기가 아닌 원고 집필을 위한 글쓰기는 덩어리 시간이 필요한 일이다. 새벽이든 늦은 밤이든 정해진 시간에 맞추어 쓰는 게 가장 좋다. 그렇다고 모든 훌륭한 영감(靈感)이 그 시간에만 떠오르는 건 아니다. 산책하다가, 사색하다가, 대화하다가 문득 훌륭한 영감이 떠오르기 마련이다. 마침 갖고 있던 메모지에 빠르게 기록해 둔다. 시간이 지나 옮겨적으려고 보니 알아볼 수가 없었다.

분명히 내가 쓴 글인데 해독해야 했다. "글씨 이쁘게 써서 뭐하게? 알아보기만 하면 되지."라고 했던 숱한 사람들이 나의 필체를 보고 그 입을 꾹 다문다. 소설을 쓸 때 악필은 분명히 문제가 되었다.

자기계발서나 수필은 괴발개발 휘갈겨 써도 문맥의 흐름만 놓치지 않으면 별다른 문제가 없다. 소설은 다르다. 단어 하나에 글이 달라진다. 소설 '레미제라블'에는 19년간 징역살이를 하는 동안 피폐한 영혼을 얻게 된 장발장이 극적으로 변화하는 장면을 아주 세밀한 필체로 기록하고 있다. 장발장이 마리아 주교의 성당에서 나와 상념에 사로잡혀 프티 제르베의 동전을 빼앗은 이후 자신의 모습을 발견하는데, 이때의 사건 이후로 장발장의 인생은 급격한 속도로 변화하기 시작한다. 당시 극 중에서 장발장이 큰 소리로 외친 말은 "I'm a wretch!(나는 얼마나 불쌍한 인간인가!)"였다. w만 빠져도 글의 분위기는 완전히 달라진다. (내 이름은 헛구역질이야!)

글을 쓰는 게 지독한 외로움과의 싸움이라는 사실을 이해하는 사람이라면 믿을만한 사람이라 할 수 있겠다. 일례로 '토지'를 집필한 박경리 선생을 들 수 있다. 박경리 선생의 글은 화려하지 않다. 담백하다. 그런데 여운이 있다. 역사가 담겨있다. 원인이 무엇일까, 궁리하다가 선생님의 일대기를 검색해봤다. 이런 내용이 나왔다.

그는 한국전쟁통에 남편을 여의었고 뒤이어 아들도 잃었다. 유일하게 남은 혈육인 딸(62)은 남편 옥바라지로 호된 고역을 치렀다. 딸의 남편, 즉 선생의 사위는 김지하(67) 시인이다. 생전의 그는 "나에게 이런 시련이 없었다면 내가 어떻게 20년 넘게 '토지'에 매달릴 수 있었겠어."라고 되물었다.

－2008. 5. 5일 자 중앙일보 박경리 선생 추모기사의 일부

그의 글이 아름답고 담백할 수 있었던 이유는 6·25라는 역사를 경험한 인물이었기에 가능했던 것도 아니었고, 작가로서의 역량을 갖추고 있었기에 가능했던 것도 아니다. 인고의 시간이 있었기 때문이었다. 인고의 시간이 그로 하여금 작가로서의 역량을 갖출 수 있는 기회를 제공해 주었고, 인고의 시간이 역사에 남을 작품을 선사해준 것이다.

인내는 영혼의 닻이며, 따뜻한 품위를 갖춘 사람에게서 흔히 발견되는 훌륭한 인격이다. 훌륭한 품격인 인내를 갖추기 위해서 우리는 얼마나 오랜 시간 동안 고통과 싸우고, 슬픔과 조우하며, 까다롭기 그지없는 사람들과의 부대낌 속에서 오랜 시간을 신음해가며 하루하루를 보내는가? 그런 인내 속에서 만들어지는 글은 차원이 다른 깊은 맛을 풍긴다.

가정에서, 직장에서, 다양한 인간관계 속에서 크고 작은 어려움

을 만날 때가 있다. 사실 어려움 그 자체는 무척 훌륭한 벗이며, 좋은 스승이 된다. 어려움을 통해 인간은 성장하기 마련이다. 그 어려움을 어떤 기회로 바라볼 것인가가 문제다. 때때로 찾아오는 막연한 인고의 시간 속에서, 조용한 시간을 갖고 나를 되돌아보는 삶의 과정을 가진다면 풍요로운 글의 힘을 느낄 수 있는 기회를 만나게 될 것이다.

3
다독, 다작, 다상량

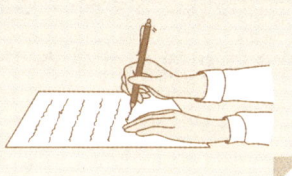

독자가 이해를 못 하면 그에게 엎드려 절을 하라. 잘못은 당신에게 있으니.

—도스토예프스키

나는 매주 평균 3편의 글을 쓴다. 1주일 동안 한 권의 책을 읽고 느낀 독후감 형식의 칼럼이 첫 번째, 교육 관련 신문사에 보내는 교육칼럼이 두 번째, 공동저서 및 추후 출간될 소설, 수필, 회사 업무에 관련된 학문 서적 집필이 세 번째다. 어느 것 하나 쉬운 작업이 아니다. 1주일에 한 권의 책을 읽고 서평을 쓰는 것도 쉬운 일이 아니며, 다양한 주제를 바탕으로 매주 1편씩 칼럼을 쓰는 것도 쉬운 일이 아니다. 소설, 수필, 업무에 관련된 학문 서적은 회사 업무에 집중하면서 저녁마다 써야 하는 원고다.

굳이 사서 고생하는 이유는 한 가지다. 의도적으로 생각하기와 글쓰기를 훈련하기 위함이다. 글을 쓰는 것 자체가 자기계발의 일원이기 때문이다. 선한 영향력을 가진 사람들과 함께 조금씩 성장해가는 재미 역시 빼놓을 수 없다. 고정적으로 칼럼을 쓰는 일, 책을 쓰는 일, 공동저서 집필 프로젝트를 시작하지 않았다면 의지박약으로 인해 차기작 출간에 대한 계획을 잡기가 어려웠을 것이다.

글을 쓰다 보면, 글이 좋아지고 있다는 것을 느끼는 순간이 온다. 어느 순간 잘 쓴 글과 그렇지 않은 글을 분별할 수 있는 눈이 생기는 것이다. 잘 쓴 글은 보는 순간 '잘 쓴 글이다.' 하는 것을 알 수 있다. 그에 반해 내가 쓴 글은 그렇지 않다는 것도 금방 알 수 있다. 그렇다 해서 글 쓰는 수준이라는 게 하루 이틀 사이에 달라지는 것도 아니다. 그렇다 보니 글을 쓰는 동안에도 나의 한계를 뼈저리게 느끼는 것이 모든 작가의 숙명이다. 그런 과정을 거치고 난 뒤에야 비로소 글의 깊이를 분별할 수 있는 눈이 생기는 것이다.

글 자체가 주는 여운을 생각해봤을 때, 소박한 단어를 사용하면서 자신만의 담담한 느낌을 담은 글이 가장 깊은 인상을 남겨주었던 것 같다. 필체는 만들어지는 것이기 때문에 글의 종류가 소설이든, 논설문이든, 수필이든 상관없었다. 역사를 통해 검증받은 인문고전과 세계적인 베스트셀러를 포함하여 훌륭한 구성과 뛰어난 필력으로 이름을 알린 책들은 많다. 그중에서 개인적으로 가장 잘 쓴 글이라고 느낀 책이 하나 있는데, 혜곡 최순우 선생의 '무량수전 배흘림기둥에 기대서서'였다. 일점일획의 오류도 찾아볼 수 없을 만큼 훌륭한 필체로 구성된 책이었다. 어떻게 이토록 훌륭한 글을 쓸 수 있었는지 무척 궁금했다. 웹서핑을 통해 알아낸바, 최순우 선생의 이력은 다음과 같다.

개성 송도보통학교를 졸업하고 개성 부립박물관에서 근무했다. 광복 후 고려청자를 토대로 글을 썼고, 이후 1984년 향년 68세를 일기로 사망하기까지 600여 편의 논문을 발표했다.

논문(thesis)의 사전적 의미는 '어떠한 주제에 대해 저자가 자신의 학문적 연구결과나 의견, 주장을 논리에 맞게 풀어써서 일관성 있고 일정한 형식에 맞추어 체계적으로 쓴 글'이다. 여기까지만 보면 책과 다를바 없다. 그러나 뒤이어 '관련된 전문가들에 의해서 반드시 통과의 절차와 동의를 받아야 한다. 그렇지 않은 경우에는 독자 연구가 된다.'는 추가적인 의미가 붙는다. 가십거리 글과 논문이 다른 점이다. 최순우 선생이 개성 부립박물관에서 근무하던 20살 시절부터 글을 썼다고 가정했을 때, 48년 동안 매년 10편 이상의 논문을 발표했다는 이야기가 된다. 한 달에 하나꼴로 논문, 혹은 논문에 버금가는 글을 쓴 셈이다.

저명한 심리학자이자 몰입 분야에서 세계적인 권위자였던 故 미하이 칙센트미하이 시카고대학 심리학 교수는 그의 저서에서 이렇게 이야기하고 있다.

동네 술집에서 하나 마나 한 이야기를 주고받으며 시간을 때우는 것도 우울증에서 벗어나는 데는 확실히 효과가 있지만, 정말로 성숙해지려면 대화를 통해 자극을 얻을 수 있는 참신한 사고를 가진 상대를 만나야 한다. 그러나 뭐니 뭐니 해도 가장 긴요한 것은 결국 고독을 견디는 능력, 아니, 고독을 즐기는 능력일지도 모른다.
―몰입의 즐거움 61P, 미하이 칙센트미하이, 해냄

책은 문서화한 상대와의 대화다. 그런 면에서 생각해봤을 때, 자극을 얻을 수 있는 참신한 사고를 가진 상대는 주로 시공간의 제한이 없는 책에 있다고 봐도 무방하다. 읽으나 마나 한 책도 분명히 존재하지만, 대체적으로 책이야말로 참신한 사고를 소유하기 위하여 의도적인 훈련을 거친 사람들만이 쓸 수 있는 지혜의 결실이기 때문이다. 고독은 곧 사색을 의미하는데, 사색은 글을 쓰는 행위와 연결이 되므로 좋은 글을 쓴다는 것은 내면에 성숙한 자아를 가진 사람이라는 말과 어느 정도는 합치되는 면이 있다. 좋은 글이 꼭 논문에 국한될 필요는 없으나 논문의 사전적 의미만을 생각해봤을 때, 또 600여 편의 논문을 발표했다는 사실만으로도 최순우 선생의 글이 훌륭한 이유를 찾아볼 수 있는 좋은 예라고 할 수 있겠다.

"리더의 폭은 그의 '조울의 폭'에 의해 결정된다."

흥미롭게 읽었던 어느 책에서 발견한 구절이다.

조울(燥鬱)이라는 단어가 있다. 답답함과 울창함을 의미한다. 그래서 쾌활한 기분과 울적한 기분이 교대로 나타나며 감정의 기복이 극심한 사람을 보고 '조울증이 있다.'고 이야기한다. 그들 중에서도 잘 먹고 잘사는 부류는 존재한다. 국가마다 차이는 있겠지만, 어쨌거나 세상은 열심히 노력하면 입에 풀칠은 할 수 있도록 많은 기회를 제공하기 때문이다. 하지만 리더는 다르다. 감정의 기복을 처리하지 못하는 사람이 이끄는 그룹은 굉장히 위험하며 많은 문제점을 갖고 있다. 모든 리더에게는 그늘이 필요하다. 그가 가진 '조울의 폭'에 의해 마음의 그늘도 크기가 달라진다. 예외는 없다.

마음에 그늘이 없는 리더의 마음에서는 사람들이 쉼을 누리지 못한다. 조울의 진폭이 커서 많은 어려움을 겪는다. 그런 리더가 이끄는 기업조차 굉장한 타격을 받는다. 언론매체를 통해 마음에 그늘이 없는 리더들이 세간에서 어떤 평가를 받아왔는지 종종 확인할 수 있다. 경영전문가, CEO, 임원, 대표. 똑똑하고 스마트한 일꾼인 그들의 명함에 새겨진 직함이었으리라. 그러나 마음의 깊이는 명함의 직함을 따라가지 않는다.

리더의 격은 시간이 만들어 주지 않는다. 지혜를 토대로 만들어지는 것이기 때문이다. 그렇기 때문에 리더의 격은 다양한 실패와 성공의 경험이 어우러져서 만들어진다고 할 수 있다. 나를 채찍질하는 과정, 타인을 배려하는 과정, 쓰라린 상처와 아픔을 곱씹을 수 있는 과정을 통과한 사람에게만 지혜가 형성된다. 하나하나 쌓인 지혜가 깊은 마음의 그늘을 가진 리더를 만든다. 그 마음의 그늘이 훌륭한 글을 만드는 데 밑거름이 된다.

마음의 지경을 넓히는 과정을 통해 조울의 폭을 일정하게 유지할 수 있는 리더의 겸손을 통해 사업이 성장하는 것처럼, 꾸준히 운동을 해온 사람의 근육과 민첩함이 운동을 하지 않은 사람에 비해 더 발달하는 것처럼, 깊은 사유를 통해 얻은 결과물들을 끊임없이 머리 밖으로 배출해내는 과정을 겪은 사람이 그렇지 않은 사람보다 글을 잘 쓰는 게 당연하지 않을까? 이는 작가에게만 해당되는 말이 아니다. 그런 글을 엮은 책을 꾸준히 읽어온 사람들이 수많은 갈림길 앞에서 가장 올바른 선택을 할 수 있는 것은, 어떤 면에서 의도된 훈련으로 말미암은 결과라고 이야기할 수 있는 셈이다.

4
흙의 편지

글쓰기는 아무것도 아니다. 당신이 할 것은 타자기 앞에 앉아서 피를 흘리는 것이다.

―어니스트 허밍웨이

공자의 사상을 계승시킨 제자 중 맹자가 있다. 그의 저서 '맹자'에는 다음과 같은 글이 있다.

天將降大任於斯人也(천장강대임어시인야)
必先勞其心志(필선로기심지)
苦其筋骨(노기근골)

餓其體膚(아기체부)

窮乏其身(궁핍기신)

行拂亂其所爲(행불란기소위)

是故動心忍性(시고동심인성)

增益其所不能(증익기소불능)

　하늘이 장차 이 사람에게 큰일을 맡기려 하면 반드시 먼저 그가 마음의 뜻을 세우기까지 괴로움을 주고 그 육신을 피곤케 하며 그 몸을 굶주리게 하고 그 몸을 궁핍하게 한다. 그가 하려는 바를 힘들게 하고 어지럽게 하는 것은 마음을 쓰는 중에도 흔들리지 않을 참된 성품을 기르고, 불가능하다던 일도 능히 해낼 수 있도록 키우기 위함이다.

-맹자 고자장구 하 15장

　나는 삶의 행복지수가 상당히 높은 편이다. 길가에 핀 한 송이 꽃만 봐도 행복을 느끼고, 날씨가 좋거나 따뜻해도 행복을 느낀다. 단순히 기분 탓만이 아니었다. 언젠가 성향테스트를 해본 적이 있는데 행복지수와 희생 지수가 만점에 가까울 정도로 높았다. 불면증과도 거리가 멀고, 우울증도 없다. 그런 성향은 회사생활에도 상당히 큰 영향을 미쳤는데, 인간관계에서 오는 스트레스를 거의 받지 않는다는 점에서 그 장점이 두드러지게 나타났다.

어린 시절에는 그렇지 않았다. 공부는 뒷전이고, 항상 인상을 쓰고 다녔다. 교우관계도 별로 좋지 않았다. 마음을 다스리는 방법도, 사람을 대하는 방법도 몰랐기에 어떤 것도 마음에 들지 않았다. 언젠가 만난 학창시절 친구가 나에게 "내가 아는 전준우는 이렇지 않았는데, 많이 달라졌네." 하고 이야기한 적도 있었다.

"나는 누구인가?"

이 질문에 한마디로 콕 집어서 대답할 수 있는 사람을 거의 만나보지 못했다. "글쎄요. 뭐, 직업이요?"라고 대답하거나 대충 무마하는 경우가 대부분이었다. '나는 누구인가.' 하는 질문만큼 삶에 깊은 의미를 부여해줄 수 있는 질문이 있을까 싶지만, 이 질문에 대한 명확한 해답을 가진 사람이 그리 많지 않다는 것은, 질문 자체의 어려움도 이유가 되겠지만, 마냥 진지한 성찰만으로는 해답이 나올 수 없는 질문이라는 점에서 당연한 일인지도 모르겠다.

25살 때, 나는 인생을 송두리째 바꿔놓을 수 있는 놀라운 경험을 한 적이 있다. 내가 흙이라는 사실을 발견한 것이었다. 25살부터 지금까지 나는 인생이 한 줌 흙으로부터 시작되었으며, 결국 흙으로 돌아간다는 사실에 한 조각의 의심도 해본 적이 없었다. 아무리 훌륭한 삶을 살고, 많은 부를 쌓고, 명예로운 여정을 밟아왔을지라도 결국은 흙으로 돌아간다는 사실을 인지한다는 것이 인생에 상당한 즐거움과 큰 위로가 될 수 있다는 것을 25살 때 처음 느꼈다.

사람마다 다양한 인생의 방향성이 존재하지만, 모든 사람은 한 줌의 흙으로 돌아간다는 점에서 같은 공통점을 가지고 있다. 사람의 신용도는 그 사람이 가진 인품의 깊이에 비례하듯이, 내가 누구인가에 대해 진지한 성찰을 거친 사람과 그렇지 않은 사람이 만들어가는 세상은 전혀 다른 결과를 맞이할 수밖에 없을 것이다. 마찬가지로, 내가 흙이라는 사실을 마음 깊이 깨닫고 난 뒤에 쓴 글과 그렇지 않았을 때 썼던 글은 큰 차이가 있었다.

글은 흙과 같아야 한다고 생각한다. 흙은 세상이 창조된 그 순간부터 지금까지 한 번도 변화하지 않은 가장 원초적이며 본질적인 가치를 담고 있는 물질이다. 오직 흙에서 생명이 잉태되고, 새싹이 돋아나며, 자연이 만들어진다. 작은 새싹은 무럭무럭 자라서 나무가 되고, 열매를 맺으며, 새들이 지저귀는 쉼터를 만들 수 있다. 반면에 아스팔트에서는 새싹이 자랄 수 없다. 아스팔트 틈새에서 새싹이 자라는 것을 본 적은 있지만, 그마저도 아스팔트 밑에 감추어진 흙의 힘으로 자라나는 새싹이 아닌가.

흙과 같은 글은 오랜 세월이 지나도 변함없는 가치를 지닌다. 고전이 존경받는 이유다. 그러나 출간 즉시 고전이 되는 경우는 별로 없었다. 어느 누구도 세상의 끝을 모르기 때문에 고전이 될 것인지, 의미 없는 단어의 조합을 엮은 종이 꾸러미에 불과한지는 알 수 없는 일이다. 오직 세월이라는 풍파가 증명하는 것이다. 의사소통을 위한 언어의 작용을 한다는 점에서 모든 글이 동일한 구조를 띠고 있긴 하지만, 그렇다고 해서 모든 글의 수준이 같은 것은 아니라는 점을 이해하는 사람이라면 한 번쯤 글을 쓰고픈 용기를 가질 필요가 있다. 필력에 있어서 남들과 다른 뛰어난 재주를 가진 사람들도 있을 수 있다. 세상에는 나와 다른 재능과 창의력을 가진 다양한 사람들이 존재하지 않는가? 다만 그들 역시 꾸준히 글을 쓰지 않았다면 그토록 창의적인 글이 나올 수 있는가를 생각해 볼 필요가 있다. 그렇기에 일정 수준까지는 훈련에 의해 필력의 수준을 높일 수 있다고 생각한다.

글을 쓰고 책을 출간하는 사람이라는 점에서 생각해봤을 때 작가라는 것은 참 재미있는 직업이다. 이름 앞에 작가라는 단어가 붙으면 끊임없이 생각하는 사람이라는 인상을 풍기며, 그렇기 때문에 주변 사람들로 하여금 사고의 수준이 일반 사람들보다 앞서가는 존재일 것이라는 생각을 하게 만들기 때문이다. 평상시 사용하는 언어의 수준과 온도가 남다르고, 일반적으로 경청에 익숙하다는 점에서 글을 쓰는 작가의 특징이 두드러지게 나타나기도 한다. 하지만 달리 생각해 보면 딱히 그렇지도 않다. 오히려 보이지 않는 생각을 글로 풀어내고 시각화한다는 점에서 일종의 예술가에 더 가깝다. 책을 출간한 사람들뿐만 아니라 그림을 그리고 사진을 찍는 사람들에게도 작가라는 호칭을 붙이는 이유다. 예술가적인 측면에서 생각해봤을 때 글을 쓰는 모든 사람을 두고 작가라고 이야기할 수 있는 셈이다.

경박한 글은 피할 필요가 있다. 무슨 글을 어떻게 써야 하는가에 대한 질문, 그 질문에 대해 유일하게 가능한 대답이다. 중국의 천자 우 임금은 누군가에게서 좋은 이야기를 들으면 그를 향해 절을 했다는 이야기가 있다. (우문선언즉배禹聞善言 拜, 맹자 공손추장구 상 8장) 왕王은 한 나라를 이끄는 수장이지만, 반대로 생각해 보면 백성을 섬기는 위치에 있는 존재다. 왕으로서의 품위와 가치를 지니기 위해서는 반드시 백성을 섬기는 위치에 있어야 하며소, 그제야 비로소 가장 훌륭한 인간으로서의 덕을 가진 왕으로 세움을 받을 수 있다. 왕王과 경박(輕薄)은 거리가 먼 단어다. 모든 사람들의 마음에는 나(ego)라는 왕이 산다는 말이 있다. 모든 사람에게 존경을 받을 수 있는 글을 쓸 필요가 있다는 말이다. 존경받을 수 없는 글을 멀리하고 신중에 신중을 기한 글로 삶을 채워나가지 않는다면, 자신의 나태함을 주목해야 할 때가 올지도 모르기 때문이다. (군주론 24장)